煤炭高等教育"十四五"规划教材

基础会计学

李　芳　主编

中国矿业大学出版社

·徐州·

内容简介

本书是煤炭高等教育“十四五”规划教材。本书围绕以下内容展开：基础会计理论、会计核算基础、账户与复式记账、筹资活动的会计处理、投资活动的会计处理、营运活动的会计处理、利润形成与分配的会计处理、编制财务报告前的准备工作、财务会计报告编制、财务报表分析、会计规范与会计管理。本书以高等院校会计学专业本科生为对象，可作为高等院校管理学类和经济学类各专业本科生学习会计基础理论的教材，也可作为会计、审计、经济管理人员和其他人员的学习参考用书。

图书在版编目(CIP)数据

基础会计学 / 李芳主编. —徐州 : 中国矿业大学出版社，2024.2

ISBN 978-7-5646-6077-2

Ⅰ. ①基… Ⅱ. ①李… Ⅲ. ①会计学 Ⅳ. ①F230

中国国家版本馆 CIP 数据核字(2023)第 248873 号

书　　名　基础会计学
主　　编　李　芳
责任编辑　史凤萍
出版发行　中国矿业大学出版社有限责任公司
（江苏省徐州市解放南路　邮编 221008）
营销热线　(0516)83885370　83884103
出版服务　(0516)83995789　83884920
网　　址　http://www.cumtp.com　**E-mail**:cumtpvip@cumtp.com
印　　刷　江苏凤凰数码印务有限公司
开　　本　787 mm×1092 mm　1/16　**印张** 13.75　**字数** 352 千字
版次印次　2024 年 2 月第 1 版　2024 年 2 月第 1 次印刷
定　　价　45.00 元

前 言

基础会计课程不仅是经济管理专业的基础课程，而且是每一位经济管理专业学生踏上专业旅程的起点。《基础会计学》教材旨在为学生打开一扇通往会计世界的大门，引领他们领略会计的魅力、掌握会计的基本技能和方法。

本教材在韩沚清教授等编写的《基础会计学》（第二版）的基础上，进行了大幅度的改版，不仅对原有内容进行了全面更新，还根据新时代的发展变化、教学过程中发现的问题和经验总结以及课程思政教学的探索，调整了教材编写体例，融入了新的知识和观点。本教材以工业企业为依托，以上市公司为主体，内容主要分为三个部分，第一部分介绍会计基础性原理，主要内容包括会计的产生发展、会计等式、会计要素和复式记账等基本原理；第二部分介绍以资金运动过程为主线的会计处理，具体包括筹资、投资、用资和资金的收回与分配中的经济业务会计核算处理；第三部分介绍财务报表信息的生成与使用，包括编制财务报告前的准备工作、财务会计报告编制、财务报表分析、会计规范与会计管理。

作为山东省一流课程和山东省课程思政示范课程建设的重要组成部分，本教材充分体现了我们围绕基础会计课程展开的一系列教育教学改革成果。在编写过程中，我们将社会主义核心价值观、中华优秀传统文化等课程思政元素融入《基础会计学》教材中，结合各章节的引导案例和案例讨论，引导学生分析、思考和解决实际问题，培养学生的实践应用能力和协作创新能力，达到专业知识传授与价值引领的有机统一。通过学习本教材，学生在理解会计原理、掌握会计技能、运用会计信息进行决策的同时，能够树立正确的世界观、人生观和价值观，塑造诚信、责任、合作和创新等核心品质，不仅为后续深入学习经济管理专业知识打下坚实的基础，而且可以为未来的职业生涯发展奠定坚实的思想基础。

感谢山东科技大学马克思主义学院常春教授对课程思政建设方向和内容

的专业指导，感谢经济管理学院韩沚清教授、张咏梅教授在教材编写思路和结构安排上的宝贵建议。正是得益于他们的专业意见和宝贵经验，本教材得以不断完善和提升。感谢所有参与本书编写工作的相关人员，感谢山东科技大学经济管理学院和山东科技大学会计学优秀教学团队的大力支持。本书在编写过程中参阅了大量的相关资料，由于篇幅所限，书后仅列示出一部分，在此对相关文献资料的作者一并表示感谢！

本教材由山东科技大学经济管理学院李芳担任主编，负责大纲拟定、内容安排和统稿。编写的具体分工是：李芳编写第一、二和九章；刘立华编写第三章第一、三节；刘英姿编写第三章第二节和第八章；付莉编写第四、六章；郝敏编写第五、七章；赵桐编写第十章；王甜编写第十一章。另外，李芳、付莉、刘英姿和赵桐共同完成教材各章节的引导案例和案例讨论的编写工作。

本教材适用于高等院校经济管理类专业本科学生会计基础理论的教学，也可作为会计、审计、经济管理人员和其他人员的学习参考用书。我们期待广大读者对本教材提出宝贵的意见和建议，以便我们不断改进和完善。让我们共同努力，为培养适应新时代需求的优秀经济管理人才而不懈探索与实践。

编　者

2023 年 12 月

目 录

第一篇

基础会计理论

第一章　总　论

【学习目标】

（1）了解会计的产生与发展情况。

（2）正确理解会计的含义。

（3）掌握会计的职能。

（4）了解会计的目标和会计信息服务对象。

（5）了解会计的学科体系。

【学习重点与难点】

（1）理解会计的本质。

（2）理解会计核算和监督职能之间的关系。

【引导案例】

四大文明古国是人类文明最早的曙光，引领人类历史发展进程。随着时代的变迁，古埃及、古巴比伦、古印度三个文明古国逐渐消失在历史长河中，唯独中国文明生生不息、延绵不断。中国会计文化是中华文明的智慧结晶，我国著名会计史学家郭道扬指出：中国古代会计在很多方面都曾经领先世界。

原始社会末期的结绳记事、刻契记事等原始计量记录行为，是人类历史上最早的会计行为。

四千多年前，在浙江绍兴的会稽山（旧称茅山），大禹集合全国诸侯，召开了世界历史上第一次会计审计工作大会，计算贡赋，考评业绩，计功加爵。《史记·夏本纪》载："或言禹会诸侯江南，计功而崩，因葬焉，命曰会稽。会稽者，会计也。"会计一词，从此流传下来。

秦律全面系统地把会计规范纳入律文条款，开创了中国法典式会计制度之先河，使中国成为世界上最早建立法典式会计制度的国家。

中式会计在盛唐有了更进一步的发展，并处于世界领先地位。唐代《长行旨条》是中式会计史上最早的全国统一会计科目。著名的"四柱结算法"也在唐代中后期得以确立。

宋朝的《营造法式》是中国古代工程营建会计史上的一座里程碑，随后元、明、清将之发扬光大，创造的经典范例就是规模宏大的北京故宫优质建筑体系的形成，以及对这个建筑体系的会计核算与管理。

明末清初产生的龙门账法是我国最早的复式记账法，在会计发展史上具有划时代意义。清乾隆至嘉庆年间出现的四脚账把中式会计推向了一个新的发展阶段。

算盘是古代的账房先生的得力工具，由春秋时期的算筹演变而来，被称作我国古代的第五大发明，早在14世纪就传到了海外，曾是世界上广为使用的计算工具。

……

悠悠文明古国历史沧桑，中国古代会计历史变迁的卷轴展现了中华民族的创造和传承。中国会计史如四大文明古国的中国的历史一样，繁花盛开，硕果累累，灿烂辉煌。

第一节　会计的产生与发展

什么是会计？会计就是记账、算账和报账吗？为什么说经济越发展，会计越重要？“大智移云物区”（大数据、人工智能、移动互联网、云计算、物联网、区块链）时代的发展，会计将会发生哪些变化？带着这些问题，我们需要首先了解会计是怎么产生的、是如何发展至今的、未来将会如何发展，从而理解会计的基本内涵和实质。

一、会计的萌芽时期

会计是一门古老而又年轻的学科，从产生到发展经历了一个漫长的历史过程。会计的产生离不开人类的生产实践以及人们对生产活动进行管理的需要。比如，人们在进行生产资料和生活资料的生产时，需要将生产活动的过程和内容记录下来并计算生产活动的数量；随着生产力水平的提高，人们需要将更多的物资投入生产，这些物资怎么分配、耗用多少数量在产品生产上，需要把这些内容以一定形式记录下来。

公元前11世纪以前，被认为是会计的萌芽时期。国内学者认为人类早期的会计行为起源于旧石器时代的中晚期，而国外学者则认为会计起源于新石器时代。

在奴隶社会以前，人类已经有了简单的计量、记录行为，如刻石记事、垒石计数和结绳记事等。这些行为说明当时的人们已经逐步产生数量观念，并尝试用结绳、绘画等方式来表现经济活动，记录生产成果和安排生活，这是最初的会计计数行为，体现了原始计量记录行为，基本代表着同时期的“会计”行为，或者说，原始计量、记录行为是会计的萌芽状态，成为会计的直接渊源。包括中国在内的四大文明古国均可以探寻到会计的古老渊源和早期发展。

在原始社会末期，古巴比伦开始制作用来计量与记录经济事项的泥板，埃及已经运用纸草进行经济事项的计量与记录。原始的泥土记录板和纸草文书具有了单式会计记录的特点，是世界上最早的会计文献之一。

通过固定的记账符号来记录经济活动，最早可以追溯到我国商代中期。商代武丁时期的甲骨文字中已有“获”“人”等文字来专门反映收入情况，以及“用”“出”等字来专门反映支出情况。

会计萌芽时期的特点是没有专门的会计职业与机构计量单位，计量单位尚未完全固定为货币，会计是生产职能的附带部分。

我国著名会计史学家郭道扬教授认为，人类最初的会计思想与会计行为是社会生产发展到一定阶段的产物。正是由于生产剩余物品的出现，人类才有可能在思维活动方面将生产、分配、储备问题联系起来加以考虑,从而萌生了一种计量、记录思想,进而产生了人类最古老的、最原始的计量和记录行为。

我国会计史研究专家高治宇教授认为,在人类社会的历史长河中,会计的产生和发展的历史过程可追溯到原始社会末期。当人们有了剩余生产物,需要对生产活动进行计量、计算和反映时,会计的原始萌芽就产生了。

苏联会计理论专家索科洛夫认为,最初人们还不需要核算,因为凭人们的头脑就足以容下所有的经济情况,这倒不是说某人有特殊的记忆力,而是由于经济规模太小,有关的信息不多。只有在具备了某些条件后,才有可能出现书面核算与账簿登记。首先,经济活动的发展应该达到相当广泛的程度;其次,必须要有文字和学会初等算术。文字的出现与算术的发展为核算的产生创造了条件,而经营活动则有助于它的全面推广。

因此,会计产生的客观基础是物质资料生产,即物质资料生产的相对发达为会计的产生提供了可能性和必要性;会计产生的前提条件是计量与记录行为,这也是文字、数学、统计等研究的前提条件和起源,所以由此角度看,会计也是一种文化。

二、古代会计时期

公元前11世纪至15世纪,被认为是古代会计时期。其标志是会计人员和机构的产生,会计名词的出现,会计的计量和核算得以逐步完善。

西周王朝时期,出现了"会计"一词;产生了"官厅会计",并出现"司会"。西周时期,官制中专设了"司会"一职,主管朝廷的财政收支"月计岁会",又设司书、职内、职岁和职币四职分理会计业务,其中司书掌管会计账簿,职内掌管财务收入类账户,职岁掌管财务支出类账户,职币掌管财务结余,并建立了定期会计报表制度、专仓出纳制度、财物稽核制度等。这表明大约在西周前后,我国初步形成会计工作组织系统。

《周礼·天官·大宰》中规定了国家财政收入的来源,称为"岁入",总共有九项,称为"九赋"。国家的财政支出被称为"岁出",也有九项,即"九式"。"九赋",加上各诸侯王国所献的贡品"九贡",共计十八个收入项目、九个支出项目,这是今天会计科目的原始形态。西周时期的会计报告分"日成""月要""岁会"三种形式。日成汇总十日的情况,是一种旬报;月要记录一个月的情况,相当于现在的月报;岁会对应于今天的年报。西周已形成文字叙述式的"单式记账法"。

春秋至秦汉时期,会计原则、法律、方法等方面均有所发展。孔子提出了中国最早的会计原则:"会计当而已矣",意思是会计要平衡、真实、准确,与现代的"客观性"原则相似。战国时期出现了最早的封建法典——《法经》,规定在会计簿书真实性和保管方面犯有错误的,根据情节轻重予以处罚和量刑。秦汉时期,出现了"入一出=余"的基本结算公式,即"三柱结算法",将会计核算推进了一步,超越文字叙述式的"单式记账法",建立起以"入、出"为会计记录符号的定式简明会计记录方法的基础,即"单式记账法",又称为"入出(或收付)记账法"。西汉时期,出现了"簿""簿书""计簿",为会计记录提供了必要的条件。两汉产生了审计制度——上计制度,就是每年自下而上逐级呈递上计报告——上计簿,可视为"会计报告"的起源。南北朝时期,苏绰创造"朱出墨入记账法",规定以红记出、以墨记入。

唐代李吉甫的《元和国计簿》和韦处厚的《太和国计簿》是世界上最早的会计专著。唐代《长行旨条》是我国财政史上最早的财政预算制度，同时也是中式会计史上最早的全国统一会计科目。唐代中后期，著名的“四柱结算法”在“三柱结算法”的基础上发展起来，“四柱”指“旧管”（上期结存）、“新收”（本期收入）、“开除”（本期支出）和“实在”（本期结余），划清了本期收入和上期余额的界限，克服了“三柱”的片面性。

宋朝在中央设“三司”，管理国家的财政大权，全国自下而上逐级汇总核算上报，其中“会计司”总考天下财赋入出、总理会计核算事务，是我国首次以会计命名的独立政府机构。宋朝的《会计录》是以年报资料（包括户籍，计账报告在内）为基础，按照国家规定的财计体制和财政收支项目加以归类整理和会计分析的经济文献。宋代的会计账簿的设置已有草账、流水日记账、总账之分。草账是一种按时间登记各类经济事项的底本；流水日记账则是分类按时间登记各类财务收支情况的账簿，反映某一方面的经济业务；总账是在各流水日记账的基础上，按国家规定的收支项目归类汇总的账簿。

三、近代会计时期

15 世纪末期至 20 世纪 50 年代，被认为是近代会计时期。其标志是会计方法主要是复式记账法，会计成为独立的管理职能，转变为以企业会计为主。

复式记账法的发明，是会计发展史上一个重要的里程碑。复式记账起源于中世纪早期中东地区，至 15 世纪末期，复式记账法已广泛流传于佛罗伦萨、热那亚、威尼斯等地区。1494 年，意大利数学家卢卡・帕乔利，在总结前人实践的基础上撰写了《算术、几何、比及比例概要》，提出“借”“贷”符号、会计基本恒等式、财产清算方法，日记账、分录账、总账登记方法，以及试算平衡方法，并论述了复式记账法。卢卡・帕乔利由此被称为“近代会计之父”。

从 15 世纪到 18 世纪，会计的理论与方法的发展仍然是比较缓慢的。直到第一次工业革命之后，会计才获得了较大的发展。在英国，由于生产力的迅速提高，会计迅速发展。过去会计主要是记账和算账，现在还要编制和审查报表，而为满足编制财务报表的需要，还要求研究资产的估价方法和有关理论等。

荷兰东印度公司的股份支付，形成了持续经营和会计分期，引起会计思想的巨大变化，对建立以年度为报告期的划分基础，确定流动资产和流动负债、固定资产和固定负债的划分界限，起到极大的推动作用。

明末清初出现的龙门账，是中国复式记账的起源，也标志着我国部门会计——商业会计的产生。龙门账的账簿分为草流、流水簿、总清簿。草流起原始凭证的作用，流水簿起会计分录的作用，总清簿起总账的作用。流水簿的账页分上下两方（收方、付方），因此每记录一笔业务都要同时在上下两方记录，而且金额相等，这事实上是一种复式记账法。明朝张学颜主持完成的《万历会计录》是一部明代户部财政大型数据文献，也是迄今存留于世的中国古代唯一的一部国家财政会计总册。清朝乾隆、嘉庆年间，出现了“四脚账”，它把账目划分为进、缴、存、该，以反映收入、费用、资产、负债的增减变化以及它们之间的平衡关系，并定期结账。四脚账不仅保留了单式记账法下传统四柱结算法的基本原理，同时继承了中式复式记账法下会计要素及各要素之间的平衡关系，其基本原理已经与西式复式簿记方法基本相同，它把中式会计推向了一个新的发展阶段。

英国南海公司泡沫是民间审计走向现代的序幕，查尔斯・斯内尔受托对南海公司进行审计，第一位民间审计师诞生，他于 1721 年编制了第一份审计报告书，揭示了南海公司存在舞弊行为、会计记录严重不实等问题。

第一次工业革命时期，英国出现了工厂制度和批量生产，导致固定资产成本在生产中所占比例上升，折旧概念变得越来越重要。企业规模的扩大导致经营活动更加复杂，对生产成本信息的需求增长，使成本会计应运而生。同时，由于工厂制度的出现，大额资本的需要导致所有权与经营权的分离，从而使向不参与经营的所有者提供财务状况和经营成果成为会计的主要目标之一。这一时期，以商品买卖活动为主的传统会计，向以工业化生产为主的近代会计转变。

四、现代会计时期

20世纪50年代至今，被认为是现代会计时期。其标志是：会计学基础理论创立；现代电子技术与会计融合产生“会计电算化”；形成了财务会计与管理会计两大分支；会计标准、规范逐步完善，并向国际化发展；会计形成了一套应用学科体系。

1929年到1933年资本主义经济危机爆发后，美国国会于1933年和1934年分别通过了《证券法》和《证券交易法》，授权证券交易委员会制定会计原则，最后由美国会计师协会具体执行。公认会计原则的确立，标志着传统会计发展成为财务会计。其特征是：会计信息的加工、处理和报告，是为了满足各个利益关系人的需要；在加工过程中，必须遵守公认会计原则；财务报表完成后，必须由注册会计师审计。

20世纪中期，随着“泰罗制”和科学管理理论的产生，50—60年代，管理会计从财务会计中分离出来。1952年，在世界会计师联合会上正式通过“管理会计”这个专门术语。从此，伴随着生产和管理科学的发展，会计分化为财务会计和管理会计两个分支，企业会计也因此正式分为财务会计和管理会计两大领域。

1979年，美国财务会计准则委员会发布公告，规定鉴于通货膨胀的影响而要调整年初数字，使之与年末的数字购买力达到一致水平，以揭示先行成本，通货膨胀会计正式诞生。

2001年安然事件爆发，2002年世界通信造假案曝光，成为美国整肃财务造假、重构资本市场秩序的导火索，促使《萨班斯-奥克斯利法案》出台。安然事件引发了全球会计准则的大变革，加速了会计准则的国际趋同。

2007—2008年发生的次贷危机引发了全球性的金融危机和经济衰退。美国金融界和会计界对公允价值是罪魁祸首还是替罪羔羊展开争论，最终通过有限的“调整”和“妥协”，国际财务报告准则和美国公认会计准则对公允价值会计进行了修改。

20世纪50年代以来，科学技术水平的提高为会计的发展提供了新的动力，引发了会计技术手段的巨大变革。1954年，美国通用电气公司首次利用计算机计算职工薪金的举动，开创了利用计算机进行会计数据处理的新纪元，引起了会计数据处理技术的变革，电算化会计应运而生。随着电子计算机在会计数据处理中的应用，现代会计由手工簿记系统逐步发展为电子数据处理系统和网络系统。会计处理的电算化扩大了会计信息的范围，提高了会计信息的精确性，是会计在记录与计算技术方面的重大革命。

互联网、大数据、云计算、人工智能等新一代信息技术的发展，成为驱动新一轮会计变革的主要动力。20世纪80年代初，美国福特公司建立第一个财务共享服务中心。随后，杜邦、通用、惠普、IBM等公司也相继建立财务共享服务机构。我国越来越多的企业，如海尔集团、华为公司、中兴通讯、长虹公司、中国电信、平安集团等也正在使用共享服务中心管理模式。

数字化、智能化是会计发展的大趋势，云计算、大数据等新技术的发展，使得企业有能力收集和处理大量的业务数据，实现信息的实时更新和分享，而进行数据分析、预测和决策支持是会计发展的主要方向。科技进步对会计持续不断的影响，将推动会计这一古老学科的不断变革和创新，使之焕发新的生机。

第二节 会计的含义、职能与目标

一、会计的含义

（一）关于会计定义的代表性观点

各国会计理论界和实务界对会计的定义曾经历了一个长期的争论和探索过程，存在着诸多观点，如"管理工具论""艺术论""信息系统论""管理活动论""控制系统论"等。管理活动论和信息系统论是其中具有代表性的观点。

1. 管理活动论

管理活动论认为，会计的本质是一种经济管理活动，强调会计的管理功能以及会计人员这一重要因素。将会计作为一种管理活动并使用"会计管理"这一概念的观点在西方管理理论学派中早已存在，"古典管理理论"学派的代表人物法约尔把会计活动列为经营的六种职能活动之一，美国人卢瑟·古利克把会计管理列为管理化功能之一。20 世纪 60 年代以后出现的"管理经济会计学派"则认为，进行经济分析和建立管理会计制度就是管理。在 1980 年中国会计学会成立大会上，杨纪琬、阎达五教授发表《开展我国会计理论研究的几点意见——兼论会计学的科学属性》，认为无论从理论上还是从实践上看，会计都不仅仅是管理经济的工具，它本身就具有管理的职能，是人们从事管理的一种活动。

2. 信息系统论

信息系统论把会计的本质理解为一个经济信息系统，起源于美国会计学家 A.C. 利特尔顿在 1953 年写的《会计理论结构》。20 世纪 60 年代后期，随着信息论、系统论和控制论的发展，美国会计学界和会计职业界开始倾向于此观点，1966 年美国会计学会发表的《会计基本理论说明书》中明确指出："会计是一个信息系统"。1980 年，我国余绪缨教授在《要从发展的观点看会计学的科学属性》一文中提出应把会计看作一个信息系统的观点。1983 年，葛家澍教授和唐予华教授指出，会计是为提高企业和各单位的经济效益、加强经济管理而建立的一个以提供财务信息为主的经济信息系统。

（二）"管理活动论"与"信息系统论"的融合

"管理活动论"和"信息系统论"两种观点并没有矛盾与冲突，只是两者强调的侧重点不同。管理活动论侧重于会计是一项以会计人员为主体的管理工作，强调以"监督"为基本职能的会计目标，承认信息和系统的存在，认为这个系统的主要职能应是控制和监督，而不仅仅是反映信息提供。信息系统论侧重于会计信息的加工与输出，强调以"核算"为基本职能的方法本身，承认会计系统是管理系统的一部分，只是强调其主要职能是提供信息，为决策咨询服务，起决策（即管理）的支持作用。

目前会计的定义更趋向于将两种观点融合，认为会计是以货币为主要计量单位，运用专门的方法，对会计主体单位的经济活动进行全面、系统、连续、综合反映和控制的一种管理活动和以提供财务信息为主的经济信息系统。

二、会计的职能

会计的职能是指会计在经济管理中具有什么功能，是由会计的本质特征所决定的固有的、直接的功能。马克思撇开不同社会形态的特征，把会计的职能高度地概括为“过程的控制和观念的总结”，后来人们把它总结为“会计核算”和“会计监督”。

（一）会计核算

什么是核算？比如一家公司在一定时间内购进了多少商品，花了多少钱，销售了多少商品，卖了多少钱，在购销过程中发生了多少费用，最后到底是赚了还是亏了，必须采用一定的方法，把这些情况都记录下来并计算清楚，最终以一定的形式表达出来。这种记录、计算和报告的过程就是会计核算。可见，会计核算就是对大量的经济业务通过记录、计算、归类、整理和汇总，并通过记账、算账、报账等程序，全面、完整、综合地反映经济活动过程和结果，并为经济管理提供有用的信息的活动。

由会计的含义可知，会计首先是一种经济计算，同时又是一个以提供财务信息为主的经济信息系统，会计工作的过程就是一个核算的过程，可见会计本身就具有核算功能。随着管理对会计要求的提高，会计核算不仅仅包括对经济活动的事后核算，还应包括事前核算和事中核算。事前核算的主要形式是进行经济预测，参与决策；而事中核算的主要形式则是在计划执行过程中，通过核算和监督相结合的方法，对经济活动进行控制，使之按计划和预定的目标进行。

所以，会计核算是会计工作的重要组成部分，它以货币为主要计量单位，对企业、事业等单位一定时期的经济活动进行真实、准确、完整和及时的确认、计量、计算、记录和比较，从而反映资金运动的过程和结果。

会计核算的基本特点如下。

第一，从数量方面进行核算，着重利用货币作为计量单位。会计核算时可以采用三种量度：劳动量度、实物量度和货币量度。劳动量度具有复杂性，实物量度具有差异性，货币量度具有综合性。

第二，会计对实际发生的经济活动进行核算，要有完整性、连续性和系统性。连续性是指会计对发生的经济业务应连续地、不能中断地进行记录；完整性是指凡是会计核算的内容都必须毫无遗漏地进行记录；系统性是指会计对于发生的经济业务必须分门别类、相互联系地进行记录。

第三，会计主要是综合核算各单位已发生或已完成的各项经济活动，以便于了解并考核经济活动的过程和结果。

会计主要是事后核算已发生的经济活动，这是会计最基本的职能。会计之所以成为经济管理的重要组成部分，就在于会计能提供会计信息、反映经济活动的现实和历史情况。随着社会经济的发展和经营规模的扩大，经济活动越复杂，越要求经济管理具有预见性，为此要求会计提供预测未来的资料，而现实和历史情况是预测的基础。

（二）会计监督

会计对经济活动进行核算的过程，也是实行监督的过程。会计监督主要是以国家的财经法规、政策、制度、纪律和会计信息为依据，对将要进行的和已经进行的经济活动进行合理合法的监督。会计监督按其与经济活动过程的关系分为事前、事中和事后监督。其监督的内容主要包括：分析会计核算资料、检查遵纪守法情况、评价活动成果、确定经营目标、调整计划等。通过会计监督，能正确地处理好国家与企业的关系，提高宏观经济效益，促使企业改善经济管理水平，提高企业经济效益。

所以，会计监督就是对经济活动进行事前、事中、事后的控制。

会计监督的基本特点如下。

第一，会计监督主要是利用价值指标进行的货币监督，如成本、利润指标等。

第二，既要对已发生的经济活动进行事中、事后监督，又要对未来的经济活动进行事前监督。

第三，会计监督的基本依据是合法性和合理性。

会计核算和会计监督的关系是十分密切的，两者相辅相成。会计核算是会计监督的基础，而会计监督是会计核算的保证和继续。两者必须结合起来发挥作用，才能正确、及时、完整地反映经济活动，有效地提高经济效益。如果没有可靠的、完整的会计核算资料，会计监督就没有客观依据。反之，只有会计核算没有会计监督，会计核算也就没有意义。

随着社会经济的发展和经济管理的现代化，会计的职能也会随之发生变化，一些新的职能不断出现。一般认为，除了会计核算和会计监督两个基本职能之外，会计还有分析经济情况、预测经济前景、参与经济决策等各种职能。随着社会生产的进一步发展和科学技术的进步，会计参与经济决策的职能也会越来越突出，并将成为会计在经济管理中更直接和更有效的职能。由此可以看出，人工智能在会计领域的应用，实际上就是人工智能与会计职能的结合，或者是在会计职能中发挥作用和优势，从而使会计职能更好地发挥作用，而非取代或消灭会计。

为了获得最大的经济效益，企业必须借助于会计，对日常发生的经济活动进行记录和计算，为经营管理提供必要的经济信息资料；利用会计信息对过去的经济活动进行考核评价，以便发现问题，改进工作；对当前的经济活动进行控制，使其按预定的目标进行；对未来的经济活动进行预测、决策，以最少的投入争取最大的效益产出。

将会计视为一种经济管理活动，比较准确地反映了会计的实质，有助于推动会计工作的发展。

总之，会计是在社会生产实践中产生，并随着社会生产的发展和经济管理的需要而不断发展的。现代会计是经济管理的重要组成部分，它是以货币为主要计量单位，对企业、行政事业单位的经济活动进行综合、连续、系统、全面的核算和监督，并在此基础上对经济活动进行预测、决策和控制的一种管理活动。

三、会计的目标和服务对象

（一）会计的目标

会计的目标就是向资源提供者报告资源受托管理情况，是会计工作应该达到的要求和目的。对于会计的目标主要有两种学术观点，分别是受托责任观和决策有用观。

1. 受托责任观

受托责任观认为，会计的目标是资源的受托方（企业管理层）如实向资源的委托方（投资者等)反映对受托资源管理和使用的情况。受托责任观是从监督角度考虑,主要是为了监督受托者的受托责任,注重企业历史的、客观的信息,强调信息的可靠性。(图 1-1)

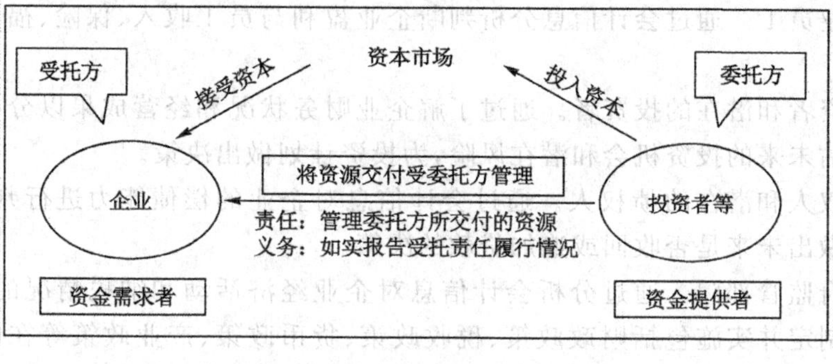

图 1-1　会计的目标:受托责任观

2. 决策有用观

决策有用观认为,会计的目标是向信息使用者提供对其进行决策有用的信息,包括企业现金流量的信息、经营业绩及资源变动的信息等。决策有用观侧重于信号角度,即会计信息能够传递信号,向信息使用者提供决策有用的信息,注重企业现实的信息,强调信息的有用性(相关性),能够对未来具有预测性。(图 1-2)

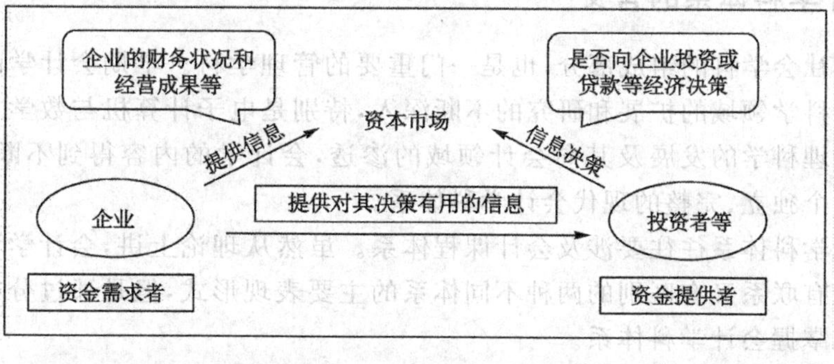

图 1-2　会计的目标:决策有用观

3. 我国企业会计准则对会计目标的规定

我国《企业会计准则——基本准则》第四条规定:企业应当编制财务会计报告。财务会计报告的目标是向财务会计报告使用者提供与企业财务状况、经营成果和现金流量等有关的会计信息,反映企业管理层受托责任履行情况,有助于财务会计报告使用者做出经济决策。

可以看出,我国现行的企业会计准则中关于企业会计目标的表述,全面体现了以上两种会计目标的学术观点,并且采取了受托责任观在先、决策有用观在后的做法。

(二) 会计的服务对象

会计的服务对象是企业内外部的会计信息使用者。其中,会计信息的内部使用者主要包括企业管理部门、员工等。会计信息的外部使用者主要包括投资者和潜在的投资者、债权人和潜在的债权人、政府监管部门、供应商和客户等。

第一,企业管理部门。通过会计信息来分析企业经营管理现状,为加强财产、成本、费用、产品质量等内部管理工作提供决策信息，有助于企业制定筹资、投资、生产、销售、技术创新等发展战略。

第二，企业员工。通过会计信息分析判断企业盈利与员工收入、保险、福利之间是否相适应。

第三，投资者和潜在的投资者。通过了解企业财务状况和经营成果以分析其投资的风险和回报，评估未来的投资机会和潜在风险，为投资计划做出决策。

第四，债权人和潜在的债权人。通过会计信息对企业的偿债能力进行判断，评估贷款的安全性，并做出未来是否收回或追加贷款的决策。

第五，政府监管部门。通过分析会计信息对企业经济活动和纳税情况的合法性、合规性进行监督，制定并实施包括财政政策、税收政策、货币政策、产业政策等在内的各项经济政策，以便国家加强宏观调控，合理配置资源，促进生产与需求的协调。

第六，供应商和客户。通过关注会计信息了解企业的财务状况、经营成果和信用水平，判断能否与企业长期合作，防止因企业财务问题而导致的损失，保障自身的权益。

第三节 会计学科体系

一、会计学科体系的含义

会计学是社会学科的组成部分，也是一门重要的管理学科。早期会计学的构成内容比较简单。随着科学领域的扩展和研究的不断深入，特别是电子计算机与数学方法在会计中的应用以及管理科学的发展及其向会计领域的渗透，会计学的内容得到不断的充实，并已初步形成了一个独立、完整的现代会计学科体系。

谈到会计学科体系往往要涉及会计课程体系。虽然从理论上讲，会计学科体系与会计课程体系是既有联系又有区别的两种不同体系的主要表现形式，但是通过分析会计课程体系能够较好地掌握会计学科体系。

国内外对会计学科的分类有多种，比较有代表性的分类是苏联模式与英美模式。

苏联模式的会计学科体系按照国民经济部门和会计工作程序划分会计学科。我国于20世纪50年代初引进这种分类方法，形成“会计学原理”“部门会计核算”“部门财务管理”“部门经济活动分析”等主干会计课程。

苏联模式的主要优点是：有利于根据各部门会计实践的需要进行教学和研究，人才培养具有针对性，它比较适合我国改革开放前的国情。改革开放之后，这种分类的缺陷就显露出来了，主要表现在：与会计实践出现脱节，重复与遗漏并存，容纳能力不够强，不利于学科建设与新时期人才的培养。

英美模式的会计学科体系按照学科内容的深浅划分会计学科。在管理会计产生之前，会计学的主干学科划分为初级会计、中级会计和高级会计。管理会计产生之后，会计学科分为财务会计与管理会计两大领域，而财务会计仍旧按内容深浅分为初、中、高级会计。

英美模式的会计学科体系不按部门划分的原因与环境有关：实行市场经济，行业划分并不严格，从事会计职业者可以自由流动，这就要求会计专业毕业的学生能够适应不同部门的会计工作，会计教学可以突破行业、部门的界限，在更高层次上阐述会计工作的共性。

当然，这一体系也存在着财务会计与管理会计的关系如何处理以及没有很好地界定会计学的范畴等问题。

我国目前基本上是按英美模式划分会计学科体系并组织教学的。

二、会计学科体系划分

从会计职业教育的课程体系方面看，会计学科体系是研究会计理论与业务互相联系互相制约的科学整体。研究会计学及其分支，对于了解会计研究的内容、把握会计研究的方向、掌握每个分支学科在整个会计学科中的位置，都具有十分重要的现实意义。

根据研究的对象不同，会计学科体系可划分为研究会计理论的理论会计学和研究会计实践工作的应用会计学两大类。

理论会计学有专门研究会计发生和发展历史的“会计史”，以及研究探讨会计本质、对象、职能、属性、概念、准则、计量等一系列理论问题的“会计理论”。会计理论按研究方法不同，又分为规范会计理论和实证会计理论。

应用会计学按照研究的内容不同，分为财务会计、管理会计和审计。

财务会计阐明会计处理各项资产、负债和所有者权益的基本理论和方法，主要包括企业财务会计、政府和非营利组织会计、成本会计等。

管理会计侧重于内部管理的执行性会计以及会计预测、决策等方面，包括预测决策会计、规划控制会计和责任会计。其中，预测决策会计处于现代管理会计的核心地位，是现代管理会计形成的关键标志之一；规划控制会计是确保其奋斗目标顺利实现的管理会计子系统；责任会计是通过考核评价各有关方面履行责任的情况，反映其真实业绩，从而调动企业全体职工积极性的管理会计子系统。

审计是对经济活动的合法性、合规性、合理性以及效益性进行检查监督的基本理论和方法，主要包括国家审计、社会审计和内部审计等。

会计学科体系示意图见图1-3。

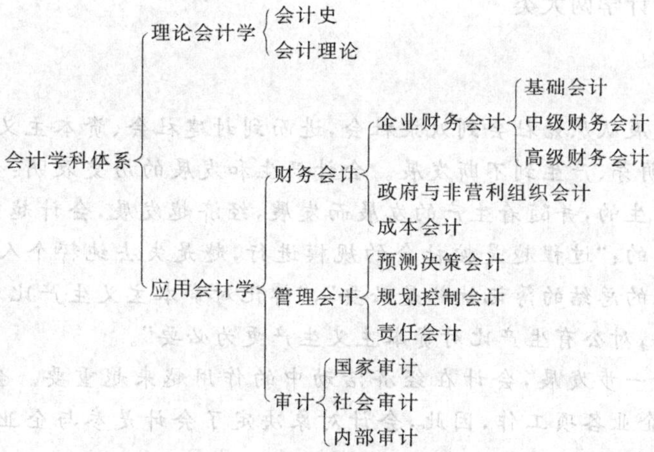

图 1-3 会计学科体系示意图

本章小结

会计是一门古老而又年轻的学科，从产生到发展经历了一个漫长的历史过程。会计的产生离不开人类的生产实践以及人们对生产活动进行管理的需要。会计的产生与发展经历了会计的萌芽时期、古代会计时期、近代会计时期和现代会计时期。经济越发展，会计越重要。随着科技进步对会计持续不断的影响，会计这一古老学科将会不断地变革和创新。

各国会计理论界和实务界对会计的定义曾经历了一个长期的争论和探索过程，存在着诸多观点，如"管理工具论""艺术论""信息系统论""管理活动论""控制系统论"等，其中有两种具有代表性的观点：管理活动论和信息系统论。两种观点并没有矛盾与冲突，只是两者强调的侧重点不同。目前会计的定义更趋向于将两种观点融合，认为会计是以货币为主要计量单位，运用专门的方法，对会计主体单位的经济活动进行全面、系统、连续、综合反映和控制的一种管理活动和以提供财务信息为主的经济信息系统。

会计核算和会计监督是会计的两大职能，两者相辅相成，会计核算是会计监督的基础，而会计监督是会计核算的保证和继续。两者必须结合起来发挥作用，才能正确、及时、完整地反映经济活动，有效地提高经济效益。随着社会经济的发展和经济管理的现代化，会计的职能也会随之发生变化，一些新的职能不断出现。随着社会生产的进一步发展和科学技术的进步，会计参与经济决策的职能也会越来越突出，并将成为会计在经济管理中更直接和更有效的职能。

关于会计目标主要有两种学术观点，分别是受托责任观和决策有用观。受托责任观是从监督角度考虑的，强调信息的可靠性；决策有用观侧重于信号角度，强调信息的有用性（相关性）。我国现行的企业会计准则中关于企业会计目标的表述，全面体现了以上两种会计目标的学术观点。

根据研究对象的不同，会计学科体系可划分为研究会计理论的理论会计学和研究会计实践工作的应用会计学两大类。

【案例讨论】

人类社会的发展从原始社会到奴隶社会，进而到封建社会、资本主义社会、社会主义社会，相应的会计从萌芽、产生到不断发展。会计产生和发展的历史表明：会计是适应生产活动发展的需要而产生的，并随着生产的发展而发展，经济越发展，会计越重要。正如马克思在《资本论》中指出的："过程越是按社会的规模进行，越是失去纯粹个人的性质，作为对过程的监督和观念上的总结的簿记就越是必要"，"簿记对资本主义生产比对手工业和农业的分散生产更为必要，对公有生产比对资本主义生产更为必要"。

随着经济的进一步发展，会计在经济活动中的作用越来越重要。会计对象是资金运动，资金运动涉及企业各项工作，因此，会计对象决定了会计是参与企业综合管理的工作，为企业的发展提供信息、依据和决策。

根据财政部公布的《会计行业人才发展规划（2021—2025 年）》，截至 2020 年年底，我国共有 670.20 万人取得初级会计专业技术资格，242.02 万人取得中级会计专业技术资格，20.57 万人通过高级会计专业技术资格考试；我国注册会计师行业从业人员近 40 万人，会计师事务所合伙人(股东)3.6 万人;在开设本科及以上学历教育的高校及科研单位中从事会计教学科研工作的人员超过 1.3 万人。然而,会计专业近年来却屡屡受到“财务机器人要取代会计”这一传言的困扰,以致一些在校会计专业学生和在职会计人员对自己专业或职业的未来充满担忧。会计真的不再重要了吗?

请通过自主探究回答:

1. 随着现代科技的发展,会计会被人工智能所替代吗?

2. 未来会计面临的机遇和挑战是什么?怎样应对?

思考与练习

一、单项选择题

1. 会计是一种管理活动,是说明会计的(　　)。

A. 本质　　B. 职能

C. 方法　　D. 特点

2. 会计的产生与发展是由于(　　)。

A. 社会分工的需要　　B. 社会技术进步的需要

C. 社会生产的发展和经济管理的要求　　D. 分配剩余产品的需要

3. 受托责任观和决策有用观的区分依据是(　　)。

A. 会计主体不同　　B. 核算对象不同

C. 会计目标不同　　D. 会计假设不同

二、多项选择题

1. 会计的基本职能是(　　)。

A. 监督　　B. 考核

C. 核算　　D. 分析

E. 决策

2. 下列关于企业财务报告目标的表述中,正确的有(　　)。

A. 有助于财务报告使用者做出经济决策

B. 反映企业管理层受托责任履行情况

C. 财务报告使用者只包括投资者、债权人、政府及其有关部门

D. 向财务报告使用者提供与企业财务状况、经营成果和现金流量等有关的会计信息

第二章 会计核算基础

【学习目标】

(1) 理解会计假设、会计信息质量要求的含义和内容。
(2) 掌握会计对象的概念。
(3) 掌握六个会计要素的概念、特点及等式关系。
(4) 掌握会计恒等式及经济业务发生后对会计恒等式的影响。
(5) 了解会计确认、计量、记录与报告的基本知识。
(6) 掌握权责发生制和收付实现制的含义及区别。

【学习重点与难点】

(1) 会计恒等式及会计事项变化对会计恒等式的影响。
(2) 会计计量属性。
(3) 权责发生制和收付实现制的应用。

【引导案例】

2021 年 10 月,国务院办公厅发布《关于进一步支持大学生创新创业的指导意见》。该指导意见指出,纵深推进大众创业万众创新是深入实施创新驱动发展战略的重要支撑,大学生是大众创业万众创新的生力军,支持大学生创新创业具有重要意义。该指导意见分别从提升大学生创新创业能力,优化大学生创新创业环境,加强大学生创新创业服务平台建设,落实大学生创新创业财税扶持政策,加强对大学生创新创业的金融政策支持,促进大学生创新创业成果转化等方面提出指导意见。

如果你和同学们积极响应国家号召参加大学生自主创业,那么创立一家公司需要做些什么呢?资金、设备、技术、产品、员工等应该怎样核算呢?产品定价多少?卖出多少才是盈利呢?带着这些问题,来开启新的会计知识旅程吧。

第一节　会计假设与信息质量要求

一、会计假设

会计假设是指为了保证会计核算工作的正常进行，会计人员对会计核算的时间范围、空间范围和计量标准所作的合理判断。会计假设是组织会计核算工作应当明确的前提条件，是建立会计原则的基础，也是进行会计实务的必要条件，所以又叫会计核算的基本前提。会计假设包括会计主体、持续经营、会计分期和货币计量，它们既各自独立，又相辅相成。

（一）会计主体

会计主体是指从事经济活动、会计工作为其服务的特定单位或组织。会计主体不限于企业，任何一个自主经营、自负盈亏的经济单位都可以成为一个会计主体，如独立核算的行政事业单位等。

会计主体对会计对象的空间范围做了限定，即会计核算只反映一个特定单位的经济业务，只对其本身所发生的交易或事项进行会计确认、计量、记录和报告，不核算其投资人的经济活动，也不能核算其他单位的经济活动。会计主体的设定为会计人员进行会计核算明确立场提供了依据。

如山海公司向华夏公司销售 10 台计算机，不同的会计主体进行不同的业务核算：若以山海公司为会计主体，则会计人员应作销售计算机的业务核算；若以华夏公司为会计主体，则会计人员应作购置计算机的业务核算。

会计主体是持续经营、会计分期和货币计量前提的基础，因为不限定会计核算的空间范围，会计核算工作就无法进行，会计核算也就失去存在的意义。

（二）持续经营

持续经营是指会计主体在可预见的将来，将会按当前的规模和状态经营下去，不会停业，也不会大规模缩减业务。

持续经营假设界定了会计核算的时间范围，即会计核算是在假定会计主体持续、正常的生产经营条件下进行的，而不考虑破产清算等。尽管在市场经济的激烈竞争中，企业不可能完全避免停业、破产，但为了给会计核算提供一个稳定的基础，保证会计信息处理的一致性和稳定性，会假定企业持续经营。明确这个基本前提，会计人员就可以在此基础上选择会计政策、会计程序及会计处理方法。例如，企业的固定资产一般要在较长的时间内发挥作用，不可能短期收回成本，假定企业持续经营下去，企业的固定资产才能长期发挥作用，会计人员就可按照历史成本对固定资产进行计价，并采用相应的折旧方法计提折旧，将固定资产的历史成本分摊到各个会计期间或相关产品的成本中。如果企业面临破产，固定资产就不能采用历史成本计价和计提折旧的方法，只能采用可变现净值进行计价。

总之，持续经营假设是资产计价、债权和债务确认、费用分摊、收益确认的前提条件。然而，如果企业财务状况已经恶化到必须清算的程度，判断企业不会持续经营下去，就应当改变会计核算方法，借助一些特殊方法来处理清算过程中的会计业务，不再恪守持续经营的假设。

（三）会计分期

会计分期是指将会计主体持续经营活动过程人为地划分为连续的、长短相等的期间，定期确认收入、费用和利润、资产、负债和所有者权益，以便结算账目、编制财务会计报告及对会计信息进行比较和分析。会计期间分为年度、半年度、季度和月度，凡是短于一个完整会计年度的报告期间称为会计中期。我国规定以公历每年1月1日起至12月31日止为一个会计年度。

根据持续经营假设，企业将要按照当前状态继续经营下去，在时间上具有不间断性，要想确定企业盈亏，只有等企业停业后才能进行准确计算，但这样就无法向会计信息使用者提供有用的会计信息以满足其决策的需要。因此，有必要将企业持续的生产经营活动人为地划分为等距期间，分期核算。

会计分期假设是对会计对象时间范围的进一步限定。会计分期假设与持续经营假设是紧密相连、相辅相成的，会计分期是在持续经营的前提下产生的，只有假定一个会计主体无限持续经营下去，才有必要进行会计分期；而会计分期假设是对持续经营假设的进一步补充，分阶段核算企业的财务状况、经营成果及其变动情况，及时向会计信息使用者提供会计信息，发现经营问题，改善经营管理，进而保证会计主体可以持续经营下去。

会计分期限定了会计核算的时间范围，并为权责发生制和收付实现制不同的会计核算基础以及权益性支出和资本性支出的划分奠定理论基础。

（四）货币计量

货币计量是指在会计核算过程中应采用货币作为计量单位计算、记录和报告会计主体的经济活动，即会计核算的内容仅限于能够用货币计量的经济业务。

会计是对会计主体的财务状况、经营成果进行全面、连续、系统的反映，客观需要一种统一的计量单位作为计量尺度。会计核算之所以选定货币为统一计量单位，是由货币本身的性质决定的。货币作为一般等价物，可以衡量任何有价物的价值。因而以货币为计量单位进行会计核算，可以将会计主体的资产、负债、所有者权益、收入、费用和利润，综合转化为货币量指标，实现对会计主体经济业务的全面核算。《中华人民共和国会计法》(以下简称《会计法》)规定：企业会计核算以人民币作为记账本位币；业务收支以人民币以外的货币为主的企业，可以选定其中一种货币作为记账本位币，但编制财务会计报告时需要折算为人民币。

虽然货币本身也有价值并且是变化的，但在确定货币计量假设时，就同时确立币值稳定不变的假设，即假设币值变动幅度很小，对计量结果影响不大。在会计核算中，不考虑币值变动因素的影响，一般也不进行币值的调整。事实上，币值每发生一次变动，就对会计记录进行一次调整，在会计实务中是难以做到的。从某种意义上说，币值不变假设有利于会计提供一贯的信息，不会导致会计记录的混乱。但在通货膨胀条件下，币值不变的假设遭到挑战，为此有些国家针对恶性通货膨胀的情况，采用通货膨胀会计。

综上所述，会计主体、持续经营、会计分期、货币计量四项基本前提相辅相成，缺一不可，它们既有联系又有区别，共同为开展会计核算奠定基础。

二、会计信息质量要求

会计信息质量要求是会计核算的一般原则，它是会计进行确认、计量、记录和报告的规范，也是衡量会计核算工作的评价标准。我国企业会计准则针对会计信息质量提出八项原则性要求，即可靠性、相关性、明晰性、可比性、实质重于形式、重要性、谨慎性和及时性。

（一）可靠性

可靠性也称真实性、客观性，是指企业应当以实际发生的交易或者事项为依据进行会计确认、计量和报告，如实反映符合确认和计量要求的各项会计要素及其他相关信息，保证会计信息真实可靠、内容完整。

根据可靠性要求，会计核算应当真实反映企业的财务状况和经营成果，保证会计信息的真实性；会计工作应当正确运用会计原则和方法，准确反映企业的实际情况；会计信息应当能够经受验证，以核实其是否真实。

（二）相关性

相关性也称有用性，是指企业提供的会计信息应当与财务会计报告使用者的经济决策需要相关，有助于财务会计报告使用者对企业过去、现在或者未来的情况做出评价或者预测。

会计信息的价值在于与会计信息使用者决策相关，有助于决策，如果会计信息提供以后，对经济决策没有什么作用，就不具有相关性。为了保证会计信息的相关性，要求会计工作在收集、加工、处理和提供会计信息过程中，充分考虑会计信息使用者的要求，尽可能满足各方面具有共性的信息需求。对于特定用途的信息，如果不便于通过财务会计报告来披露，可以采取报告附注或附表等其他形式加以披露。

（三）明晰性

明晰性是指企业提供的会计信息应当清晰、明了，便于使用者理解和使用。

明晰性要求会计信息简明、易懂，能够简单明了地反映企业财务状况、经营成果和现金流量，从而有助于信息使用者正确理解、准确掌握企业的经济情况。根据明晰性要求，会计记录应当准确、清晰，填制凭证、登记账簿、编制财务报告要数字正确、项目齐全、钩稽关系清楚。对于财务报告中难以用数字明确的问题，应当用文字加以说明。

（四）可比性

可比性是指企业提供的会计信息应当具有可比性。可比性包含两方面含义。

一是纵向可比，指同一企业不同时期发生的相同或者相似的交易或者事项，应当采用一致的会计政策，不得随意变更。确需变更的，应当在附注中说明。例如，山海公司2023年发出材料采用月末一次加权平均法，为了保持前后各期会计政策的一致性，2024年发出材料也应采取月末一次加权平均法。如果确有必要变更，应当将变更情况、变更原因及其对企业财务状况、经营成果和现金流量的影响，在财务报告附注中说明。

二是横向可比，指不同企业发生的相同或者相似的交易或者事项，应当采用规定的会计政策，确保会计信息口径一致、相互可比。

（五）实质重于形式

实质重于形式是指企业应当按照交易或者事项的经济实质进行会计确认、计量和报告，不应仅以交易或者事项的法律形式为依据。

在实际会计工作中，有时会计事项的法律形式与经济实质内容不一致，为了反映会计事项的真实情况，应当根据其经济实质而不是法律形式进行会计核算。例如，企业以融资租赁方式租入的固定资产，虽然从法律上讲，租赁期内承租企业不拥有其所有权，但是由于租赁合同中规定的租期一般时间较长，接近该固定资产的使用寿命，并且在租赁期内承租企业有权支配租入资产及其产生的受益，租赁期满后企业具有优先购买权，因此，从经济实质看，承租企业能够控制融资租入资产的未来收益，即企业虽然不拥有该资产所有权，但拥有资产使用权和控制权。所以，在进行会计核算时，企业将融资租入的固定资产视为企业的自有资产核算，并计提折旧，而不是按其法律形式作为租赁资产进行核算，从而保证会计信息与客观经济事实相符。

（六）重要性

重要性是指企业提供的会计信息应当反映与企业财务状况、经营成果和现金流量等有关的所有重要交易或者事项。

在会计核算中，按照交易或事项的重要程度不同，采用不同的会计处理方法。对于那些预期可能对企业财务状况、经营成果和现金流量有较大影响的会计事项，或者可能影响会计信息使用者做出合理判断的重要会计事项，必须按照规定的会计方法和程序进行处理，并在财务会计报告中进行充分、准确的披露。对于次要的会计事项，则在不影响会计信息真实性的情况下，可适当简化处理或合并反映。

某项会计事项是否重要，很大程度上取决于会计人员的职业判断，要重点关注会计事项的性质和金额。从性质上说，当某一会计事项有可能对决策产生重大影响时，属于重要事项；或者当某一事项的金额达到一定规模时，也可能对决策产生重大影响时，该事项也属于重要事项。

（七）谨慎性

谨慎性也称稳健性，是指企业对交易或者事项进行会计确认、计量和报告时应当保持应有的谨慎，不应高估资产或者收益、低估负债或者费用。

随着经济环境日益复杂，企业的经营活动充满不确定性，为了防止意外情况发生时对经营活动产生严重影响，会计人员应采用谨慎性原则，对存在的风险加以合理估计，在风险实际到来时，提前化解风险，即充分估计可能发生的费用和损失，尽可能地低估资产的价值，但不预计可能发生的收入。谨慎性原则在会计上的应用很多，例如计提各类资产的减值准备、固定资产的加速折旧等。

（八）及时性

及时性是指企业对于已经发生的交易或者事项，应当及时进行会计确认、计量和报告，不得提前或者延后。

当期发生的经济业务必须在当期处理，及时记账、结账、编制财务会计报告，及时传递会计信息，以便使会计信息使用者及时、有效地利用会计信息。在当今激烈的市场竞争中，会计信息及时性要求显得尤为重要。

第二节　会计对象、会计要素和会计等式

一、会计对象

会计对象是指会计核算和监督的内容,即会计工作的客体。会计对象具体是指社会再生产过程中能以货币表现的经济活动,即资金运动或价值运动。凡是特定主体能以货币表现的经济活动都是会计核算和监督的内容,也就是会计的对象。以货币表现的经济活动又称为价值运动或资金运动。

由于单位的组织形式和经济活动的内容不同,不同单位的会计对象均有不同的特点。

(一) 制造业企业的会计对象

制造业企业的资金,在生产经营过程中,从货币资金出发,依次经过供应、生产和销售过程,分别表现为储备资金、生产资金、成品资金等不同形态,最后又回到货币资金形态。这一资金的运动变化过程,称为资金循环,资金周而复始地不断循环,称为资金周转。制造业企业资金运动循环周转的具体过程如图 2-1 所示。

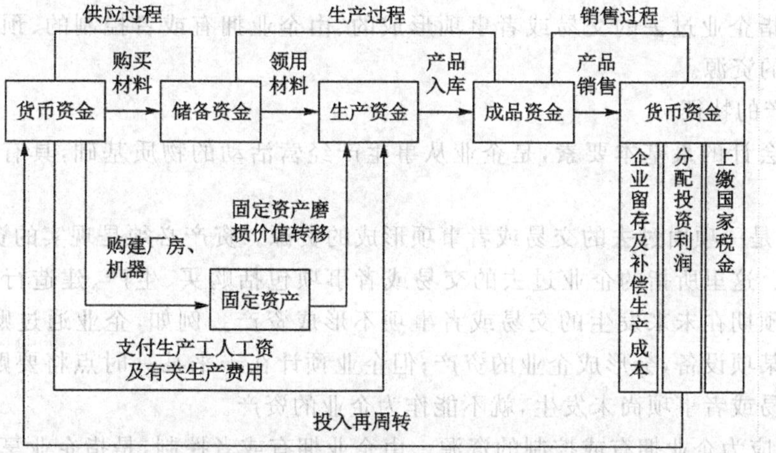

图 2-1　制造业企业资金运动循环周转过程

(二) 商品流通企业的会计对象

商品流通企业的经营活动过程,主要包括商品购进和商品销售,企业资金依次经过这两个过程实现循环和周转。商业企业的资金沿着"货币资金—商品资金—货币资金(增多的)"的形式,周而复始地进行循环周转。商品流通企业在商品购销活动中,发生支付职工薪酬及经营费用、货款结算、成本计算、上缴税金、利润分配等经济业务,都是商品流通企业会计所要反映和监督的内容,即商品流通企业会计的对象。

(三) 行政事业单位的会计对象

行政事业单位的资金来源于国家预算拨款,行政事业单位的经济活动一方面是通过预算内(外)收入取得货币资金;另一方面要发生预算内(外)支出,以货币资金支付各种行政费用和业务费用。其预算资金运动不表现为循环和周转,只表现为资金的取得和使用。行

政事业单位经济活动中发生的预算内(外)财务收支活动,就是行政事业单位的会计对象。

二、会计要素

会计要素是对会计对象所作的基本分类,是会计核算对象的具体化,是用于反映会计主体财务状况和经营成果的基本单位。会计要素是指会计对象是由哪些部分所构成的,按照交易或事项的经济特征所作的基本分类,也是指对会计对象按经济性质所作的基本分类,是会计核算和监督的具体对象和内容,是构成会计对象具体内容的主要因素,也是构成会计报表的基本要素。

企业会计准则将会计要素分为资产、负债、所有者权益、收入、费用和利润。其中,资产、负债和所有者权益三项会计要素侧重反映企业的财务状况,构成资产负债表要素;收入、费用和利润三项会计要素侧重于反映企业的经营成果,构成利润表要素。会计要素是会计对象的具体化,是会计基本理论研究的基石,更是会计准则建设的核心。

(一)资产负债表要素

1. 资产

(1)资产的定义

资产是指企业过去的交易或者事项形成的、由企业拥有或者控制的、预期会给企业带来经济利益的资源。

(2)资产的特征

资产是会计的最基本要素,是企业从事生产经营活动的物质基础,具有以下几方面的特征。

① 资产是一项由过去的交易或者事项形成的资源。资产必须是现实的资产,而不能是预期的资产。这里所指的企业过去的交易或者事项包括购买、生产、建造行为或其他交易或者事项。预期在未来发生的交易或者事项不形成资产。例如,企业通过购买、自行建造等方式形成某项设备,会形成企业的资产;但企业预计在未来某一时点将要购买的设备,引起相关的交易或者事项尚未发生,就不能作为企业的资产。

② 资产应为企业拥有或控制的资源。由企业拥有或者控制,是指企业享有某项资产的所有权,或者虽然不享有某项资产的所有权,但该资源能被企业所控制。例如,融资租入的固定资产,按照实质重于形式的要求,也应将其作为企业资产予以确认。

③ 资产预期会给企业带来经济利益。预期会给企业带来经济利益,是指直接或间接导致现金和现金等价物流入企业的潜力。资产必须具有交换价值和使用价值。没有交换价值和使用价值、不能给企业带来未来经济利益的资源,不能确认为企业的资产。例如,待处理财产损失或已失效、已毁损的存货,它们已经不能给企业带来未来经济利益,就不应该再作为资产出现在资产负债表中。

按照企业会计准则,符合上述资产定义的资源,还要在同时满足以下条件时,才能确认为资产:① 与该资源有关的经济利益很可能流入企业;② 该资源的成本或者价值能够可靠地计量。只有同时符合资产定义和资产确认条件的项目,才能被列入资产负债表。

(3)资产的分类

按照流动性,资产可以划分为流动资产和非流动资产,如图 2-2 所示。

① 流动资产。流动资产是指可以在一年内或者超过一年的一个营业周期内变现或者耗用的资产，包括库存现金、银行存款、交易性金融资产、应收及预付款项、存货等。

② 非流动资产。非流动资产是指不能在一年或者超过一年的一个营业周期内变现或者耗用的资产，主要包括债权投资、长期股权投资、投资性房地产、固定资产、无形资产、其他资产等。

- 资产
  - 流动资产
    - 库存现金
    - 银行存款
    - 交易性金融资产
    - 应收及预付款项
      - 应收票据
      - 应收账款
      - 预付账款
      - 其他应收款
    - 存货
      - 原材料
      - 半成品、在产品
      - 库存商品
  - 非流动资产
    - 债权投资
    - 长期股权投资
    - 投资性房地产
    - 固定资产
    - 无形资产
    - 其他资产

图 2-2　资产的分类

2. 负债

(1) 负债的定义

负债是指企业过去的交易或者事项形成的、预期会导致经济利益流出企业的现时义务。

(2) 负债的特征

负债具有如下主要特征。

① 负债是由过去的交易或事项形成的。换句话说，只有过去的交易或者事项才形成负债。企业将在未来发生的承诺、签订的合同等交易或者事项，不形成负债。

② 负债是企业承担的现时义务。这是负债的一个基本特征。现时义务是指企业在现行条件下已承担的义务。未来发生的交易或者事项形成的义务，不属于现时义务，不应当确认为负债。这里所指的义务，可以是法定义务，也可以是推定义务。

③ 负债的清偿预期会导致经济利益流出企业。这是负债的一个本质特征，只有企业在履行义务时会导致经济利益流出企业的，才符合负债的定义；如果不会导致企业经济利益流出的，就不符合负债的定义。在履行现时义务清偿负债时，导致经济利益流出企业的形式多种多样，例如：用现金偿还或以实物资产形式偿还，以提供劳务形式偿还，部分转移资产、部分提供劳务形式偿还，将负债转为资本等。

④ 负债以法律、有关制度条例或合同契约的承诺作为依据。负债实质上是企业在一定时期之后必须偿还的经济债务，其偿还期或具体金额在它们发生或成立之时就已由合同、

法规所规定与制约，是企业必须履行的一种义务。

按照企业会计准则，将一项现时义务确认为负债，除应符合负债的定义外，还要同时满足两个条件：① 与该义务有关的经济利益很可能流出企业；② 未来流出的经济利益金额能够可靠地计量。

符合负债定义和负债确认条件的项目，应当列入资产负债表；符合负债定义但不符合负债确认条件的项目，不应当列入资产负债表。

(3) 负债的分类

负债一般按其偿还速度或偿还时间的长短，划分为流动负债和非流动负债两类，如图 2-3 所示。

- 负债
  - 流动负债
    - 短期借款
    - 应付票据
    - 应付账款
    - 预收账款
    - 其他应付款
    - 应付职工薪酬
    - 应交税费
    - 应付利润
  - 非流动负债
    - 长期借款
    - 应付债券
    - 长期应付款

图 2-3　负债的分类

流动负债是指将在一年或超过一年的一个营业周期内偿还的债务，主要包括短期借款、应付票据、应付账款、预收账款、其他应付款、应付职工薪酬、应交税费、应付利润等。

非流动负债是指偿还期在一年或超过一年的一个营业周期以上的债务，包括长期借款、应付债券、长期应付款等。

3. 所有者权益

(1) 所有者权益的定义

所有者权益是指企业资产扣除负债后由所有者享有的剩余权益。公司的所有者权益又称为股东权益。

(2) 所有者权益的特征

所有者权益与债权人权益(负债)相比较，一般具有以下四个基本特征。

① 所有者权益在企业经营期内可供企业长期、持续地使用，企业不必向投资人返还资本金；负债则须按期返还给债权人，成为企业的负担。

② 企业所有人凭其对企业投入的资本，享受税后分配利润的权利，所有者权益是企业分配税后净利润的主要依据；债权人除按规定取得利息外，无权分配企业的盈利。

③ 企业所有人有权行使企业的经营管理权，或者授权管理人员行使经营管理权；债权人并没有经营管理权。

④ 企业的所有者对企业的债务和亏损负有无限的责任或有限的责任；债权人对企业的其他债务不发生关系，一般也不承担企业的亏损。

(3) 所有者权益的分类

所有者权益的来源包括所有者投入的资本、直接计入所有者权益的利得和损失、留存收益等，如图 2-4 所示。

- 所有者权益
  - 所有者投入的资本
    - 实收资本（或股本）
    - 资本公积（资本溢价或股本溢价）
    - 其他权益工具（优先股、永续债）
  - 直接计入所有者权益的利得和损失
    - 资本公积（其他资本公积）
    - 其他综合收益
  - 留存收益
    - 盈余公积
    - 未分配利润

图 2-4　所有者权益的分类

① 所有者投入的资本，包括实收资本（或股本）、资本公积和其他权益工具。投资者按照企业章程或合同、协议的约定，实际投入企业的资本中构成企业注册资本或股本的部分称为实收资本（或股本），投入资本超出注册资本或股本的部分即资本公积（资本溢价或股本溢价）。其他权益工具是指企业发行的除普通股外，归类为权益工具的各类金融工具，如优先股、永续债等。所有者向企业投入的资本，在一般情况下无须偿还，可以长期周转使用。

② 直接计入所有者权益的利得和损失，是指不应计入当期损益、会导致所有者权益发生增减变动的、与所有者投入资本或者向所有者分配利润无关的利得或者损失，包括其他权益工具期末公允价值暂时性变动、权益法下被投资单位其他所有者权益的变动、非投资性房地产转为投资性房地产时的公允价值变动。

其中，利得是指由企业非日常活动所形成的、会导致所有者权益增加的、与所有者投入资本无关的经济利益的流入。损失是指由企业非日常活动所发生的、会导致所有者权益减少的、与向所有者分配利润无关的经济利益的流出。

③ 留存收益。留存收益是指企业从历年实现的利润中提取或形成的留存于企业的内部积累，包括盈余公积和未分配利润两类。

其中，盈余公积是指企业按照有关规定从净利润中提取的积累资金。公司制企业的盈余公积包括法定盈余公积和任意盈余公积。法定盈余公积是指企业按照规定的比例从净利润中提取的盈余公积。任意盈余公积是指企业按照股东会或股东大会决议提取的盈余公积。企业提取的盈余公积经批准可用于弥补亏损、转增资本、发放现金股利或利润等。

未分配利润是指企业实现的净利润经过弥补亏损、提取盈余公积和向投资者分配利润后留存在企业的历年结存的利润。相对于所有者权益的其他部分来说，企业对于未分配利润的使用有较大的自主权。

我国企业会计准则规定，所有者权益的金额取决于资产和负债的计量，所有者权益项目应当列入资产负债表。

4. 静态会计等式

（1）权益的概念

权益是指对企业资产可以主张的权利，属于所有人的权益叫作所有者权益，属于债权人的权益叫作债权人权益或负债，两者总称为权益。

（2）静态会计等式的定义与表现形式

企业从事生产经营活动要拥有或控制一定数量的资金，这些资金可能来源于所有者投入的自有资金（所有者权益）或者债权人投入的借入资金（负债）。

一方面，这些资金分布在经营活动的各个方面，表现为不同资产的存在形态，形成企业的各类"资产"；另一方面，资产的提供者对所提供的资产存在着相应的求偿权，即"权益"，可以具体分为债权人权益（负债）和所有者权益。资产与权益在任何时点都必然保持恒等的关系，这种恒等关系用公式表示为：

资产＝权益

资产＝负债＋所有者权益

上述恒等式称为静态会计等式，是基本会计等式，也称为存量会计等式、资产负债表等式，是指由反映企业资金静态运动的会计要素组合而形成的等式，表明会计主体成立时或在某一时点的财务状况的等式，是反映资产（资金的运用）、负债和所有者权益（资金的来源）在当时的经济内容及其数量平衡关系的会计等式。

（二）利润表要素

1. 收入

（1）收入的定义

收入是指企业在日常活动中形成的、会导致所有者权益增加的、与所有者投入资本无关的经济利益的总流入。

（2）收入的特征

收入的基本特征如下：

① 收入从企业的日常活动中产生，而不是从偶发的交易或事项中产生。收入要素属于狭义的收入概念，"日常活动"是指企业为完成其经营目标所从事的经常性活动，以及与之相关的其他活动。例如，工商企业销售商品、保险公司签发保单等均属于企业完成其经营目标所从事的日常活动，由此产生的经济利益的总流入构成收入。再如，企业转让无形资产使用权、出租包装物、出售不需用原材料等，属于与经常性活动相关的活动，其产生的经济利益的总流入也构成收入。而企业罚没收入、接受捐赠等，不是企业为完成其经营目标所从事的经常性活动，也不属于与经常性活动相关的活动，由此产生的经济利益的总流入不构成收入，计入营业外收入。

② 收入会导致企业所有者权益的增加。不会导致所有者权益增加的经济利益的流入不符合收入的定义，不应确认为收入。例如，企业向银行借入款项，尽管导致了企业经济利益的流入，但该流入并不导致所有者权益的增加，反而使企业承担了一项现时义务，因此，借入款项应当确认为一项负债。

③ 收入是与所有者投入资本无关的经济利益总流入。收入应当会导致经济利益的流入，从而导致资产的增加。例如，企业销售商品，应当收到现金或者在未来有权收到现金，才表明该交易符合收入的定义。但是在实务中，经济利益的流入有时是所有者投入资本的增加所导致的，所有者投入资本的增加不应当确认为收入，应当将其直接确认为所有者权益。

④ 收入只包括本企业经济利益的流入，不包括为第三方或客户代收的款项，如增值税、代收利息等。代收的款项，一方面增加企业的资产，另一方面增加企业的负债，不导致企业

所有者权益的增加，也不属于本企业的经济利益，不能作为本企业的收入。

我国企业会计准则规定，收入只有在经济利益很可能流入从而导致企业资产增加或者负债减少，且经济利益的流入额能够可靠计量时才能予以确认。符合收入定义和收入确认条件的项目，应当列入利润表。

(3) 收入的分类

收入有狭义和广义之分，我国现行制度采用的是狭义的收入概念。

狭义的收入仅包括企业日常活动所形成的经济利益总流入，如主营业务收入、其他业务收入、投资收益等。

广义的收入将企业日常活动形成的经济利益流入（狭义的收入）及非日常活动形成的经济利益流入（利得）均视为收入。广义的收入的分类如图 2-5 所示。

- 广义的收入
  - 营业收入
    - 主营业务收入
    - 其他业务收入
  - 投资收益
  - 公允价值变动收益
  - 资产处置损益
  - 营业外收入

图 2-5　广义的收入的分类

2. 费用

(1) 费用的定义

费用是指企业在日常活动中发生的、会导致所有者权益减少的、与向所有者分配利润无关的经济利益的总流出。

(2) 费用的特征

费用具有以下特征：

① 费用最终会导致企业资源的减少，这种减少具体表现为企业的资金支出。从这个意义上说，费用本质上是一种资源流出企业，它与资源流入企业所形成的收入相反。所以，它也可理解为资产的耗费，其目的是取得收入，从而获得更多资产。

② 费用最终会减少企业的所有者权益。一般而言，企业的所有者权益会随着收入的增加而增加；相反，费用的增加会减少所有者权益。但是所有者权益减少也不一定都列入费用，如企业偿债性支出和向投资者分配利润，显然减少了所有者权益，但不能归入费用。

③ 费用可能表现为资产的减少或负债的增加，或者二者兼而有之。

费用的确认除了应当符合定义外，也应当满足严格的条件，即费用只有在经济利益很可能流出从而导致企业资产减少或者负债增加，且经济利益的流出额能够可靠计量时才能予以确认。因此，费用的确认至少应当符合以下条件：一是与费用相关的经济利益应当很可能流出企业；二是经济利益流出企业的结果会导致资产的减少或者负债的增加；三是经济利益的流出额能够可靠计量。企业为生产产品、提供劳务等发生的可归属于产品成本、劳务成本等的费用，应当在确认产品销售收入、劳务收入等时，将已销售产品、已提供劳务的成本等计入当期损益。

我国《企业会计准则》规定，企业发生的支出不产生经济利益的，或者即使能够产生经济利益但不符合或者不再符合资产确认条件的，应当在发生时确认为费用，计入当期损益。

企业发生的交易或者事项导致其承担了一项负债而又不确认为一项资产的，应当在发生时确认为费用，计入当期损益。符合费用定义和费用确认条件的项目，应当列入利润表。

（3）费用的分类

费用也有狭义和广义之分，我国现行制度采用的是狭义的费用概念。

狭义的费用仅包括企业日常活动发生的经济利益总流出，企业直接为生产商品和提供劳务等发生的直接材料、直接人工、商品进价和其他直接费用，直接计入生产经营成本；企业为生产商品和提供劳务而发生的各项间接费用，应当按一定标准分配计入生产经营成本；企业行政管理部门为组织和管理生产经营活动而发生的管理费用和财务费用，为销售和提供劳务而发生的进货费用、销售费用等。

广义的费用将企业日常活动形成的经济利益流出（狭义的费用）及非日常活动形成的经济利益流出（损失）均视为费用。广义的费用的分类如图 2-6 所示。

- 广义的费用
  - 营业成本
    - 主营业务成本
    - 其他业务成本
  - 税金及附加
  - 期间费用
    - 管理费用
    - 销售费用
    - 财务费用
  - 资产减值损失
  - 信用减值损失
  - 公允价值变动损益
  - 营业外支出
  - 所得税费用

图 2-6　广义的费用的分类

3. 利润

（1）利润的定义

利润是指企业在一定会计期间的经营成果。利润包括收入减去费用后的净额、直接计入当期利润的利得和损失等。

其中，直接计入当期利润的利得和损失，是指应当计入当期损益、会导致所有者权益发生增减变动的、与所有者投入资本或者向所有者分配利润无关的利得或者损失。

（2）利润的特征

利润具有以下特征：

① 一定的盈利能力。它是企业一定时期的最终财务成果。

② 利润结构基本合理。利润是按配比性原则计量的，是一定时期的收入与费用相减的结果。

③ 企业的利润具有较强的获取现金的能力。

④ 影响利润的因素较复杂，利润的计算含有较大的主观判断成分，其结果可能因人而异，因此具有可操纵性。

（3）利润的分类

利润不能够独立计量，其金额取决于收入和费用两个会计要素配比的结果和直接计入当期利润的利得和损失金额的计量。利润按其构成的不同层次,可划分为营业利润、利润总额和净利润。

营业利润是企业利润的主要来源。它是指企业在销售商品、提供劳务等日常活动中所产生的利润。其内容为主营业务利润和其他业务利润扣除期间费用之后的余额。

利润总额是指企业在缴纳所得税前一定时期内经营活动的总成果,也称为税前利润。利润总额是衡量企业经营业绩的重要经济指标之一。当利润总额为负时,说明企业发生亏损;当利润总额为零时,说明企业盈亏平衡,当利润总额为正数时,说明企业实现盈利。

净利润是指企业当期利润总额减去所得税后的金额,即企业的税后利润。

4. 动态会计等式

动态会计等式与静态会计等式相对应,也称为增量会计等式、利润表等式,是指由反映企业资金动态运动的会计要素组合而形成的,反映企业在一定会计期间经营成果的等式,是收入、费用和利润之间数量关系的会计等式。

收入－费用＝利润

这一等式表达了企业经营成果与相应期间的收入和费用的关系,当收入大于费用时为盈利,收入小于费用时为亏损。利润会随着收入的增减而发生相同方向的变化,即在费用一定的情况下,企业获得的收入越多,利润越多;反之,收入减少,利润减少。同时,利润会随着费用的增减而发生相反方向的变化,即在收入一定的情况下,企业发生的费用越多,利润越少;反之,费用减少,利润增加。

三、会计等式的恒等性

(一)综合(扩展)会计等式——静态会计等式与动态会计等式的关联

期末计算出的利润进行分配后,剩余的利润归所有者享有,并转入所有者权益,因此可以将静态会计等式和动态会计等式连接起来,建立起新的平衡关系。将动态会计等式带入基本会计等式,得到:

资产＝负债＋所有者权益＋利润

＝负债＋所有者权益＋收入－费用

移项后便得出如下扩展会计等式:

资产＋费用＝负债＋所有者权益＋收入

这一等式揭示了企业在任一会计期间内全部会计要素之间的恒等关系,是经营资金静态、动态相结合的反映,是会计恒等式的日常一般形式。

(二)经济业务发生对会计等式的影响

经济活动的不断进行和经济业务的不断发生,必然会引起各项会计要素发生增减变动,但是无论企业经济业务的数额如何变动,任何时候都不会改变会计等式的数量平衡关系。

会计事项,是指会计主体执行经济业务过程中引起会计要素增减变化的事项,即使企业资产、负债和所有者权益等发生变化的各种经济活动。为了说明会计事项的发生不影响会计恒等式关系的变化,现以山海公司为例,探究经济业务发生对会计等式的影响。

【例 2-1】 山海公司 2024 年 1 月 1 日资产负债及所有者权益的构成如表 2-1 所示。

表 2-1 资产负债表

山海公司　　2024 年 1 月 1 日　　单位:元

资产	金额	负债及所有者权益	金额
库存现金	10 000	短期借款	90 000
银行存款	190 000	应付账款	400 000
应收账款	200 000	长期借款	200 000
原材料	200 000	实收资本	500 000
库存商品	500 000	盈余公积	110 000
固定资产	200 000		
合计	1 300 000	合计	1 300 000

山海公司 2024 年 1 月份发生以下经济业务(部分):

① 1 月 2 日,借入短期借款 50 000 元,已存入银行存款户。

② 1 月 3 日,收到投资者投入的固定资产价值 200 000 元。

③ 1 月 5 日,销售产品收入 700 000 元,款项已存入银行。

④ 1 月 6 日,借入长期借款 1 000 000 元,已存入银行存款户。

⑤ 1 月 10 日,以银行存款 200 000 元偿还上月从华夏公司购买商品所欠货款。

⑥ 1 月 12 日,以银行存款偿还短期借款 80 000 元。

⑦ 1 月 15 日,从银行提取现金 20 000 元。

⑧ 1 月 16 日,用银行存款支付广告费 30 000 元。

⑨ 1 月 17 日,从银行借入短期借款 10 000 元,直接偿还部分应付账款。

⑩ 1 月 21 日,经供货单位同意,将应付账款 100 000 元转作对本企业的投资。

⑪ 1 月 26 日,用银行存款偿还到期的短期借款 30 000 元。

⑫ 1 月 28 日,以银行存款还联营单位投资 200 000 元。

2024 年 1 月,山海公司经济业务发生对会计等式的影响分析如下:

山海公司在 2024 年 1 月 1 日期初会计等式表现为:

	资产	=	负债	+	所有者权益
期初	1 300 000	=	690 000	+	610 000

1. 资金投入业务

① 1 月 2 日,借入短期借款 50 000 元,已存入银行存款户。

等式左边的资产“银行存款”增加 50 000 元,等式右边的负债“短期借款”也增加 50 000 元,等式两边同增,等式平衡。会计等式变化表现为:

	资产	=	负债	+	所有者权益
期初	1 300 000	=	690 000	+	610 000
①	+50 000	=	+50 000		

② 1 月 3 日,收到投资者投入的固定资产价值 200 000 元。

等式左边的资产“固定资产”增加 200 000 元,等式右边的所有者权益“实收资本”也增加 200 000 元,等式两边同增,等式平衡。会计等式变化表现为:

	资产	=	负债	+	所有者权益
期初	1 300 000	=	690 000	+	610 000
①	+50 000	=	+50 000		
②	+200 000	=			+200 000

由上述等式变化可以发现，资金投入业务，等式两边同时增加，等式平衡。

2. 资金循环与周转业务

③ 1月5日，销售产品收入700 000元，款项已存入银行。

等式左边的资产"银行存款"增加700 000元，等式右边的收入"主营业务收入"也增加700 000元，等式两边同增，等式平衡。会计等式变化表现为：

	资产	+ 费用	=	负债	+	所有者权益	+	收入
期初	1 300 000		=	690 000	+	610 000		
①	+50 000		=	+50 000				
②	+200 000		=			+200 000		
③	+700 000		=					+700 000

④ 1月6日，借入长期借款1 000 000元，已存入银行存款户。

等式左边的资产"银行存款"增加1 000 000元，等式右边的负债"长期借款"也增加1 000 000元，等式两边同增，等式平衡。会计等式变化表现为：

	资产	+ 费用	=	负债	+	所有者权益	+	收入
期初	1 300 000		=	690 000	+	610 000		
①	+50 000		=	+50 000				
②	+200 000		=			+200 000		
③	+700 000		=					+700 000
④	+1 000 000		=	+1 000 000				

⑤ 1月10日，以银行存款200 000元偿还上月从华夏公司购买商品所欠货款。

等式左边的资产"银行存款"减少200 000元，等式右边的负债"应付账款"也减少200 000元，等式两边同减，等式平衡。会计等式变化表现为：

	资产	+ 费用	=	负债	+	所有者权益	+	收入
期初	1 300 000		=	690 000	+	610 000		
①	+50 000		=	+50 000				
②	+200 000		=			+200 000		
③	+700 000		=					+700 000
④	+1 000 000		=	+1 000 000				
⑤	−200 000		=	−200 000				

⑥ 1月12日，以银行存款偿还短期借款80 000元。

等式左边的资产"银行存款"减少80 000元，等式右边的负债"短期借款"也减少80 000元，等式两边同减，等式平衡。会计等式变化表现为：

	资产	+	费用	=	负债	+	所有者权益	+	收入
期初	1 300 000			=	690 000	+	610 000		
①	+50 000			=	+50 000				
②	+200 000			=			+200 000		
③	+700 000			=					+700 000
④	+1 000 000			=	+1 000 000				
⑤	−200 000			=	−200 000				
⑥	−80 000			=	−80 000				

⑦ 1 月 15 日，从银行提取现金 20 000 元。

等式左边的资产“库存现金”增加了 20 000 元，同时，等式左边的资产“银行存款”减少了 20 000 元，等式左边一增一减，等式平衡。会计等式变化表现为：

	资产	+	费用	=	负债	+	所有者权益	+	收入
期初	1 300 000			=	690 000	+	610 000		
①	+50 000			=	+50 000				
②	+200 000			=			+200 000		
③	+700 000			=					+700 000
④	+1 000 000			=	+1 000 000				
⑤	−200 000			=	−200 000				
⑥	−80 000			=	−80 000				
⑦	+ 20 000								
	−20 000			=					

⑧ 1 月 16 日，用银行存款支付广告费 30 000 元。

等式左边的资产“银行存款”减少了 30 000 元，同时，等式左边的费用“销售费用”增加了 30 000 元，等式左边一增一减，等式平衡。会计等式变化表现为：

	资产	+	费用	=	负债	+	所有者权益	+	收入
期初	1 300 000			=	690 000	+	610 000		
①	+50 000			=	+50 000				
②	+200 000			=			+200 000		
③	+700 000			=					+700 000
④	+1 000 000			=	+1 000 000				
⑤	−200 000			=	−200 000				
⑥	−80 000			=	−80 000				
⑦	+ 20 000								
	−20 000			=					
⑧	−30 000		+30 000	=					

⑨ 1 月 17 日，山海公司从银行借入短期借款 10 000 元，直接偿还部分应付账款。

等式右边的负债“短期借款”增加 10 000 元，同时等式右边的负债“应付账款”减少 10 000 元，等式右边一增一减，等式平衡。会计等式变化表现为：

	资产	+ 费用	=	负债	+ 所有者权益	+ 收入
期初	1 300 000		=	690 000	+ 610 000	
①	+50 000		=	+50 000		
②	+200 000		=		+200 000	
③	+700 000		=			+700 000
④	+1 000 000		=	+1 000 000		
⑤	−200 000		=	−200 000		
⑥	−80 000		=	−80 000		
⑦	+ 20 000					
	−20 000		=			
⑧	−30 000	+30 000	=			
⑨			=	+10 000		
			−10 000			

⑩ 1月21日，经供货单位同意，将应付账款100 000元转作对本企业的投资。

等式右边的所有者权益“实收资本”增加100 000元，同时，等式右边的负债“应付账款”减少100 000元，等式右边一增一减，等式平衡。会计等式变化表现为：

	资产	+ 费用	=	负债	+ 所有者权益	+ 收入
期初	1 300 000		=	690 000	+ 610 000	
①	+50 000		=	+50 000		
②	+200 000		=		+200 000	
③	+700 000		=			+700 000
④	+1 000 000		=	+1 000 000		
⑤	−200 000		=	−200 000		
⑥	−80 000		=	−80 000		
⑦	+ 20 000					
	−20 000		=			
⑧	−30 000	+30 000	=			
⑨			=	+10 000		
				−10 000		
⑩			=	−100 000	+100 000	

由上述等式变化可以发现，通过资金循环与周转业务，会计恒等式的变动表现为等式两边同时增加，或者等式两边同时减少，或者等式左边一增一减，或者等式右边一增一减，等式仍然平衡。

3. 资金退出业务

⑪ 1月26日，用银行存款偿还到期的短期借款80 000元。

等式左边的资产“银行存款”减少80 000元，等式右边的负债“短期借款”减少80 000元，等式两边同时减少，等式平衡。会计等式变化表现为：

	资产	＋费用	＝	负债	＋	所有者权益	＋	收入
期初	1 300 000		＝	690 000	＋	610 000		
①	＋50 000		＝	＋50 000				
②	＋200 000		＝			＋200 000		
③	＋700 000		＝					＋700 000
④	＋1 000 000		＝	＋1 000 000				
⑤	－200 000		＝	－200 000				
⑥	－80 000		＝	－80 000				
⑦	＋ 20 000							
	－20 000		＝					
⑧	－30 000	＋30 000	＝					
⑨			＝	＋10 000				
				－10 000				
⑩			＝	－100 000		＋100 000		
⑪	－80 000		＝	－80 000				

⑫ 1 月 15 日，以银行存款还联营单位投资 200 000 元。

等式左边的资产“银行存款”减少 200 000 元，等式右边的所有者权益“实收资本”也减少 200 000 元，等式两边同时减少，等式平衡。会计等式变化表现为：

	资产	＋费用	＝	负债	＋	所有者权益	＋	收入
期初	1 300 000		＝	690 000	＋	610 000		
①	＋50 000		＝	＋50 000				
②	＋200 000		＝			＋200 000		
③	＋700 000		＝					＋700 000
④	＋1 000 000		＝	＋1 000 000				
⑤	－200 000		＝	－200 000				
⑥	－80 000		＝	－80 000				
⑦	＋ 20 000							
	－20 000		＝					
⑧	－30 000	＋30 000	＝					
⑨			＝	＋10 000				
				－10 000				
⑩			＝	－100 000		＋100 000		
⑪	－80 000		＝	－80 000				
⑫	－200 000		＝			－200 000		

由上述等式变化可以发现，资金退出业务，会计恒等式的变动表现为等式两边同时减少，等式仍然平衡。

（三）经济业务发生对会计等式影响的总结

从上述 12 笔经济业务引起的会计等式增减变化的过程和结果可以看出，尽管会计事项千差万别、数量繁多，但不论企业发生哪种类型的会计事项，都不会改变会计恒等式左右两方的恒等关系。会计等式的变化包括四种类型：会计恒等式左右两边以相等的金额同时增加；会计恒等式左右两边以相等的金额同时减少；会计恒等式左边各项目之间，以相等的金额一增一减；会计恒等式右边各项目之间，以相等的金额一增一减。各项经济业务引发的资金运动对会计等式影响的结果汇总如图 2-7 所示。

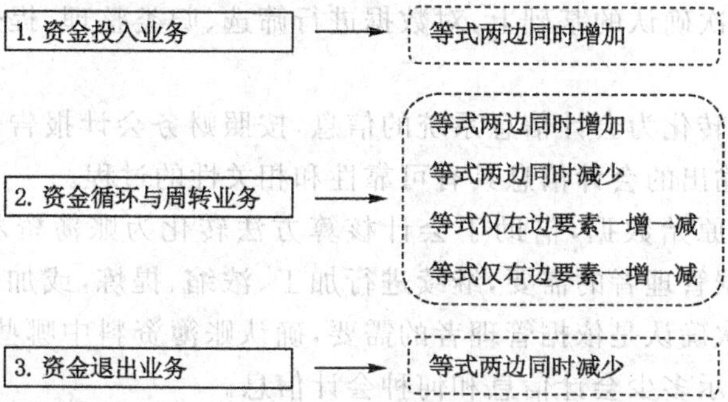

图 2-7　经济业务对会计等式的影响

第三节　会计确认、计量、记录与报告

会计的最终目的是向会计信息使用者提供有助于进行决策的信息，会计信息是通过确认、计量、记录和报告四个环节生成的。会计上将按照确认、计量、记录和报告为主要环节的会计基本程序及相应方法称为会计循环，会计工作就是依照这一程序不断重复、循环进行的。

一、会计确认及确认标准

会计确认是指会计数据进入会计系统时确定如何进行记录的过程，即将某一会计事项作为资产、负债、所有者权益、收入、费用或利润等会计要素正式加以记录和列入报表的过程。会计确认是要明确某一经济业务涉及哪个会计要素的问题。某一会计事项一旦被确认，就要同时以文字和数据加以记录，其金额包括在报表总计中。

（一）会计要素初次确认与再次确认

会计确认分为初次确认与再次确认。

1. 初次确认

初次确认是指企业活动的原始经济信息在输入会计信息系统前，以能够货币量化为标准进行辨认和筛选，并以一定的项目和金额将原始经济信息转化为会计信息的过程。

初次确认对输入会计核算系统的原始经济信息进行确认的标准主要是发生的经济业务能否用货币计量。初次确认是经济信息能否转化为会计信息，并进入会计处理系统的筛选过程。

初次确认如果发生的经济业务能够用货币计量，则运用特定的会计方法进行会计记录。既要明确某一经济业务涉及资产、负债、所有者权益、收入、费用、利润等哪个会计要素，又要以文字和金额加以记录。

初次确认从原始凭证审核开始，到编制完成记账凭证为止，将经济信息转化为会计信息。通过了初次确认可以进入会计处理系统；如果发生的经济业务不能用货币计量，则将其摈弃在会计核算系统外。

2. 再次确认

再次确认是在初次确认的基础上，对数据进行筛选、归类整理、提炼再加工并将其列入财务报告的过程。

再次确认是将已转化为会计信息系统的信息，按照财务会计报告使用者的要求进行会计的专业加工，保证输出的会计信息具有可靠性和相关性的过程。

经过初次确认的原始数据，借助于会计核算方法转化为账簿资料。为便于管理者使用，账簿资料还须依据管理者的需要，继续进行加工、浓缩、提炼，或加以扩充、重新归类、组合，即再次确认。再次确认是依据管理者的需要，确认账簿资料中哪些应列入会计报表，或是在会计报表中应揭示多少会计信息和何种会计信息。

会计再次确认还包括对已确认过的经济数据在日后由于变动影响的再次确认。如企业购入的各种存货，经初次确认后，以实际成本记录在账簿中，若物价发生变动，按照谨慎性原则核算时，须对变动影响进行再次确认。再次确认实际上是对已经形成的会计信息的再提纯、再加工，以保证其真实性及正确性，满足各会计信息使用者的需要。再次确认的标准主要是会计信息使用者的需要，会计输出的信息应是能够影响会计信息使用者决策的信息。

（二）会计确认的衡量标准

进行会计确认一般有四个基本的衡量标准，分别是：① 可定义性，即所确认的某一事项要符合某一会计要素的定义；② 可计量性，即所确认的事项在符合会计要素定义的基础上，能够采用货币计量；③ 可靠性，即所确认的事项是真实的和可验证的；④ 相关性，即所确认的事项对会计信息使用者进行经济决策是有用的。满足这四个衡量标准的交易或事项基本上都属于会计核算和监督的内容，即会计对象。

会计确认贯穿于会计核算工作的始终。会计核算要反映企业的经济活动，需要从企业收集大量经济活动所产生的数据，但并不是所有的经济业务都属于会计对象的范畴，会计对象是能引起会计要素发生变化的各项经济业务。企业的各项交易或事项是否应当在会计凭证、账簿中加以记录，以及怎样把账簿中的信息转化为财务报告，都必须经过会计确认的辨别和认定。因此，会计确认界定了会计记录的范围并决定了财务报告的内容，在会计核算中占有重要地位。

二、会计计量

会计计量是指在会计核算中，用金额描述某一交易或事项的会计程序。会计计量用于解决经济事项进入会计核算系统时应计金额的问题。如采购人员购买大型设备后，会计人员根据相关凭证确定大型设备的入账金额。会计计量包括计量单位和计量属性。计量单位是指计量尺度的量度单位。会计是以货币作为统一的计量尺度的。计量属性是指企业对会计要素进行计量时所采用的计量标准。

我国《企业会计准则——基本准则》规定，企业在将符合确认条件的会计要素登记入账并列报于财务报表及其附注时，应当按照规定的会计计量属性进行计量，确定其金额。会计计量属性包括历史成本、重置成本、可变现净值、现值和公允价值。

（一）历史成本

在历史成本计量下，资产按照购置时支付的现金或者现金等价物的金额，或者按照购置资产时所付出的对价的公允价值计量。负债按照因承担现时义务而实际收到的款项或者资产的金额，或者承担现时义务的合同金额，或者按照日常活动中为偿还负债预期需要支付的现金或者现金等价物的金额计量。

（二）重置成本

在重置成本计量下，资产按照现在购买相同或者相似资产所需支付的现金或者现金等价物的金额计量。负债按照现在偿付该项债务所需支付的现金或者现金等价物的金额计量。

（三）可变现净值

在可变现净值计量下，资产按照其正常对外销售所能收到现金或者现金等价物的金额扣减该资产至完工时估计将要发生的成本、估计的销售费用以及相关税费后的金额计量。

（四）现值

在现值计量下，资产按照预计从其持续使用和最终处置中所产生的未来净现金流入量的折现金额计量。负债按照预计期限内需要偿还的未来净现金流出量的折现金额计量。

（五）公允价值

在公允价值计量下，资产和负债按照市场参与者在计量日发生的有序交易中，出售资产所能收到或者转移负债所需支付的价格计量。

五种计量属性在资产和负债确认和记录时的应用如表 2-2 所示。

表 2-2　五种计量属性的应用

计量属性	对资产的计量	对负债的计量
历史成本	按照购置时的金额计量	按照承担现实义务时的金额计量
重置成本	按照现在购买时的金额计量	按照现在偿还时的金额计量
可变现净值	按照现在销售时的金额计量	
现值	按照将来时金额折现计量	
公允价值	熟悉情况的交易双方在自愿交易中出售资产所能收到的价格	熟悉情况的交易双方在自愿交易中转移负债所需支付的价格

企业在进行会计要素计量时，一般采用历史成本，它具有客观性和可验证性。如果采用重置成本、可变现净值、现值、公允价值计量的，应当保证所确定的会计要素金额能够取得并可靠计量。

三、会计记录

会计记录是指对经过会计确认、会计计量的经济业务，采用一定方法记录下来的过程。

根据会计信息系统的要求，通过审核经济数据所代表的企业活动，确认企业在营运过程中能够进入会计信息系统处理的有关经济业务，并进行记录。

会计记录是会计的基本程序之一，它将初次确认后可以进入会计信息系统的经济交易或事项，根据会计计量确定的各要素的货币数据，按照规定的记账原理，采用文字和数字叙述的形式在预先设置的账户中进行记录、反映，是会计核算的一个重要环节。

会计记录是企业实施会计核算活动的绝对必要条件。会计记录是企业实施会计的核算活动，记载企业经济活动，是企业账簿中记录的历史事实，也是我们对财务状况的最重要的资料依据。它也为财务会计人员提供报表及报表明细的参考依据，从而使企业在财务核算方面能够得到准确的监控。

会计记录的完整性可以揭示出企业经营状况的真实性和合法性，对于公司财务报告的准确性有很大的帮助。由此可见，准确的会计记录是企业经营成功的关键，会计记录是财务会计中最重要的工作之一。

会计记录主要包括下列专门方法：① 设置会计科目及账户；② 复式记账；③ 填制与审核凭证；④ 登记账簿；⑤ 成本计算；⑥ 财产清算；⑦ 编制财务报表。

四、财务会计报告

财务会计报告是指企业对外提供的反映企业某一特定日期的财务状况和某一会计期间的经营成果、现金流量等会计信息的文件。

财务会计报告包括会计报表及其附注和其他应当在财务会计报告中披露的相关信息和资料。会计报表至少应当包括资产负债表、利润表、现金流量表等报表。

其中，资产负债表是指反映企业在某一特定日期的财务状况的会计报表；利润表是指反映企业在一定会计期间的经营成果的会计报表；现金流量表是指反映企业在一定会计期间的现金和现金等价物流入和流出的会计报表；附注是指对在会计报表中列示项目所作的进一步说明，以及对未能在这些报表中列示项目的说明等。

五、会计确认、计量和报告的基础

由于会计核算是分期进行的，这就使得有些经济业务的发生时间与货币实际收付时间不在同一期间。例如，有时销售业务在本期已经完成，但款项却在以后期间才能收到，或本期销售业务尚未发生但已预收了款项；或本期费用已经发生，但尚未实际支付款项，或本期费用尚未发生却预付了款项。对于那些款项收付期与收益、费用实际发生期相分离的业务，如何确认其收益、费用归属的会计期间，即为会计核算基础。只有确定会计核算基础，才能正确计算本期盈亏。现行会计核算基础有权责发生制和收付实现制两种。

（一）权责发生制

《企业会计准则——基本准则》规定：企业应当以权责发生制为基础进行会计确认、计量和报告。权责发生制又称应计制，是以应收应付作为标准来处理经济业务、确定本期收入和费用、计算本期盈亏的会计核算基础。在权责发生制下，凡是当期已经实现的收入和已经发生或应当负担的费用，不论款项是否实际收付，都应作为本期的收入和费用处理；反之，凡是不属于本期的收入和费用，即使款项在本期实际收付，也不应作为本期的收入和费用处理。

权责发生制依据持续经营和会计分期两个基本前提划分不同会计期间资产、负债、收入、费用等会计要素的归属，并运用诸如应收、应付、待摊、预提等项目进行记录，按照归属期反映所有属于本期的经营业绩。

权责发生制应用举例如表 2-3 所示。

表 2-3　权责发生制应用举例

<table>
<tr><th>经济业务</th><th>业务发生期</th><th>款项收付期</th><th>收入、费用归属期</th><th>8 月份的盈亏计算</th></tr>
<tr><td>8 月份销售商品 100 000 元，款项于 10 月份收到</td><td>8 月</td><td>10 月</td><td>8 月</td><td rowspan="4">100 000－80 000＝20 000(元)</td></tr>
<tr><td>8 月份预收货款 60 000 元，商品于 9 月份发出</td><td>9 月</td><td>8 月</td><td>9 月</td></tr>
<tr><td>8 月份发生费用 80 000 元，款项于 11 月份支付</td><td>8 月</td><td>11 月</td><td>8 月</td></tr>
<tr><td>8 月份预付 9 月份的费用 15 000 元</td><td>9 月</td><td>8 月</td><td>9 月</td></tr>
</table>

（二）收付实现制

我国行政单位采用收付实现制，事业单位除生产经营业务采用权责发生制，其余大部分业务采用收付实现制。收付实现制是相对于权责发生制的另一种会计核算基础，它以实际收到或实际支付货币为标准来确认本期的收入和费用。凡是实际收到款项的期间就作为收入的实现期间，凡是支付款项的期间就作为费用的发生期间。一般情况下，非营利组织为了简化核算，以收付实现制作为会计核算基础。收付实现制运用举例如表 2-4 所示。

表 2-4　收付实现制运用举例

<table>
<tr><th>经济业务</th><th>业务发生期</th><th>款项收付期</th><th>收入、费用归属期</th><th>8 月份的盈亏计算</th></tr>
<tr><td>8 月份销售商品 100 000 元，款项于 10 月份收到</td><td>8 月</td><td>10 月</td><td>10 月</td><td rowspan="4">60 000－15 000＝45 000(元)</td></tr>
<tr><td>8 月份预收货款 60 000 元，商品于 9 月份发出</td><td>9 月</td><td>8 月</td><td>8 月</td></tr>
<tr><td>8 月份发生费用 80 000 元，款项于 11 月份支付</td><td>8 月</td><td>11 月</td><td>11 月</td></tr>
<tr><td>8 月份预付 9 月份的费用 15 000 元</td><td>9 月</td><td>8 月</td><td>8 月</td></tr>
</table>

（三）权责发生制和收付实现制的差别

权责发生制和收付实现制是两个相对的会计处理基础，其主要差别为：① 判别收入、费用归属期的标准不同。权责发生制以收入、费用的发生期作为其入账时间；收付实现制以与收入、费用相关的款项实际收付期作为入账时间。② 服务的会计主体不同。权责发生制服务于从事生产经营活动的企业，属于营利组织；而收付实现制服务于行政、事业单位，属于非营利组织。

明确权责发生制和收付实现制的差别，对于理解和把握企业、行政单位、事业单位的会计核算有着重要的意义。

本章小结

会计假设是组织会计核算工作应当明确的前提条件，是建立会计原则的基础，也是进行会计实务的必要条件，所以又叫会计核算的基本前提。会计假设包括会计主体、持续经营、会计分期和货币计量，它们既各自独立，又相辅相成。其中，会计主体对会计对象的空间范围做了限定；持续经营假设界定了会计核算的时间范围；会计分期假设是对会计对象时间范围的进一步限定；确定货币计量假设时，就同时确立币值稳定不变的假设，在我国编制财务会计报告需要折算为人民币。

会计信息质量要求是会计核算的一般原则，它是会计进行确认、计量、记录和报告的规范，也是衡量会计核算工作的评价标准。我国企业会计准则针对会计信息质量提出八项原则性要求，即可靠性、相关性、明晰性、可比性、实质重于形式、重要性、谨慎性和及时性。

会计对象是指会计核算和监督的内容，即会计工作的客体。其具体是指社会再生产过程中能以货币表现的经济活动，即资金运动或价值运动。

会计要素是对会计对象所作的基本分类，《企业会计准则》将会计要素分为资产、负债、所有者权益（股东权益）、收入、费用（成本）和利润。六要素之间的关系形成了"资产＝负债＋所有者权益"静态会计等式和"收入－费用＝利润"动态会计等式。将静态会计等式和动态会计等式连接起来，建立起新的平衡关系，得出扩展会计等式："资产＋费用＝负债＋所有者权益＋收入"，这一等式揭示了企业在任一会计期间内全部会计要素之间的恒等关系。无论企业经济业务的数额如何变动，任何时候都不会改变会计等式的数量平衡关系。

会计的最终目的是向会计信息使用者提供有助于进行决策的信息，会计信息是通过确认、计量、记录和报告四个环节生成的。会计上将按照确认、计量、记录和报告为主要环节的会计基本程序及相应方法称为会计循环，会计工作就是依照这一程序不断重复、循环进行的。

如何确认收益、费用归属的会计期间，即为会计核算基础。现行会计核算基础有权责发生制和收付实现制两种。二者的主要差别为：第一，判别收入、费用归属期的标准不同；第二，服务的会计主体不同。

【案例讨论】

2023 年 3 月，证监会披露了 2022 年证监稽查 20 起典型违法案例，其中 9 起为信息披露违法违规，5 起涉及财务造假，涉及上市公司系统性造假、实际控制人指使造假、虚构贸易造假、重组标的财务造假以及财务造假、规避退市等。具体包括：

① 同济堂信息披露违法违规案。该案是一起上市公司系统性造假的典型案例。2016—2019 年，同济堂健康产业股份有限公司通过子公司虚构销售及采购业务、虚增销售及管理费用、伪造银行回单等方式，累计虚增收入 211.21 亿元、利润 28.16 亿元。证监会指

出，上市公司财务造假严重破坏资本市场信息披露秩序，侵蚀市场诚信基础，监管部门必将予以严厉打击。

② 豫金刚石信息披露违法违规案。该案是一起上市公司实际控制人指使造假的典型案例。2016—2019 年，郑州华晶金刚石股份有限公司实际控制人策划、指使公司通过虚构销售交易及股权转让交易等方式累计虚增利润 1.5 亿元，通过虚构采购业务等方式虚增资产 18.56 亿元。证监会指出，上市公司实际控制人应当严守法律底线，不得滥用职权从事违法行为。

③ 金正大信息披露违法违规案。该案是一起上市公司虚构贸易造假的典型案件。2015—2018 年上半年，金正大生态工程集团股份有限公司通过虚构与供应商、客户之间的贸易业务，累计虚增收入 230.73 亿元、利润 19.89 亿元。该案警示，上市公司应当依法诚信经营，杜绝弄虚作假等违法行为，否则必将受到法律制裁。

④ 胜利精密信息披露违法违规案。该案是一起上市公司重组标的财务造假的典型案例。2016—2018 年，苏州胜利精密制造科技股份有限公司(简称胜利精密)收购标的智诚光学科技有限公司通过虚开主营产品销售发票、虚假销售原材料、未及时入账原材料等方式实施造假，导致胜利精密累计虚增利润总额 6.54 亿元。证监会指出，监管部门强化并购重组事中、事后监管，严厉打击操控业绩、虚假披露等违法行为，为发挥资本市场并购重组“主渠道”作用提供法治保障。

⑤ *ST 新亿信息披露违法违规案。该案是一起上市公司财务造假、规避退市的典型案例。2018—2019 年，新疆亿路万源实业控股股份有限公司通过虚增保理业务营业外收入等方式虚增利润，连续两年财务报告严重失实，财务指标触及退市标准，2022 年 3 月公司股票终止上市。证监会指出，监管部门严格执行退市制度，坚决打击以财务造假为手段规避退市的行为，促进形成优胜劣汰的良好市场生态。

财务造假属于恶性违规，不仅严重破坏市场诚信基础，也影响上市公司整体形象，严重损害中小投资者权益。

俗话说“没有规矩不成方圆”。随着新证券法的实施，监管处罚力度不断加大，投资者权益保护手段不断成熟，上市公司信披违规或财务造假成本越来越高。全面注册制下，信息披露是注册制的核心，将更加严打财务造假等信披违法行为。2023 年 2 月，中共中央办公厅、国务院办公厅印发的通知《关于进一步加强财会监督工作的意见》，旨在进一步加强财会监督工作，更好发挥财会监督职能作用，严厉打击财务会计违法违规行为。应从严从重查处影响恶劣的财务舞弊、会计造假案件，强化对相关责任人的追责、问责，强化对会计信息质量的监督。

请通过自主探究回答：

1. 上述 5 起财务造假案例的财务造假目的分别是什么？违反了哪些会计信息质量要求？最终受到了什么惩罚？

2. 上市公司的外部监督有哪些？你认为各外部监督方应该怎样抑制上市公司的财务造假？

思考与练习

一、单项选择题

1. 流动资产变现或耗用期在(　　)。

A. 一年以内　　B. 一年内或超出一年的一个营业周期内

C. 一个营业周期内　　D. 超出一年的一个营业周期

2. 预收购买单位预付的购货款,应同时作为企业的资产和(　　)处理。

A. 资产　　B. 负债

C. 收入　　D. 所有者权益

3. 下列各项属于流动资产的有(　　)。

A. 现金　　B. 运输设备

C. 专利权　　D. 厂房

4. 企业本月发生的电话费尚未支付的业务,属于下列(　　)的变化业务。

A. 收入发生引起资产增加　　B. 收入发生引起负债减少

C. 费用发生引起资产减少　　D. 费用发生引起负债增加

5. 会计主体前提限定了会计核算的(　　)范围。

A. 时间　　B. 空间

C. 货币计量　　D. 会计期间

6. 会计统一的计量单位是(　　)。

A. 实物量　　B. 货币

C. 劳动　　D. 工时

7. 9 月份销售商品 100 000 元,款项于 12 月份收到,收付实现制确认收入发生的时间是(　　)。

A. 9月　　B. 10月

C. 11月　　D. 12月

8. 将企业融资租赁的固定资产确认为企业的固定资产,符合会计信息质量(　　)要求。

A. 可靠性　　B. 谨慎性

C. 及时性　　D. 重要性

E. 实质重于形式

9. 会计核算过程中,会计处理方法前后各期应当一致,不得随意变更,符合会计信息质量(　　)要求。

A. 可比性　　B. 相关性

C. 可靠性　　D. 谨慎性

E. 重要性

10. 企业对外出售一台旧设备,该设备账面金额 80 000 元,已提折旧 30 000 元。双方协议价格 20 000 元,并取得款项存入银行。这符合(　　)计量属性。

A. 历史成本　　B. 重置成本

C. 可变现净值　　D. 公允价值

二、多项选择题

1. 下列经济活动中,同时涉及“资产＝负债＋所有者权益”会计恒等式两边的经济业务的有(　　)。

A. 从银行提取现金　　B. 支付欠款

C. 收回外单位欠款　　D. 向银行借款

E. 收到投资者投入资本

2. 企业拥有或控制的非流动资产是(　　)。

A. 存货　　B. 长期投资

C. 应收账款　　D. 无形资产

E. 运输设备

3. 会计的计量属性包括(　　)。

A. 历史成本　　B. 重置成本

C. 可变现净值　　D. 现值

E. 公允价值

4. 企业费用的发生可能表现为(　　)。

A. 资产的减少　　B. 资产的增加

C. 负债的减少　　D. 负债的增加

E. 所有者权益的增加

5. 下列经济业务不会使资产和权益总额发生变动的有(　　)。

A. 用银行存款归还短期借款　　B. 从银行提取现金

C. 用银行存款购买原材料　　D. 购买材料时货款未付

E. 用现金发放上月工资

6. 关于权益,下列说法正确的是(　　)。

A. 权益包括所有者权益和债权人的权益

B. 从数量上讲,权益等于所有者权益数量

C. 权益表示资金的来源

D. 债权人权益从数量上等于企业的负债

7. 收入的特征是(　　)。

A. 必定导致所有者权益的增加

B. 由日常经济活动产生的

C. 表现在资产的增加或负债的减少或两者兼而有之

D. 与所有者投入的资本无关

8. 根据权责发生制原则,应计入本期的收入和费用的有(　　)。

A. 属于本期费用,尚未付款　　B. 属于以后期间的费用,已提前付款

C. 本期实现的收入,尚未收款　　D. 本期实现的收入,已经收款

E. 属于以后期间实现的收入,预先收款

9. 下列符合可比性要求的是(　　)。
A. 同一企业在不同的会计期间可采用不同的会计政策
B. 同一企业前后期间应该一致,不得随意变更
C. 不同企业应按照国家同一会计制度的规定进行会计处理
D. 不同行业、同一行业的不同企业形成的会计指标应口径一致,相互可比
10. 会计核算的基本前提包括(　　)。
A. 会计主体　　B. 持续经营
C. 可靠性　　D. 货币计量
E. 会计分期　　F. 权责发生制

第三章　账户与复式记账

【学习目标】

(1) 掌握会计科目和会计账户的含义与设置。
(2) 掌握会计账户的结构及分类。
(3) 掌握复式记账和借贷记账法的概念。
(4) 理解借贷记账法的记账规则。
(5) 掌握会计凭证和会计账簿的概念、分类。
(6) 理解总账和明细账的平行登记和试算平衡。

【学习重点与难点】

(1) 会计科目与会计账户的设置。
(2) 会计账户的结构及其分类。
(3) 根据经济业务和记账规则分析并编制会计分录。

【引导案例】

陕西薛女士在2023年8月底对账时发现公司账目和银行账目相差1分钱无法结账，单位其他5名会计人员听闻后立即赶来帮忙核对。他们一起仔细检查了每一笔账目，试图找出差异的根源，最终发现这个微小的差值是由于四舍五入导致的，实际上并没有任何问题。大家松了一口气。这场虚惊不仅凸显了处理账目时的细致和谨慎的重要性，也展现了这家单位会计人员的工作责任心和团队合作精神。

这起事件引起了网友们的调侃和讨论。有人戏称，会计对账时差多不怕，差少就会冷汗唰唰唰。也有网友说，愿天下再无一分之差。这些幽默的说法彰显了会计工作的细微之处，也让人们对会计人员在工作中的严谨性和责任感有了更深的认识。

会计是怎样记账的？对账的主要内容有哪些？为什么账目只相差1分钱就不能结账？通过本章一起学习吧。

第一节 会计科目与账户

一、会计科目

（一）会计科目的含义和设置原则

1. 会计科目的含义

由于企业的经济业务错综复杂，对会计对象进一步划分的会计六要素不能满足对具体经济业务分类核算的需要，还需要根据各个要素的经济内容将其划分为若干具体项目。因此，会计科目是指在会计要素分类的基础上，对其按照经济内容进行再分类而确定的详细项目。开设会计科目是全面、系统、分类地核算和监督各项经济业务活动的前提和依据。

例如，固定资产和原材料虽然都属于资产，但是其经济内容及在经济活动中的周转方式和所起的作用各不相同；应付账款和长期借款虽然都是负债，但形成的原因和偿付期限也各不相同。因此，有必要将会计要素按不同经济内容和会计核算的需要进行分类，从而形成会计科目。如资产应分为库存现金、银行存款、固定资产、原材料等；负债应分为短期借款、长期借款、其他应付款等。会计科目的设置可以把各项会计要素的增减变化分门别类地归集起来，使之一目了然。

2. 会计科目设置的原则

会计科目的设置是会计核算和管理的基础。企业通过设置会计科目组织会计核算、编制会计报表。会计科目设置的合理与否，直接影响会计核算的质量和会计管理水平的高低，对企业会计核算和会计报表编制有着重要意义。因此，在会计科目设置过程中应努力做到科学、合理和适用，并遵循下列原则：

（1）合法性原则

为了保证会计信息的可比性，所设置的会计科目应当符合国家统一的会计制度规定。对于国家统一会计制度规定的会计科目，企业可以根据自身的生产经营特点，在不影响会计核算要求和财务报表指标汇总，以及对外提供统一会计信息的前提下，自行增设、减少和合并某些会计科目和明细科目。

（2）相关性原则

会计科目的设置，应为有关各方提供所需要的会计信息服务，保持会计指标体系的完整和统一，全面而概括地反映企业生产经营活动情况，便于清晰地提供会计信息，以满足企业对外报告与对内管理的需求，以及有关信息使用者了解企业财务状况、经营成果和现金流量的需求。

（3）实用性原则

经济单位的组织形式、所处行业、经营内容及业务种类等不同，在会计科目的设置上亦应有所区别。各单位应根据自身特点，设置符合单位特点的会计科目。会计科目名称力求清晰准确、简明扼要，讲求实用，既要符合国家制度的规定、满足企业管理的需要，又要避免过于繁杂和无谓劳动。

（二）会计科目的分类

1. 按经济内容分类

根据财政部《企业会计准则——应用指南》规定，我国目前的会计科目按所反映的经济内容不同划分为六大类：资产类、负债类、所有者权益类、共同类、成本类和损益类。其中，制造业常用的会计科目如表 3-1 所示，其余会计科目在后续的财务会计等课程中再行讲述。

表 3-1 常用会计科目表

会计科目编号	会计科目名称	会计科目编号	会计科目名称
一、资产类		2211	应付职工薪酬
1001	库存现金	2221	应交税费
1002	银行存款	2231	应付利息
1012	其他货币资金	2232	应付股利
1101	交易性金融资产	2241	其他应付款
1121	应收票据	2501	长期借款
1122	应收账款	2502	应付债券
1123	预收账款	2701	长期应付款
1131	应收股利	三、所有者权益类	
1132	应收利息	4001	实收资本
1221	其他应收款	4002	资本公积
1231	坏账准备	4101	盈余公积
1401	材料采购	4103	本年利润
1402	在途物资	4104	利润分配
1403	原材料	三、共同类（略）	
1405	库存商品	四、成本类	
1501	债权投资	5001	生产成本
1511	长期股权投资	5101	制造费用
1531	长期应收款	五、损益类	
1601	固定资产	6001	主营业务收入
1602	累计折旧	6051	其他业务收入
1604	在建工程	6101	公允价值变动
1605	工程物资	6111	投资收益
1606	固定资产清理	6301	营业外收入
1701	无形资产	6401	主营业务成本
1702	累计摊销	6402	其他业务成本
1801	长期待摊费用	6403	税金及附加
1901	待处理财产损溢	6601	销售费用
二、负债类		6602	管理费用
2001	短期借款	6603	财务费用
2201	应付票据	6711	营业外支出
2202	应付账款	6801	所得税费用
2203	预收账款	6901	以前年度损益调整

2. 按提供指标的详细程度分类

会计科目按其提供核算指标详细程度的不同,可以分为总分类科目和明细分类科目。总分类科目,也称一级科目,是对会计要素具体内容进行总括分类,提供总括会计信息的科目。表 3-1 中所列科目均为总分类科目。明细分类科目,是对总分类科目的进一步分类,提供更详细和更具体的会计信息核算的科目。

总分类科目与明细分类科目之间的关系是:总分类科目控制和统驭明细分类科目,明细分类科目从属于总分类科目,对总分类科目起补充说明作用。企业可以设置多级明细分类科目。如"原材料"总分类科目,可以提供企业全部材料的总括资料,而要了解企业不同种类和型号材料的具体情况,还可以设置"原材料"二级科目和三级科目,以便明确"原材料"更详细的层次和内容,具体关系如图 3-1 所示。

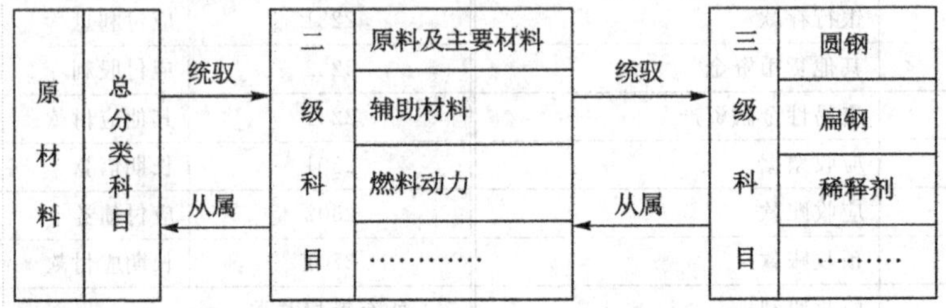

图 3-1　总分类科目与明细分类科目关系图

二、会计账户

会计科目只是对会计要素进行分类的项目或名称,其本身没有结构,不能进行具体的会计核算,因此还必须设置会计账户。

(一) 会计账户的含义和作用

1. 会计账户的含义

会计账户是根据会计科目设置的,具有一定的格式和结构,用来全面、系统、连续地记录经济业务、反映会计要素增减变动及其结果的工具。

会计账户的概念包括两方面的含义:

① 会计账户是根据会计科目开设的。

② 会计账户是一个载体,具有一定的格式和结构,因而可以记录各项经济内容的增减变动情况。

2. 会计账户的作用

设置和运用会计账户,是会计核算的重要环节,也是运用复式记账法的前提条件。会计账户是各单位分类、记录、整理和汇总原始数据的重要工具,在会计工作中有着重要的意义。

① 进行数据转换,形成会计信息。对会计信息系统而言,一切未经确认并按账户分类和正式记录的都可以认为是数据。而把数据区分为会计信息和非会计信息的最初界限就是会计账户。通过会计账户,可以记录每笔或每类经济业务所引起的资金数量的增减变化及其结果,按会计准则的规定计算资金的取得及使用情况,形成便于储存并及时向利益相

关者提供的会计信息。

② 压缩信息数量,确保会计信息质量。企业每天都会发生数以千计的必须通过会计进行记录的数据。通过设置会计账户,可以将单个的、大量重复的数据进行分类、汇总、加工和整理,使会计信息根据类别形成在本质上既有联系又有区别的信息群,这种有序的会计信息能够反映企业价值运动的内在联系,在一定程度上提高了会计信息的质量。

(二) 会计账户的基本结构和内容

1. 会计账户的基本结构

会计账户的基本结构就是指账户的格式。为了全面、清晰地记录各项经济业务,每一个会计账户既要有明确的经济内容,又要有一定的结构。各项经济业务引起的资金变动尽管错综复杂,但从数量上看,不外乎增加和减少这两种情况。因此,账户的结构也应相应地划分为左方、右方两个基本部分:一方反映数额的增加,另一方反映数额的减少,增减相抵后的差额称为账户的余额。对于每一个账户而言,到底左方记录增加还是右方记录增加,取决于企业所采用的记账方法与账户性质。其具体内容应包括以下几个方面:

① 会计账户的名称(即会计科目);

② 日期和凭证号数(用以说明账户记录的日期及来源);

③ 摘要(概括说明经济业务的内容);

④ 增加和减少的金额;

⑤ 余额(包括期初余额和期末余额)。

我国会计准则规定使用借贷记账法,会计账户的左方称为"借方",右方称为"贷方"。借贷记账法下会计账户的基本结构如表 3-2 所示。

表 3-2 会计科目名称(账户名称)

年		凭证号数	摘 要	借 方	贷 方	借(或贷)	余额
月	日						

为了在会计实务和会计教学中方便使用,上述会计账户的基本结构,通常简化为 T 形账户(或叫丁字账户),其格式如图 3-2 所示。

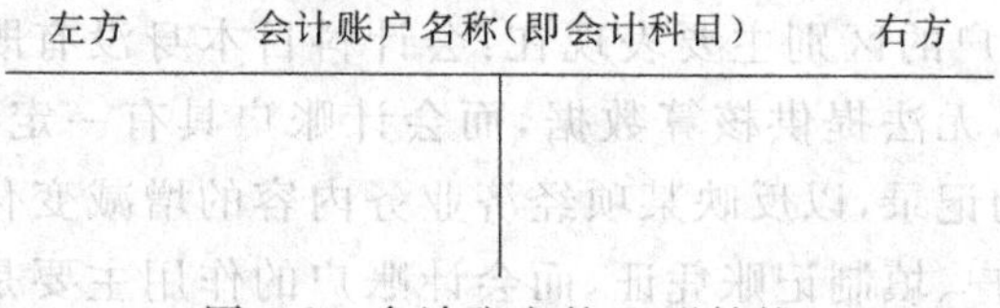

图 3-2 会计账户的 T 形结构

2. 会计账户的基本内容

会计账户的核算内容分为四个要素:期初余额、本期增加发生额、本期减少发生额、期末余额。会计账户的左右两方分别用来登记增加数或减少数,本期增加的金额称为本期增加发生额,本期减少的金额称为本期减少发生额,增减相抵后的差额称为期末余额。一个会计期间开始时记录的余额称为期初余额,结束时记录的余额称为期末余额,本期的期末余额即为下期的期初余额。会计账户中记录的四个要素之间的关系可以表达如下：

期末余额＝期初余额＋本期增加发生额－本期减少发生额

下面通过具体实例说明账户结构及其核算要素的内容。

【例 3-1】 假设山海公司 2024 年 2 月“原材料”和“短期借款”账户的记录如图 3-3 所示。

左方(借方)		原材料	右方(贷方)	
期初余额	59 000			
本期发生额(本期增加额)	4 000		本期发生额(本期减少额)	20 000
期初末额	43 000			

左方(借方)		短期借款	右方(贷方)	
			期初余额	62 000
本期发生额(本期减少额)	2 000		本期发生额(本期增加额)	8 000
			期初末额	68 000

图 3-3　会计账户的记录

根据图 3-3 的“原材料”账户记录可知：山海公司 2024 年 2 月期初的原材料库存为 59 000 元，本月由于材料入库导致原材料增加了 4 000 元，本月发出原材料 20 000 元，因此到 2 月末原材料账户结余 43 000 元，这就意味着 4 月初“原材料”账户的期初余额为 43 000 元；“短期借款”账户的记录则显示：山海公司 2024 年 2 月期初短期借款余额为 62 000 元，本期增加短期借款 8 000 元，本期减少短期借款 2 000 元，期末“短期借款”账户的余额为 68 000 元，即本单位 4 月初“短期借款”账户的期初余额为 68 000 元。

（三）会计账户与会计科目的联系和区别

会计科目是会计账户的名称，会计账户是会计科目的具体运用，二者既相互联系又相互区别。

会计科目与会计账户的相互联系主要表现在：会计科目与会计账户都分门别类地反映会计要素的具体内容，即两者反映的经济内容是一致的；会计账户是根据会计科目开设的，会计科目的名称、内容、分类和性质决定了会计账户的名称、内容、分类和性质；会计账户是会计科目的具体运用。

会计科目与会计账户的区别主要表现在：会计科目本身没有既定的结构，它只表明某项会计要素的具体内容，无法提供核算数据，而会计账户具有一定的结构、格式，可以对会计要素进行连续、系统的记录，以反映某项经济业务内容的增减变化及其结果；会计科目的作用主要是为了开设账户、填制记账凭证，而会计账户的作用主要是进行数据转换，形成会计信息，并提供某一具体会计要素的核算资料，为编制会计报表所用。

可见，没有会计科目，会计账户便失去设置依据；没有会计账户，会计科目就无法发挥作用。因为二者的核算内容是一致的，所以在实际工作中通常将会计科目与会计账户作同义语，不加严格区分。

（四）会计账户的分类

为掌握各类账户在提供会计信息方面的规律性，并探讨账户之间的内在联系，更好地了解和运用账户，应按不同的标准对账户进行科学的分类。

1. 账户按经济内容分类

会计账户按经济内容分类，也叫会计账户按会计要素分类，是账户的基本分类。账户的经济内容是账户所反映和监督的会计要素的具体内容，各账户之间的根本差别就在于其所反映的经济业务内容不同。由于账户是根据会计科目开设的，会计科目的内容就是会计账户的内容，会计账户按经济内容分类的结果应该与会计科目按经济内容分类的结果相同，都是六种类型：资产类账户、负债类账户、所有者权益类账户、共同类账户、成本类账户和损益类账户，每一个会计科目的名称即为一个会计账户的名称，其所反映的经济内容也是一致的。

2. 账户按用途和结构分类

为了进一步了解各账户的具体用途，以及如何提供管理上所需要的各种核算指标，还需要按账户用途和结构进行分类。账户的用途是指设置和运用账户的目的，即通过账户记录能提供什么会计核算指标；账户的结构是指账户如何提供会计核算指标，即账户借方记录什么内容，贷方记录什么内容，期末余额在何方，表示什么经济含义。账户按照用途和结构分类，是在按经济内容分类基础上的进一步分类，是对经济内容分类的必要补充。

企业所运用的账户，按其用途和结构一般可以分为盘存账户、结算账户、所有者投资账户、集合分配账户、跨期摊配账户、成本计算账户、收入账户、费用账户、财务成果账户、调整账户、计价对比账户等。

3. 账户的其他分类

(1) 账户按其与会计报表的关系分类

① 资产负债表账户。资产负债表是反映企业某一特定日期财务状况的报表。财务状况主要指企业的资产、负债、所有者权益总额及其构成。资产类、负债类、所有者权益类和成本类账户的余额，是期末编制资产负债表的主要依据，因此这类账户被称为资产负债表账户。这类账户的特点是期末通常有余额，反映的是某一特定日期资金运动的静态状况，因此也称为“实账户”。

② 利润表账户。利润表又称为损益表，是反映企业某一会计期间经营成果的报表。经营成果主要指企业的利润及其构成。损益类账户中的收入、费用账户发生额反映了企业本期的经营成果，是编制利润表的主要依据。因此，收入账户、费用账户被称为利润表账户。这类账户的特点是本期发生额在期末全部转入“本年利润”，所以期末通常无余额，反映的是资金运动的动态状况，又称为“虚账户”。

(2) 账户按其与会计主体的关系分类

① 表内账户。表内账户是指用来核算一个会计主体的资产、负债和所有者权益，以及收入、费用和财务成果的账户。这些账户的发生额或余额反映的都是本会计主体的资金运动情况。

② 表外账户。表外账户是指不在本会计主体基本会计报表中反映的账户，通常是指不属于本会计主体资产的账户。如为其他企业加工的原材料、租入固定资产、代管物资、代安装设备等。需要注意的是，这些账户不是本会计主体的表内账户，但必定是本会计主体以外的某会计主体的表内账户，所以“表内”“表外”只是相对于某一特定主体来界定的。

第二节　复式记账法与借贷记账法

记账方法是将企业发生的经济业务根据一定的原理、记账符号、记账规则，采用一定的计量单位，利用文字和数字在账簿中登记经济业务的方法。按记录方式的不同，记账方法可分为单式记账法和复式记账法两大类。单式记账法是对发生经济业务之后所产生会计要素的增减变动，只在一个账户中进行登记的方法。单式记账法不能全面、系统地反映经济业务的来龙去脉，也不便于检查账簿记录的正确性，因此逐渐被复式记账法所取代。

一、复式记账法的概念及种类

（一）复式记账法的概念

复式记账法是对每一笔经济业务都要在两个或两个以上相互联系的账户中以相等的金额进行记录，借以反映会计对象具体内容增减变化情况的一种记账方法。

例如，企业销售商品取得现金 900 元的业务，在复式记账法下，这项经济业务除了要在“库存现金”账户中登记增加 900 元外，还要在“主营业务收入”账户中登记增加 900 元。这种记录方法表明了企业现金的增加与取得销售收入两者之间的相互关联性。显然，复式记账法对于经济业务引起的所有会计要素（至少两个项目）的变化都应进行记录，而且是以相等的金额进行记录，因而这种记账方法具有天然的自我检验机制。

（二）复式记账法的种类

在我国会计发展史上，使用过三种复式记账方法，分别是增减记账法、收付记账法和借贷记账法。增减记账法是以“增”“减”为记账符号来反映经济活动的一种复式记账方法，它是我国会计工作者自行设计的一种复式记账方法。该方法 20 世纪 60 年代在我国商业企业会计中采用，后又推广至其他部门的企业。收付记账法是以“收”“付”为记账符号来反映经济活动的一种复式记账方法，它是在我国传统单式收付记账法基础上发展起来的，又分为资金收付记账法、现金收付记账法和财产收付记账法。随着改革和发展的需要，会计国际协调步伐的加快，从 1993 年起，我国的企业和行政、事业单位统一采用借贷记账法。如今，借贷记账法因其在世界范围内的普遍运用而成为复式记账法的代名词。

二、复式记账法的原理

（一）复式记账法的理论依据

复式记账法的理论依据是“资产＝权益”和“资产＋费用＝负债＋所有者权益＋收入”的会计恒等式。会计主体日常发生的经济业务是千变万化、多种多样的。无论怎样增减变化，客观上都会引起两个或两个以上会计要素项目的增减变化，且不会破坏资产总额与负债及所有者权益总额的平衡相等关系，这源于资金运动的内在规律客观上要求采用复式记账法记录经济业务。

（二）复式记账法的特点

复式记账法是从单式记账法发展演变而来的。在复式记账法下，由于对每项经济业务都以相等的金额在相互对应的账户中作双重记录，因此，账户之间存在相互钩稽关系，可据以了解每项经济业务的来龙去脉。同时，由于对每项经济业务都以相等的金额在两个或两个以上相互联系的账户中进行记录，因而所有账户的有关发生额必然保持一种平衡关系。根据这种必然相等的关系，可以检查账户记录是否正确。

应用复式记账法记录各项经济业务，还可以通过账户对应关系了解经济业务的内容，检查经济业务是否合理、合法。复式记账法在会计核算方法体系中占有重要地位，在日常会计核算工作中从编制会计凭证到登记账簿，都要运用复式记账原理。

复式记账法的特点决定了它是一种科学的、能全面反映经济活动的记账方法。

三、借贷记账法

借贷记账法是以借、贷作为记账符号，来反映经济业务增减变化的一种复式记账方法。

（一）借贷记账法的记账符号

记账符号是用来表明记账方向的符号标记。借贷记账法以“借”“贷”二字作为记账符号，以此表明经济业务应记入有关账户的记账方向，反映会计要素的增减变化。“借”和“贷”原本表示“借主”（债务人）和“贷主”（债权人），后来随着借贷记账法记录的内容扩展到财产物资、经营损益和资本，并广泛运用于金融业之外的其他行业，“借”和“贷”渐渐失去原本的含义，变成了纯粹的记账符号。

（二）借贷记账法下的账户结构

1. 资产类账户的结构

资产类账户的借方记录该资产的增加额，贷方记录该资产的减少额。在一个会计期间内，借方记录的增加额合计数称为本期借方发生额，贷方记录的减少额合计数称为本期贷方发生额，借贷方之间的差额称为余额。由于资产的减少额一般不会大于它的期初余额与本期增加额之和，所以资产类账户期末余额一般在借方，表示期末资产的实有数额。该类账户期末余额的计算公式如下：

借方期末余额＝借方期初余额＋借方本期发生额－贷方本期发生额

用 T 形账户表示的资产类账户结构如图 3-4 所示。

借方	资产类账户		贷方
期初余额	×××		
增加额	×××	减少额	×××
本期借方发生额合计	×××	本期贷方发生额合计	×××
期末余额	×××		

图 3-4　资产类账户结构图

2. 负债及所有者权益类账户

据“资产＝负债＋所有者权益”的会计恒等式，负债及所有者权益类账户的结构与资产类账户正好相反，其贷方记录负债及所有者权益的增加额，借方记录负债及所有者权益的减少额。由于负债及所有者权益账户的贷方本期增加额合计与期初余额之和，通常要大于其本期借方额合计，所以这类账户期末如有余额，一般在贷方。该类账户期末余额的计算公式如下：

贷方期末余额＝贷方期初余额＋贷方本期发生额－本借方期发生额

用 T 形账户表示的负债及所有者权益类账户结构如图 3-5 所示。

借方	负债及所有者权益类账户		贷方
		期初余额	×××
减少额	×××	增加额	×××
本期借方发生额合计	×××	本期贷方发生额合计	×××
		期末余额	×××

图 3-5　负债及所有者权益类账户结构

3. 成本类、费用类账户的结构

成本和费用本质上都是经济资源的耗费，大多由资产转化而来，所以成本尚未结转为新的资产、费用尚未与收入抵销之前，可将其视为一种特殊资产。因此，成本类、费用类账户的结构与资产类账户基本相同，即账户的借方登记成本、费用的增加额，贷方登记成本、费用的减少（或转销）额。关于余额，成本类与费用类账户略有不同。尽管成本与费用皆由资产转化而来，但是成本结转后会形成新的资产，而费用结转后会形成损益，这就决定了两类账户的余额特征不同。

成本类账户借方反映为形成某资产而发生的各项耗费的归集，贷方反映该资产成本计算过程完成后结转的各项耗费。会计期末，该资产成本计算过程可能尚未完成，此时成本类账户的借方发生额大于贷方发生额，因而成本类账户期末有余额，且在借方。

费用类账户，会计期末会将其借方发生额通过贷方全数转出至“本年利润”账户用于计算当期损益，所以该类账户没有期末余额。也就是说，两者来龙相同，但去脉不同，因此会计期末的成本类账户可能有余额，余额在借方，而费用类账户期末无余额。

为了更清晰地说明成本类、费用类账户的结构特征，本书分别用图 3-6、图 3-7 来示例二者 T 形账户的结构。

借方	成本类账户		贷方
期初余额	×××		
增加额	×××	减少额（或转销额）	×××
本期借方发生额合计	×××	本期贷方发生额合计	×××
期末余额	×××		

图 3-6　成本类账户结构

借方	费用类账户		贷方
增加额	×××	减少额（或转销额）	×××
本期借方发生额合计	×××	本期贷方发生额合计	×××

图 3-7　费用类账户结构

4. 收入类账户的结构

收入类账户贷方登记收入的增加额，借方登记收入的减少（或转销）额。会计期末，为了计算当期损益，会将其贷方登记的收入增加额全数通过借方转出，所以这类账户也没有期末余额。用T形账户表示的收入类账户结构，如图3-8所示。

借方	收入类账户		贷方
增加额	×××	减少额（或转销额）	×××
本期借方发生额合计	×××	本期贷方发生额合计	×××

图3-8 收入类账户结构

（三）借贷记账法的记账规则与会计分录

1. 借贷记账法的记账规则

借贷记账法的记账规则可以概括为：有借必有贷，借贷必相等。

第一，在运用借贷记账法记账时，对每项经济业务，既要记录一个（或几个）账户的借方，又必然要记录另一个（或几个）账户的贷方，即“有借必有贷”；账户借方记录的金额必然等于账户贷方的金额，即“借贷必相等”。

第二，所记录的账户可以是同类账户，也可以是不同类账户，但必须是两个记账方向，既不能都记入借方，也不能都记入贷方。

第三，记入借方的金额必须等于记入贷方的金额。

2. 会计分录

会计分录亦称“记账公式”。简称“分录”。它是根据复式记账原理的要求，对每笔经济业务列出相对应的双方账户及其金额的一种记录。会计分录包括三个要素：账户名称、记账方向、登记金额。

经过会计分录的记录后，会在所登记的有关账户之间形成应借、应贷的相互依存关系。我们把账户之间形成的应借、应贷的相互依存关系称作账户的对应关系，把形成对应关系的账户称为对应账户。

会计分录按其所反映经济业务的复杂程度，可分为简单会计分录和复合会计分录。简单会计分录是指一项经济业务发生以后，只需要在两个账户中进行登记的会计分录，即“一借一贷”的会计分录。复合会计分录是指经济业务发生以后，需要在三个或三个以上相互联系的账户中进行登记的会计分录，即“一借多贷”、“多借一贷”或“多借多贷”的会计分录。

一个复合会计分录可以分解为几个简单的会计分录。复合会计分录，有利于集中反映整个经济业务的全貌，简化记账工作，提高会计工作效率。但不允许将几项经济业务合并编制复合分录，那样会破坏账户的对应关系。

3. 借贷记账法的试算平衡

试算平衡是指根据借贷记账法的记账规则和资产与权益（负债和所有者权益）的恒等关系，通过对所有账户的发生额和余额的汇总计算及比较，来检查账户记录是否正确的一种方法。试算平衡包括发生额试算平衡和余额试算平衡。

① 发生额试算平衡，是指全部账户本期借方发生额合计与全部账户本期贷方发生额合计保持平衡，全部账户本期借方发生额合计＝全部账户本期贷方发生额合计。发生额试算平衡的直接依据是借贷记账法的记账规则，即“有借必有贷，借贷必相等”。

② 余额试算平衡，是指全部账户借方期末（初）余额合计与全部账户贷方期末（初）余额合计保持平衡，全部账户借方期末（初）余额合计＝全部账户贷方期末（初）余额合计。余额试算平衡的直接依据是财务状况等式，资产＝负债＋所有者权益。

③ 实际工作中，试算平衡一般是在月末结算出各账户的本月发生额和月末余额后，通过编制“总分类账户发生额及余额试算平衡表”来进行的。

④ 为了更好地理解借贷记账法的记账规则，明确如何编制会计分录、登记账户和进行试算平衡，以下举例进行说明。

【例 3-2】 假设山海公司 2023 年 12 月各账户期初余额如表 3-3 所示。

表 3-3 山海公司 12 月各账户期初余额 单位：元

账户名称	期初余额	
	借 方	贷 方
银行存款	800 000	
库存商品	100 000	
固定资产	1 000 000	
应付账款		260 000
长期借款		400 000
实收资本		1 000 000
资本公积		240 000
合 计	1 900 000	1 900 000

第一，根据表 3-3 山海公司 12 月各账户期初余额，在相应账户中登记期初余额。

第二，对山海公司本月发生的经济业务进行初次确认。

山海公司 12 月发生的主要经济业务如下：

① 山海公司收到所有者追加投资 100 000 元，存入银行。

这项经济业务一方面使企业的资产——银行存款增加 100 000 元，应记入“银行存款”账户的借方；另一方面使所有者权益——实收资本增加 100 000 元，应记入“实收资本”账户的贷方。

② 山海公司用银行存款 200 000 元偿还上月购货款。

这项经济业务一方面使企业的资产——银行存款减少 200 000 元，应记入“银行存款”账户的贷方；另一方面使企业的负债——应付账款减少 200 000 元，应记入“应付账款”账户的借方。

③ 山海公司用银行存款 30 000 元购入一台全新机器设备（假设不考虑增值税）。

这项经济业务一方面使企业资产——固定资产增加 30 000 元，应记入“固定资产”账户的借方；另一方面使企业资产——银行存款减少 30 000 元，应记入“银行存款”账户的贷方。

④ 山海公司销售一批商品取得价款 180 000 元，该批商品成本为 100 000 元（暂不考虑

增值税)。

这项经济业务需要做“虚、实”两方面记录。“实”的方面,一是钱多了180 000元,二是商品少了100 000元;“虚”的方面,一是销售收入增加了180 000元,二是为取得销售收入而发生的销售成本增加了100 000元。因此,一方面,收入——主营业务收入增加180 000元,应记入“主营业务收入”账户的贷方;同时,资产——银行存款增加180 000元,应记入“银行存款”账户的借方。另一方面,资产——库存商品减少100 000元,应记入“库存商品”账户的贷方;同时,费用——主营业务成本增加100 000元,应记入“主营业务成本”账户的借方。

⑤ 山海公司支付本月行政管理部门电话费800元。

这项经济业务一方面使企业的资产——银行存款减少800元,应记入“银行存款”账户的贷方;另一方面使企业费用——管理费用增加800元,应记入“管理费用”账户的借方。

⑥ 山海公司购进商品80 000元,其中50 000元货款已用银行存款支付,其余30 000元货款尚未支付(暂不考虑增值税)。

这项经济业务一方面引起企业资产——原材料增加80 000元,应记入“原材料”账户的借方;另一方面使企业的资产——银行存款减少50 000元,以及企业的负债——应付账款增加30 000元,应记入“银行存款”和“应付账款”账户的贷方。

⑦ 山海公司月末计算应付管理人员工资70 000元,下月上旬支付。

这项经济业务的发生一方面使企业费用——管理费用增加70 000元,应记入“管理费用”账户的借方;另一方面使企业的负债——应付职工薪酬增加70 000元,应记入“应付职工薪酬”账户的贷方。

第三,根据以上分析和借贷记账法编制会计分录,并入账。

现将以上7项经济业务的会计分录列示如下:

① 借:银行存款	100 000	
贷:实收资本		100 000
② 借:应付账款	200 000	
贷:银行存款		200 000
③ 借:固定资产	30 000	
贷:银行存款		30 000
④ 借:银行存款	180 000	
贷:主营业务收入		180 000
借:主营业务成本	100 000	
贷:库存商品		100 000
⑤ 借:管理费用	800	
贷:银行存款		800
⑥ 借:原材料	80 000	
贷:银行存款		50 000
应付账款		30 000
⑦ 借:管理费用	70 000	
贷:应付职工薪酬		70 000

第四，过账并结出各账户的本期发生额和期末余额。

根据以上所列举的山海公司12月份发生的7笔经济业务的会计分录，逐笔登记有关总分类账户（日记账和明细账的登记略），并结出各账户本期发生额和期末余额，如图3-9至图3-19所示。

借	银行存款		贷
期初余额	800 000	②	200 000
①	100 000	③	30 000
④	180 000	⑤	800
		⑥	50 000
本期发生额	280 000	本期发生额	280 800
期末余额	799 200		

图 3-9 “银行存款”账户

借	库存商品		贷
期初余额	100 000		
⑥	80 000		
		④	100 000
本期发生额	80 000	本期发生额	100 000
期末余额	80 000		

图 3-10 “库存商品”账户

借	固定资产		贷
期初余额	1 000 000		
③	30 000		
本期发生额	30 000	本期发生额	0
期末余额	1 030 000		

图 3-11 “固定资产”账户

借	长期借款		贷
		期初余额	400 000
本期发生额	0	本期发生额	0
		期末余额	40 000

图 3-12 “长期借款”账户

借	应付账款		贷
		期初余额	260 000
		(6)	30 000
②	200 000		
本期发生额	200 000	本期发生额	30 000
		期末余额	90 000

图 3-13 “应付账款”账户

借	应付职工薪酬		贷
		期初余额	0
		⑦	70 000
本期发生额	0	本期发生额	70 000
		期末余额	70 000

图 3-14 “应付职工薪酬”账户

借	实收资本		贷
		期初余额	1 000 000
		①	100 000
本期发生额	0	本期发生额	100 000
		期末余额	1 100 000

图 3-15 “实收资本”账户

借	资本公积		贷
		期初余额	240 000
本期发生额	0	本期发生额	0
		期末余额	240 000

图 3-16 “资本公积”账户

借	主营业务收入		贷
		④	180 000
本期发生额	0	本期发生额	180 000
		期末余额	180 000

图 3-17 “主营业务收入”账户

借	主营业务成本		贷
④	100 000		
本期发生额	100 000	本期发生额	0
期末余额	100 000		

图 3-18 “主营业务成本”账户

借	管理费用		贷
⑤	800		
⑦	700 000		
本期发生额	700 800	本期发生额	0
期末余额	700 800		

图 3-19 “管理费用”账户

第五，试算平衡。

总分类账户发生额及余额试算平衡表如表 3-4 所示。

表 3-4 总分类账户发生额及余额试算平衡表

山海公司　　2023 年 12 月 31 日　　单位：元

账户名称	期初余额		本期发生额		期末余额	
	借　方	贷　方	借　方	贷　方	借　方	贷　方
银行存款	800 000		280 000	280 800	799 200	
库存商品	100 000		80 000	100 000	80 000	
固定资产	1 000 000		30 000		1 030 000	
主营业务成本			100 000		100 000	
管理费用			700 800		700 800	
长期借款		400 000				400 000
应付账款		260 000	200 000	30 000		90 000
应付职工薪酬				700 000		700 000
实收资本		1 000 000		100 000		1 100 000
资本公积		240 000				240 000
主营业务收入				180 000		180 000
合　计	1 900 000	1 900 000	1 390 800	1 390 800	2 080 000	2 080 000

如果数据从总账账户过入试算平衡表的过程和试算平衡加总过程均无误，但试算平衡表试算不平衡，则说明账户记录肯定有误。当期初余额试算不平衡时，通常说明根据上月月末余额过入本期月初余额时出现差错；当本期发生额试算不平衡时，表明本期账面登记错误；在期初余额和本期发生额平衡相等的基础上，当期末余额试算不平衡时，表明根据期

初余额和本期发生额计算期末余额时出现计算差错。

应当指出，即使试算平衡表试算平衡，也不能肯定账户记录完全正确。因为有些错误并不影响借贷双方的平衡，通过试算平衡无法发现，如漏记或重记某项经济业务、借贷记账方向颠倒或方向正确但记错了账户，等等。因此，根据试算平衡的结果，只能确认账户记录是否基本正确。

第三节　会计凭证与会计账簿

一、会计凭证的概念

会计凭证是记录经济业务发生或完成情况、明确经济责任的书面证明，是登记账簿的依据。任何会计主体在处理每一项经济业务时，都必须由执行(完成)该项经济业务的人员(部门)填制(取得)会计凭证，以书面的形式说明经济业务的内容，并在凭证上签名或盖章，明确相应的经济责任。会计实务中使用的会计凭证种类繁多，按照填制程序和用途的不同，可以分为原始凭证和记账凭证。

二、原始凭证

原始凭证又称原始单据，是在经济业务发生或完成时，由业务经办人员取得或填制的，是用以记录或证明经济业务发生或完成情况的原始证据，是进行会计核算的原始资料。

(一) 原始凭证的分类

原始凭证有多种分类方法，如图 3-20 所示。这里主要介绍按照来源的不同划分的外来原始凭证和自制原始凭证。

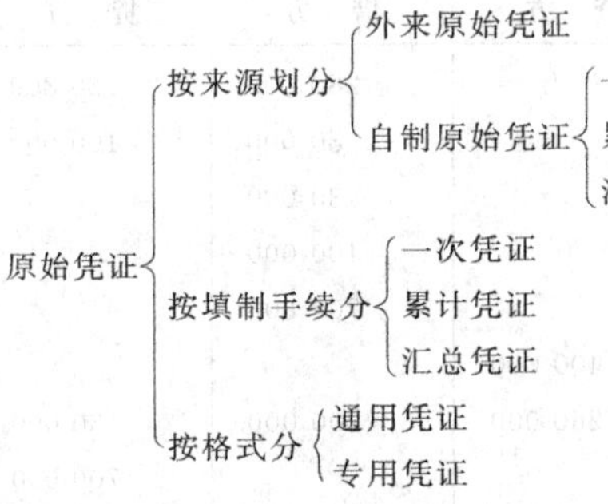

图 3-20　原始凭证的分类

1. 外来原始凭证

外来原始凭证是指在经济业务发生或完成时，从外部单位或个人那里取得的原始凭证。例如，增值税专用发票，票样如图 3-21 所示。近年来，纸质票据正逐步被电子票据所取代，票据载体的电子化有利于促进部门间信息共享，提高便民服务效能。

2. 自制原始凭证

自制原始凭证是指在经济业务发生或完成时，由本单位内部经办业务的人员或部门自行填制的原始凭证。按照其反映业务的方法不同，自制原始凭证又可以分为一次凭证、累

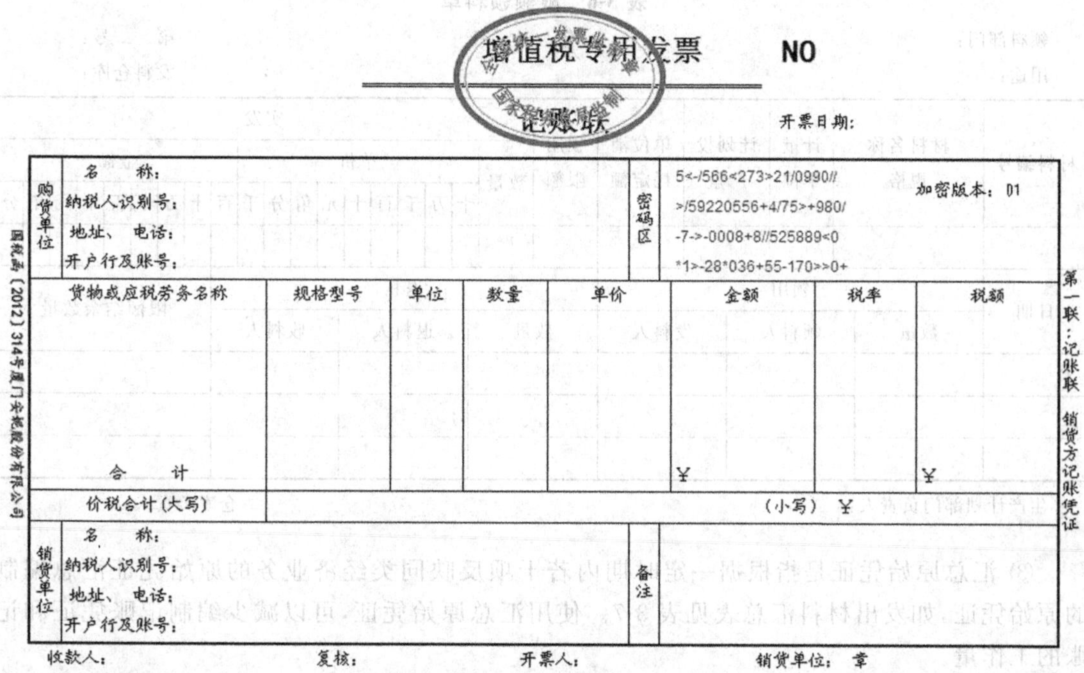
增值税专用发票 NO
全国统一发票监制章 国家税务总局监制
记账联
开票日期：
购货单位 | 名称： | 纳税人识别号： | 地址、电话： | 开户行及账号：
密码区 | 5<-/566<273>21/0990// | >/59220556+4/75>+980/ | -7->-0008+8//525889<0 | *1>-28*036+55-170>>0+
加密版本：01

货物或应税劳务名称	规格型号	单位	数量	单价	金额	税率	税额
合计					¥		¥
价税合计（大写）					（小写）¥		

销货单位 | 名称： | 纳税人识别号： | 地址、电话： | 开户行及账号：
备注
收款人： 复核： 开票人： 销货单位：章
国税函〔2012〕314号厦门安妮股份有限公司
第一联：记账联 销货方记账凭证

图 3-21 增值税专用发票票样

计凭证和汇总凭证。

① 一次原始凭证是指一次填制完成，只记录一项经济业务的原始凭证，如差旅费报销单（见表 3-5）。已填制的凭证不能重复使用。

表 3-5 ××单位差旅费报销单

出差人员姓名： 职别： 级别： 事由： 出差起止日期： 共 天

起止日期	交通工具			未购卧铺补助	出差补助			住宿费	其他	合计金额
	种类	起止地点	金额		天数	标准	金额			
月 日 时至 月 日 时										
月 日 时至 月 日 时										
月 日 时至 月 日 时										
合计：人民币（大写）										
说 明										

单位负责人： 会计： 审核： 主管： 领款人：

② 累计原始凭证是指在一定时期内，连续地在一张凭证中登记若干项同类经济业务的原始凭证，如限额领料单（见表 3-6）。累计原始凭证随时能够结出总计数，便于同计划、预算数进行比较，促使物资耗用发生在定额或预算范围内，达到加强成本管理、事前控制的作用。

表 3-6　限额领料单

领料部门：　　　　　　　　　　　　年　月　日　　　　　　　　　　　　第　　号：

用途：　　　　　　　　　　　　　　　　　　　　　　　　　　　　　　　发料仓库：

<table>
<tr><th rowspan="3">材料编号</th><th rowspan="3">材料名称
规格</th><th rowspan="3">计量
单位</th><th rowspan="3">计划投
产量</th><th rowspan="3">单位消
耗定额</th><th rowspan="3">领用
限额</th><th colspan="18">实发</th></tr>
<tr><th rowspan="2">数量</th><th colspan="8">单价</th><th colspan="9">金额</th></tr>
<tr><th>十</th><th>万</th><th>千</th><th>百</th><th>十</th><th>元</th><th>角</th><th>分</th><th>千</th><th>百</th><th>十</th><th>万</th><th>千</th><th>百</th><th>十</th><th>元</th><th>角</th><th>分</th></tr>
<tr><td></td><td></td><td></td><td></td><td></td><td></td><td></td><td></td><td></td><td></td><td></td><td></td><td></td><td></td><td></td><td></td><td></td><td></td><td></td><td></td><td></td><td></td><td></td><td></td></tr>
</table>

<table>
<tr><th rowspan="2">日期</th><th colspan="3">领用</th><th colspan="3">退料</th><th rowspan="2">限额结余数量</th></tr>
<tr><th>数量</th><th>领料人</th><th>发料人</th><th>数量</th><th>退料人</th><th>收料人</th></tr>
<tr><td></td><td></td><td></td><td></td><td></td><td></td><td></td><td></td></tr>
<tr><td></td><td></td><td></td><td></td><td></td><td></td><td></td><td></td></tr>
<tr><td></td><td></td><td></td><td></td><td></td><td></td><td></td><td></td></tr>
</table>

生产计划部门负责人：　　　　　　　　　　　　　　　　　　　　　　　仓库负责人：

③ 汇总原始凭证是指根据一定时期内若干项反映同类经济业务的原始凭证汇总编制的原始凭证，如发出材料汇总表见表 3-7。使用汇总原始凭证，可以减少编制记账凭证和记账的工作量。

表 3-7　发出材料汇总表

领用部门	甲种材料	乙种材料	……	合计
一车间				
二车间				
三车间				
……				

会计主管：　　　　　　　　复核：　　　　　　　　制表：

（二）原始凭证的审核

审核原始凭证是对会计信息质量实行源头控制的重要环节，要求会计人员必须熟悉财经政策和法规，具备相当的专业知识、技能和强烈的责任心。原始凭证的审核内容主要包括以下几个方面：

1. 审核原始凭证的真实性

审核原始凭证所记载的与经济业务有关的当事单位和当事人是否属实，原始凭证的填制日期、经济业务内容、数量以及金额是否与实际情况相符等，防止贪污挪用、虚报冒领等违法行为的发生。

2. 审核原始凭证的合法性

审核原始凭证所记录的经济业务是否符合国家有关法律法规的要求，是否履行了规定的凭证传递和审核程序，是否有贪污腐化等行为。

3. 审核原始凭证的合理性

审核原始凭证所记录的经济业务是否符合企业生产计划和有关预算，是否有利于生产经营活动，是否对企业经济效益产生积极影响等。

4. 审核原始凭证的完整性

审核原始凭证的基本内容是否齐全，是否有应填而未填或填写不清楚的现象，日期是否完整，数字是否清晰，文字是否工整，相关人员签章是否齐全等。

5. 审核原始凭证的正确性

审核原始凭证上记录经济业务内容的文字表述是否准确，数字计算是否正确，大小写金额是否相符等。

6. 审核原始凭证的及时性

审核原始凭证填制的日期，在经济业务发生或完成时应及时地填制有关原始凭证是保证会计信息及时性的基础。

经审核的原始凭证应根据不同情况处理：对于完全符合要求的原始凭证，应及时据以编制记账凭证入账；对于真实、合法、合理但内容不够完整、填写有误的原始凭证，应退回给有关经办人员，由其负责将有关凭证补充完整、更正错误或重开后，再办理正式会计手续；对于不真实、不合法的原始凭证，会计机构、会计人员有权不予接受，并向单位负责人报告。

三、记账凭证

记账凭证是由会计人员对审核无误的原始凭证或汇总原始凭证，按其经济业务的内容加以归类整理，作为登记账簿依据的会计凭证。记账凭证和原始凭证同属于会计凭证，但两者存在着以下区别：① 填制人员不同，原始凭证大多由经办人员填制，记账凭证则一律由会计人员填制；② 填制依据不同，原始凭证是根据已经发生或者完成的经济业务事项填制的，记账凭证是根据经审核后的原始凭证填制的；③ 填制方式不同，原始凭证只是记录，证明经济业务已经发生或完成，记账凭证则要依据会计科目对已经发生或完成的经济业务进行归类、整理；④ 作用不同，原始凭证是填制记账凭证的依据，记账凭证则是登记会计账簿的依据。

（一）记账凭证的分类

依据不同的标准，记账凭证可以分为不同的种类，如图 3-22 所示。这里主要介绍按其适用的经济业务分类的通用记账凭证和专用记账凭证。

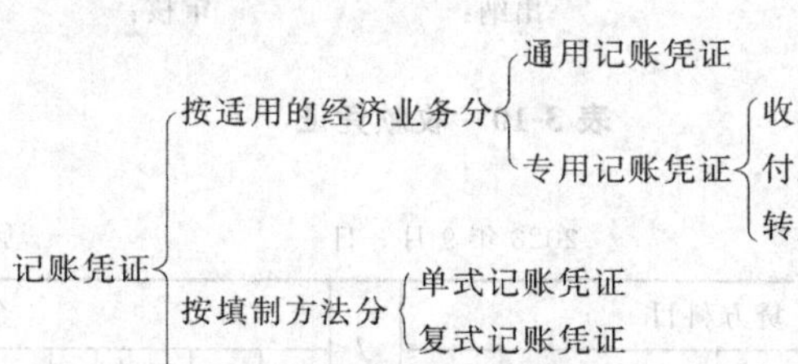

图 3-22 记账凭证的分类

1. 通用记账凭证

通用记账凭证是指格式统一、用来记录所有经济业务的记账凭证，其一般格式如表 3-8 所示。

表 3-8 记账凭证

2023 年 9 月 1 日　　凭证编号：016 号

摘要	总账科目	明细科目	√	借方金额										√	贷方金额										
				千	百	十	万	千	百	十	元	角	分		千	百	十	万	千	百	十	元	角	分	附单据2张
购入材料	在途物资	甲材料						2	3	0	0	0	0												
	应交税费	应交增值税							3	9	1	0	0												
	银行存款																		2	6	9	1	0	0	
合　计							¥	2	6	9	1	0	0					¥	2	6	9	1	0	0	

财务主管：　　记账：　　出纳：　　审核：　　制单：

2. 专用记账凭证

专用记账凭证是指专门记录某一类经济业务的记账凭证。专用记账凭证按其所记录的经济业务是否与货币资金的收付有关，又可以分为收款凭证、付款凭证和转账凭证三种。

① 收款凭证。收款凭证是用来记录货币资金收入业务的记账凭证，它是根据货币资金收入业务的原始凭证填制而成的，一般按库存现金和银行存款分别编制。收款凭证的一般格式如表 3-9、表 3-10 所示。

表 3-9 收款凭证

出纳编号：008-3

借方科目：库存现金　　2023 年 9 月 2 日　　凭证编号：现收字第016 号

摘要	贷方科目		√	金额										
	总账科目	明细科目		千	百	十	万	千	百	十	元	角	分	附单据2张
销售甲产品	主营业务收入	甲产品							5	0	0	0	0	
	应交税费	应交增值税								8	5	0	0	
	合计金额							¥	5	8	5	0	0	

财务主管：　　记账：　　出纳：　　审核：　　制单：

表 3-10 收款凭证

出纳编号：012-3

借方科目：银行存款　　2023 年 9 月 3 日　　凭证编号：银收字第023 号

摘要	贷方科目		√	金额										
	总账科目	明细科目		千	百	十	万	千	百	十	元	角	分	附单据1张
收回前欠货款	应收账款	乙企业					9	4	5	0	0	0	0	
	合计金额					¥	9	4	5	0	0	0	0	

财务主管：　　记账：　　出纳：　　审核：　　制单：

② 付款凭证。付款凭证是用来记录货币资金付款业务的记账凭证，它是根据货币资金付款业务的原始凭证填制而成的，一般按库存现金和银行存款分别编制。付款凭证的一般格式如表 3-11、表 3-12 所示。

表 3-11　付款凭证

出纳编号：008-3

贷方科目：库存现金　　　　2023 年 9 月 4 日　　　　凭证编号：现付字第008号

摘要	借方科目		√	金额										
	总账科目	明细科目		千	百	十	万	千	百	十	元	角	分	附单据1张
办公室李明预借差旅费	其他应收款	李明							9	0	0	0	0	
	合计金额							¥	9	0	0	0	0	

财务主管：　　　记账：　　　出纳：　　　审核：　　　制单：

表 3-12　付款凭证

出纳编号：012-3

贷方科目：银行存款　　　　2023 年 9 月 1 日　　　　凭证编号：银付字第042号

摘要	借方科目		√	金额										
	总账科目	明细科目		千	百	十	万	千	百	十	元	角	分	附单据1张
支付前欠货款	应付账款	丙企业				7	5	0	0	0	0	0	0	
	合计金额				¥	7	5	0	0	0	0	0	0	

财务主管：　　　记账：　　　出纳：　　　审核：　　　制单：

③ 转账凭证。转账凭证用来记录与货币资金收付无关的经济业务，它是根据有关转账业务的原始凭证填制的。转账凭证的一般格式如表 3-13 所示。

表 3-13　转账凭证

2023 年 9 月 2 日　　　　凭证编号：转字第016号

摘要	总账科目	明细科目	√	借方金额										√	贷方金额										
				千	百	十	万	千	百	十	元	角	分		千	百	十	万	千	百	十	元	角	分	附单据1张
结转销售成本	主营业务成本	甲产品					1	2	0	0	0	0	0												
	库存商品	甲产品															1	2	0	0	0	0	0	0	
合　计						¥	1	2	0	0	0	0	0			¥	1	2	0	0	0	0	0	0	

财务主管：　　　记账：　　　出纳：　　　审核：　　　制单：

（二）记账凭证的审核

为了确保账簿记录的准确性，及时提供准确、完整的会计信息，必须严格按照要求填制

记账凭证,同时要有专人对已经填制的记账凭证进行审核。记账凭证的审核主要包括以下内容:

① 是否附有原始凭证以及所附原始凭证的张数,记账凭证所记录的经济业务与所附原始凭证反映的经济业务是否相符,金额是否一致。

② 会计分录是否正确。主要审核使用的会计科目是否准确,会计科目之间的对应关系是否清晰,借方金额与贷方金额的计算是否准确无误等。

③ 项目是否齐全,书写是否正确。例如,记录的文字是否工整,数字是否清晰等。

在审核记账凭证过程中,如果发现上面的记录有错误,应及时查明原因,并按照规定的更正方法予以更正。

四、会计账簿

会计账簿是以会计凭证为依据,对全部经济业务进行全面、系统、连续、分类地记录和核算的具有专门格式的簿籍。

通过会计凭证的填制和审核,虽然可以明确经济业务的发生、执行和完成情况,但是会计凭证数量多、资料分散,每张凭证只能记载个别经济业务,所提供的资料不能系统、完整地反映全部经济业务的情况。账簿则克服了会计凭证的不足之处,借助于账户对会计凭证所提供的资料进行整理、分类、汇总,对经济业务进行全面、系统、连续、分类、序时地记录和反映。账簿还能为及时编制会计报表提供有关资料,并能提供经营管理上需要的各种指标。因此,各个企业都应根据其规模大小、业务种类和经营管理需要,设置必要的账簿。

(一) 会计账簿的分类

为了更好地了解和正确运用账簿,可以按不同要求对账簿进行分类。

1. 按用途分类

按用途不同,账簿可以分为序时账簿、分类账簿和备查簿三大类。

(1) 序时账簿

序时账簿(序时账、日记账)是按照经济业务发生时间的先后顺序,逐日逐笔进行登记的账簿。序时账又分为两种:一种是用来登记某一类经济业务的,称为特种日记账,如现金日记账、银行存款日记账、商品购销日记账等;另一种是用来登记全部经济业务的,就是按照经济业务发生时间的先后顺序,逐日逐笔登记的账簿,称为普通日记账。

(2) 分类账簿

分类账簿,简称分类账,是对全部经济业务按照总分类账户和明细分类账户进行分类核算和登记的账簿,又分为总分类账簿和明细分类账簿。总分类账簿简称总账簿,是根据一级会计科目开设的账户,用以全面、连续地记录和反映全部经济业务的账簿。总分类账可以提供经济活动和财务收支的全面情况,统驭明细分类账,为编制会计报表提供主要依据,所有单位都必须设置总分类账。明细分类簿账简称明细账簿,是根据总分类科目设置,按所属二级科目或明细科目开设账户,用以分类登记某一类经济业务,提供比较详细核算资料的账簿。明细分类账,可以提供经济活动和财务收支的详细情况,有利于加强财产物资的管理、监督往来款项的结算,也为编制会计报表提供必要的资料。因此,各单位在设置总分类账的基础上,根据经营管理的实际需要,按照二级科目设置必要的明细分类账。

（3）备查簿

备查簿，又称辅助账，是对某些在日记账和分类账等主要账簿中未能记录或记载不全的经济业务进行补充登记的账簿，是一种辅助性账簿，可以为经营管理者提供必要的参考资料，如应收票据备查簿、租入固定资产备查簿等。备查簿没有固定格式，与其他账簿之间不存在严密的依存和钩稽关系。

2. 按外表形式分类

按外表形式不同，账簿可以分为订本式账簿、活页式账簿和卡片式账簿三种。

（1）订本式账簿

订本式账簿是指在启用前就将许多张账页装订成册并连续编号的账簿。使用订本式账簿能够避免账页散失和人为抽换账页，保证其安全性。订本式账簿一般适用于比较重要和所需账页数量变化不大的账簿，如总账、现金日记账和银行存款日记账。

（2）活页式账簿

活页式账簿是指平时使用零散账页记录经济业务并将已使用的账页用账夹夹起来，年末再将本年所登记的账页装订成册并连续编号的账簿。使用活页式账簿便于记账分工，节省账页，且登记方便，但账页容易散失和被人为抽换。活页式账簿一般适用于除债权、债务结算类账户以外的所有明细账。

（3）卡片式账簿

卡片式账簿是指用印有记账格式和特定内容的卡片登记经济业务的账簿，是一种特殊的活页式账簿。其优点在于使用比较灵活，保管比较方便，有利于详细记录经济业务的具体内容，可跨年度使用，无须经常更换，但容易散失，一般应装置在卡片箱内。卡片式账簿一般适用于所记内容比较固定的明细账，如固定资产明细账等。

3. 按账页格式分类

按账页格式不同，账簿可以分为三栏式账簿、多栏式账簿和数量金额式账簿三大类。

（1）三栏式账簿

三栏式账簿将账页中登记金额的部分分为三个栏目，即借方、贷方和余额三栏，通常只提供货币指标。三栏式账簿适用于只提供价值核算信息，不需要提供数量核算信息的账簿，如总账、现金日记账、银行存款日记账、债权债务类明细账等。

（2）多栏式账簿

多栏式账簿是在借方和贷方的某一方或两方下面分设若干栏目，详细反映借、贷方金额的组成情况。多栏式账簿适用于核算项目较多，且管理上要求提供各核算项目详细信息的明细分类账簿，如生产成本、制造费用、管理费用等明细账。

（3）数量金额式账簿

数量金额式账簿是在借方、贷方和余额栏下分别分设三个栏目，用以登记财产物资的数量、单价和总金额。数量金额式账簿适用于既需要提供价值信息，又需要提供实物数量信息的明细分类账簿，如材料明细账和产成品明细账等。

（二）分类账簿的设置和登记方法

1. 总分类账簿的设置和登记方法

总分类账簿是按照总分类科目设置的账簿，一般采用订本式账簿。总分类账簿的格式一般采用三栏式，即在账页中设置借方、贷方和余额三个金额栏。其格式如表 3-14 所示。

表 3-14　应收账款总分类账

第　页

年		凭证号数	摘　要	借方	贷方	借或贷	余额
月	日						

2. 明细分类账簿的设置和登记方法

明细分类账簿是按照二级或明细科目设置的账簿，一般采用活页式账簿。明细分类账簿按账页格式不同，主要有三栏式、数量金额式、多栏式三种。

(1) 三栏式明细分类账簿

三栏式明细分类账簿只设有借方、贷方和余额三个金额栏，适用于仅需进行金额明细分类核算，如应收账款、应付账款、其他应收款、长期待摊费用等科目的明细分类核算。三栏式明细分类账簿的账页格式如表 3-15 所示。

表 3-15　应付账款明细账

明细科目：　　　　　　　　年　月　　　　　　　　第　页

年		凭证号数	摘　要	借方	贷方	借或贷	余额
月	日						

(2) 数量金额式明细账簿

数量金额式明细账簿在借方（收入）、贷方（发出）和余额（结存）栏下再设数量、单价和金额三个小栏，用来登记既要进行金额核算又要进行实物数量核算的各种财产物资科目，如“原材料”“库存商品”等明细账。数量金额式明细账簿的账页格式如表 3-16 所示。

表 3-16　原材料明细分类账

材料编号：　　　　存放地点：　　　　名称和规格：

材料类别：　　　　计量单位：　　　　储备定额：　　　　第　页

年		凭证号数	摘要	收入			发出			结存		
月	日			数量	单价	金额	数量	单价	金额	数量	单价	金额

(3) 多栏式明细账簿

多栏式明细账簿根据经济业务特点和经营管理需要，在一张账页上按明细项目分设若干专栏，用来登记明细项目多、借贷方向单一且无须数量核算的收入、费用、利润等业务，如“生产成本”“制造费用”“管理费用”“主营业务收入”“本年利润”等明细账。多栏式明细账簿的账页格式如表 3-17 所示。

表 3-17 生产成本明细账

第 页

年		凭证号数	摘要	借方			
月	日			直接材料	直接人工	制造费用	合计

（三）总分类账与明细分类账的平行登记规则

平行登记就是对每一项经济业务，一方面要在有关总分类账户中进行总括登记，另一方面还要在其所属的有关明细分类账户中进行明细登记。通过平行登记，并相互核对，才能保证总分类账户的记录与明细分类账户的登记形成统驭和被统驭的关系，才能及时检查错误和更正错误。

为了保证会计核算资料的准确完整，便于账户之间的核对，登账时必须在总分类账和明细分类账中进行平行登记。平行登记规则为：

① 登记的依据相同。总分类账与明细分类账都是对同一经济业务的记录和反映，区别只是提供指标的详细程度不同。

② 登记的期间相同。总分类账与明细分类账的登记必须在同一会计期间完成。

③ 登记的方向相同。一般来说，总分类账和明细分类账的借贷方向是相同的，但有时明细分类账可以用红字在其相反的方向登记以表示与总账记录方向相同。

④ 登记的金额相等。

总账期初余额＝所属明细分类账期初余额合计

总账本期发生额＝所属明细分类账本期发生额合计

总账期末余额＝所属明细分类账期末余额合计

五、对账、结账和错账更正

（一）对账

对账是指对账簿记录所进行的核对工作。对账是会计核算的一项重要内容，也是审计常用的一种查账方法。通过对账，可以及时发现和纠正记账及计算的差错，做到账证相符、账账相符、账实相符，保证记录的完整和正确，为编制会计报表提供真实可靠的数据资料。对账通常是在月末、季末、年末结出各账户的期末余额之后且结账之前进行。对账的主要内容包括账证核对、账账核对和账实核对。

（二）结账

结账是指在将本期发生的经济业务全部登记入账的基础上，结算出每个账户的本期发生额和期末余额，并将期末余额结转至下期的一种方法。通过结账，能够全面、系统地反映一定时期内发生的经济活动所引起的资产、负债及所有者权益等方面的增减变动情况及其结果；可以合理确定各期间的经营成果，并且有利于企业定期编制会计报表。

（三）错账更正

会计人员发现账簿记录错误时，应根据具体情况采用正确的方法进行更正。常用的错账更正方法有画线更正法、补充登记法和红字更正法三种。

① 画线更正法，是指对账簿记录中的错误文字和数字，采用画红线注销并进行更正的一种方法。该法主要适用于结账之前发现账簿记录有错误，而其所依据的记账凭证没有错误，即纯属记账时文字或数字笔误的情况。

② 补充登记法，是指用蓝字编制一张补充凭证，补足账户中少记金额的方法。该法主要适用于记账以后发现记账凭证中会计科目正确，而所记金额小于应记金额的情况。该法更正的方法是：用蓝字填制一张种类和科目与原错误的记账凭证相同的，但金额为少记部分的记账凭证，据以登记入账，以补足原来少记的金额。

③ 红字更正法，是指用红字冲销或冲减原有的错误记录，以更正或调整记账错误的方法。该法主要适用于下列两种情况：

第一种情况是记账后发现原编制的记账凭证中应借、应贷会计科目或记账方向有误，应采用红字更正法更正。更正时，先用红字金额填制一张与错误记账凭证内容完全相同的记账凭证，在其摘要栏内写明"冲销某月某日某号凭证"，并据以用红字登记入账，冲销原有错误的账簿记录；再用蓝字重新填制一张正确的记账凭证，在其摘要栏内写明"更正某月某日某号凭证"，据以用蓝字登记入账。

第二种情况是记账后发现原编制的记账凭证中应借、应贷会计科目和记账方向并无错误，但所记金额大于应记金额，应采用红字更正法更正。更正时，可将多记的金额用红字填制一张与原错误记账凭证相同的记账凭证，在其摘要栏内写明"冲销某月某日某号凭证多记金额"，并据以用红字登记入账，以冲销多计的金额。

六、账务处理程序

账务处理程序也称会计核算组织程序，是指从原始凭证的整理、汇总，记账凭证的填制、汇总，日记账、分类账的登记，到会计报表编制的步骤和方法。

不同单位的性质、规模和业务繁复程度不同，适用的账务处理程序也不同，不同的账务处理程序对汇总凭证、登记总分类账的依据和办法的要求也不同。因此，各单位必须根据自己的实际情况，科学地组织账务处理程序，以保障会计工作的效率、充分发挥会计的职能。

在会计实践中，常见的账务处理程序主要有以下几种：① 记账凭证账务处理程序；② 科目汇总表账务处理程序；③ 汇总记账凭证账务处理程序；④ 日记总账务处理程序；⑤ 电算化账务处理程序。各种账务处理程序之间的区别主要在于登记总账的依据和方法不同。

本章小结

会计科目是指在会计要素分类的基础上，对其按照经济内容进行再分类而确定的详细项目。会计科目按其提供核算指标详细程度的不同，可以分为总分类科目和明细分类科目。

会计账户是根据会计科目设置的，具有一定的格式和结构，用来全面、系统、连续地记录经济业务、反映会计要素增减变动及其结果的工具。

记账方法是将企业发生的经济业务根据一定的原理、记账符号、记账规则，采用一定的计量单位，利用文字和数字在账簿中登记经济业务的方法。复式记账法是对每一笔经济业务都要在两个或两个以上相互联系的账户中以相等的金额进行记录，借以反映会计对象具体内容增减变化情况的一种记账方法。借贷记账法是以借、贷作为记账符号，来反映经济业务增减变化的一种复式记账方法。借贷记账法的记账规则可以概括为：有借必有贷，借贷必相等。

试算平衡是指根据借贷记账法的记账规则和资产与权益（负债和所有者权益）的恒等关系，通过对所有账户的发生额和余额的汇总计算和比较，来检查账户记录是否正确的一种方法。试算平衡包括发生额试算平衡和余额试算平衡。

会计凭证是记录经济业务发生或完成情况、明确经济责任的书面证明，是登记账簿的依据。原始凭证是在经济业务发生或完成时，由业务经办人员取得或填制的，是用以记录或证明经济业务发生或完成情况的原始证据，是进行会计核算的原始资料。记账凭证是由会计人员对审核无误的原始凭证或汇总原始凭证，按其经济业务的内容加以归类整理，作为登记账簿依据的会计凭证。

会计账簿是以会计凭证为依据，对全部经济业务进行全面、系统、连续、分类地记录和核算的具有专门格式的簿籍。平行登记就是对每一项经济业务，一方面要在有关总分类账户中进行总括登记，另一方面还要在其所属的有关明细分类账户中进行明细登记。对账是指对账簿记录所进行的核对工作。结账是指在将本期发生的经济业务全部登记入账的基础上，结算出每个账户的本期发生额和期末余额，并将期末余额结转至下期的一种方法。会计人员发现账簿记录错误时，应根据具体情况采用正确的方法进行更正，常用的错账更正方法有画线更正法、补充登记法和红字更正法三种。

账务处理程序也称会计核算组织程序，是指从原始凭证的整理、汇总，记账凭证的填制、汇总，日记账、分类账的登记，到会计报表编制的步骤和方法。

【案例讨论】

会计凭证装订是指将会计凭证整理成册。记账凭证应定期装订成册，装订时要将记账凭证按凭证类别（收款凭证、付款凭证、转账凭证）、编号顺序排列并连同记账凭证所附原始凭证一并装订成册。

近期，互联网上流传的一组华为会计凭证装订图吸引了大家的眼球，也引发了大家的热烈讨论，大家纷纷夸赞华为的会计凭证装订"太牛了！""这才是顶级的凭证装订水平！"

作为一家业务遍及 170 多个国家和地区的全球化公司，华为财务的全球结账管理监控系统，横跨 5 个时区的 7 个共享中心，给华为在全球的数百家子公司"算总账"。华为的财务管理独到、深刻、细致，会计的费用报销处理细节等令人赞叹，其会计凭证装订的水平不仅体现了华为会计人践行的工匠精神，也从一个侧面反映出华为财务的管理水平，甚至反映出华为的管理水平。

会计凭证要装订成什么样子呢？马马虎虎行不行？为什么要把凭证装订得平整、整齐、厚薄均匀呢？

请查阅资料回答：

1. 会计凭证装订的规范和操作步骤是什么？

2. 什么是会计工匠精神？应该怎样发扬会计工匠精神？

思考与练习

一、单项选择题

1. 会计科目是对(　　)。

A. 经济业务分类形成的项目　　B. 会计要素分类形成的项目

C. 会计方法分类形成的项目　　D. 会计账户分类形成的项目

2. 下列会计科目中属于资产类会计科目的是(　　)。

A. 应付账款　　B. 生产成本

C. 预收账款　　D. 应收账款

3. 会计科目与会计账户的本质区别在于(　　)。

A. 反映的经济业务不同　　B. 记录资产和权益的内容不同

C. 记录资产和权益的方法不同　　D. 会计账户有结构，而会计科目无结构

4. 我国现行采用的现金日记账和银行存款日记账属于(　　)。

A. 普通日记账　　B. 特种日记账

C. 分录日记账　　D. 转账日记账

5. 复式记账法对每项经济业务都以相等的金额在(　　)。

A. 一个账户中进行登记　　B. 两个账户中进行登记

C. 全部账户中进行登记　　D. 两个或两个以上账户中进行登记

6. 存在对应关系的账户称为(　　)。

A. 对应账户　　B. 平衡账户

C. 总分账户　　D. 联系账户

7. 借贷记账法发生额试算平衡法试算平衡的理论依据是(　　)。

A. 会计等式　　B. 资金变化业务类型

C. 借贷记账规则　　D. 平行登记

8. 对于双重性质账户的期末余额，下列说法中正确的是(　　)。

A. 一定有借方余额　　B. 一定有贷方余额

C. 一定没有余额　　D. 可能为借方余额，也可能为贷方余额

9. 在编制“总分类账户发生额及余额试算平衡表”时，若出现三对平衡数字，则(　　)。

A. 全部总账账户记录肯定正确

B. 全部总账账户记录不能认定肯定无错

C. 全部明细分类账户记录一定正确

D. 全部明细分类账户记录不能认定肯定无错

10. “累计折旧”账户按其经济内容分类，属于(　　)。

A. 费用类账户　　B. 备抵类账户

C. 资产类账户　　D. 利润类账户

二、多项选择题

1. 关于总分类会计科目与明细分类会计科目的关系，下列表述正确的是(　　)。

A. 总分类会计科目对明细分类科目具有控制作用

B. 明细分类科目驾驭总分类会计科目

C. 总分类会计科目对明细分类科目具有补充作用

D. 明细分类会计科目是对总分类会计科目的补充和说明

2. 会计账户核算的金额有(　　)。

A. 期初余额　　B. 本期增加发生额

C. 本期减少发生额　　D. 期末余额

3. 会计账户按经济内容不同，分为(　　)。

A. 资产类账户　　B. 负债类账户

C. 总分类账户　　D. 明细分类账户

4. 下列明细账中，可以采用三栏式账页的有(　　)。

A. 应收账款明细账　　B. 原材料明细账

C. 材料采购明细账　　D. 现金日记账

5. 对账的具体内容包括(　　)。

A. 账证核对　　B. 账账核对

C. 账实核对　　D. 账表核对

6. 在借贷记账法下，下列以借方登记增加、贷方登记减少的账户有(　　)。

A. 银行存款　　B. 实收资本

C. 累计折旧　　D. 管理费用

7. 在借贷记账法下，期末结账后，下列一般有余额的账户有(　　)。

A. 资产类账户　　B. 收入类账户

C. 负债类账户　　D. 费用类账户

8. 在借贷记账法下，下列说法正确的是(　　)。

A. 以“借”和“贷”作为记账符号

B. “借”和“贷”等于“增”和“减”

C. 在账户结构上，“借”和“贷”表示两个对立的部位

D. “借”和“贷”表示债权和债务

9. 在借贷记账法下，下列以贷方登记增加、借方登记减少的账户有(　　)。

A. 应收账款　　B. 预收账款

C. 应付账款　　D. 预付账款

10. 在借贷记账法下，关于收入类账户，下列说法正确的是(　　)。

A. 借方登记增加，贷方登记减少　　B. 贷方登记增加，借方登记减少

C. 期末有贷方余额　　D. 期末没有余额

第二篇

资金运动中的会计处理

第四章　筹资活动的会计处理

【学习目标】

（1）掌握企业不同资金来源的性质及特点。

（2）掌握自有资金的基本会计处理。

（3）掌握短期借款的基本会计处理。

（4）了解长期借款和应付债券的基本知识。

【学习重点与难点】

（1）实收资本与资本公积的基本会计处理。

（2）短期借款的基本会计处理。

【引导案例】

甲、乙、丙三人共同出资成立A公司，公司的注册资本300万元，每人出资100万元，三分股权。A公司成立后三年里运营情况良好，获利颇丰。第4年，丁申请加入A公司，甲、乙、丙对丁提出的入股条件为“丁出资100万元，将公司注册资本增至400万元，与甲、乙、丙一起平分股权”。丁提出的入股条件被甲、乙、丙三位股东反对，认为丁出资100万元太少，需要出资200万元才能平分股权。丁对多出资的要求感到不公平，双方谈判陷入了僵持。

通过本章节学习，请你思考丁出资多少入股合理？丁出资占注册资金部分和多出资的部分应该怎样进行会计核算？

资金是企业经营业务的必要条件，资金筹集业务是企业生产经营活动的起点。从资金性质上来看，资金筹集业务可以分为权益筹资和债务筹资两种。权益筹资，又称为股权融资，即吸收所有者的资本性投资，形成企业的自有资金。债务筹资则形成企业的负债，如向银行等金融机构贷款、发行企业债券形成的应付债券、因结算关系占用其他单位的部分资金而形成的商业信用等。

第一节 自有资金的会计处理

一、权益筹资概述

权益筹资根据筹资方式可以分为公开募集和非公开募集两种，公开募集是向不特定人群或机构公开发行股票来筹集资金；非公开募集也称为私下募集，是向特定的人或机构以私下协商的方式出售股份来募集资金。

按现行《公司法》，公司制企业分为有限责任公司和股份有限公司两种，两类公司的股权投资者均以出资额为限对公司债务承担有限责任。其中，有限责任公司不能向社会公开募集资金，只能采用私下募集的方式进行认缴。股东的股权证明是经律师认可的出资证明书，出资证明书不能公开转让、流通，但发起人股权可以在原始股东之间转让，转让给非原始股东须征得半数以上（公司可自行规定）股东同意。股份有限公司可以通过发起或募集设立向社会筹集资金，资本划分为若干金额相等的股份。股票是股东拥有公司股份的书面证明，股份有限公司的股票可以公开发行并上市交易。

权益筹资主要涉及的概念是实收资本和注册资本。投资者实际投入企业从事生产经营活动的各种经济资源一般称为实收资本。注册资本也叫法定资本，是公司制企业章程规定的全体股东或发起人认缴的出资额或认购的股本总额，并在公司登记机关依法登记。就其形态而言，可以是货币资金，也可以是实物、知识产权、土地使用权等可以用货币估价并可以依法转让的非货币财产。

随着公司的发展壮大，资本增值，后续入股股东要想享有与原投资者相同的权益，将付出更多的出资额，即超额缴入资本，产生资本溢价。所有者权益（股东权益）需要将股东投入的资本分成两个部分来记录，即反映股东按注册资本所占份额的“实收资本”和反映超认缴部分的“资本公积”。

二、权益筹资业务的账户设置

（一）“实收资本”账户

“实收资本”是所有者权益类账户，反映投资人按照企业章程或合同、协议的约定，实际投入企业的各种资产的价值，以及按照有关规定由资本公积、盈余公积等转增资本的资金。有限责任公司反映的是股东按注册资本所占份额实际认缴的部分，股份有限公司为符合公司股本以面值表述的法律要求，登记为“股本”。投资者足额缴入资本后，实收资本应与注册资本相等。

“实收资本”贷方登记所有者投入的资本额，即实收资本的增加额；借方登记所有者投资额的减少；期末余额在贷方，反映企业期末实收资本总额。“实收资本”账户结构如图 4-1所示。企业如无特殊情况，一般不能随意抽减资本，所以借方很少发生登记事项。取得投资时，根据投资形式，借记有关资产类账户，贷记“实收资本”账户。

实收资本

借	贷
所有者减少的投资额	所有者投入的资本额
	期末实收资本总额

图 4-1　“实收资本”账户结构

（二）“资本公积”账户

“资本公积”账户属于所有者权益类账户，用来核算投资者出资额超出其在股本中所占份额的部分，以及其他资本公积。该账户的贷方登记资本公积的增加额；借方登记资本公积的减少额；期末余额在贷方，反映企业期末资本公积的结余数额。“资本公积”账户结构如图 4-2 所示。

资本公积

借	贷
资本公积减少额	资本公积增加额
	期末资本公积总额

图 4-2　“资本公积”账户结构

“资本公积”账户主要包括资本溢价（有限责任公司）、股本溢价（股份有限公司）和其他资本公积等。资本溢价（或股本溢价）是企业的一种储备资本，可以按法定程序转增资本，但不能用于弥补公司亏损。

以股份有限公司为例，股票发行的价格通常与面值不一致。发行股票时，企业根据实际收到的金额记入“银行存款”账户的借方，根据股票面值记入“股本”账户的贷方，股票发行价格与面值之间的差额记入“资本公积”账户。

权益筹资业务的账户关系如图 4-3 所示。

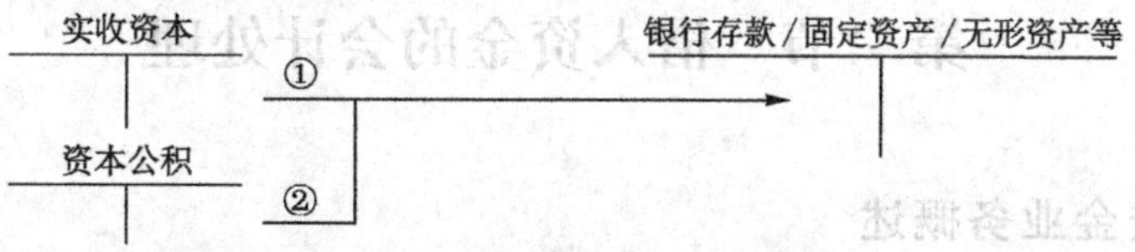

图 4-3　权益筹资业务的账户关系

业务说明及主要会计分录：

① 接受投资者初始投资。

借：银行存款/固定资产/无形资产等

　贷：实收资本

② 接受投资者追加的投资。

借：银行存款/固定资产/无形资产等

　贷：实收资本

　　资本公积

三、具体业务处理

【例 4-1】　2023 年 9 月 4 日，山海公司接受乙企业投入的 2 000 000 元投资，款项已存入公司的银行账户。

该笔业务的发生，导致会计等式两侧同时增加。一方是所有者权益项目“实收资本”增加，所以记在贷方，一方是资产类项目“银行存款”增加。会计分录如下：

借：银行存款　　2 000 000

　贷：实收资本　　2 000 000

【例 4-2】 9月5日，某专家以山海公司所需的一项发明专利折价入股山海公司，专利股价 200 000 元。

该项经济业务的发生，一方面使山海公司的专利资产增加，记入“无形资产”账户的借方；另一方面使山海公司所有者权益增加，记入“实收资本”账户的贷方。会计分录如下：

借：无形资产　　200 000

　贷：实收资本　　200 000

【例 4-3】 次年9月1日，山海公司为扩大生产规模，引入新的权益投资者丙公司，该投资方出资 200 万元，占山海公司股份的 30%。

丙公司投资前，山海公司的实收资本为 2 200 000 元。设丙公司的实收资本份额为 x 万元，可得方程 $30\%=x/(x+220)$，解得 $x=94.285\ 7$（万元）。丙公司的出资额为 200 万元，所以该项业务的发生，一方面使山海公司“银行存款”账户借方增加 200 万元，另一方面“实收资本”账户的贷方增加 94.285 7 万元，两者的差额即资本溢价，记入“资本公积”账户的贷方 105.714 3 万元。具体会计分录如下：

借：银行存款　　2 000 000

　贷：实收资本　　942 857

　　资本公积　　1 057 143

第二节　借入资金的会计处理

一、借入资金业务概述

企业借入资金主要是通过向债权人借入各种款项，或向外发行债券形成的。此处的债权人，主要指金融机构，不包括在生产经营活动中由于结算关系而形成借贷关系的债权人。债权人无权参与经营管理，只有权要求企业按期还本付息。

借入时间在一年以内的称为短期借款，属于流动负债，该类借款是为了保证企业生产经营的正常进行，由于季节性、临时性经营周转出现资金暂时短缺而向银行或其他金融机构申请借入的。

借款时间在一年以上的称为长期借款，多为扩大经营规模，购入固定资产时发生。借款的核算内容主要包括款项的借入与归还，以及利息的核算。根据权责发生制的受益原则，短期借款的利息计入财务费用，直接影响当期损益。与短期借款利息核算不同，长期借款的利息费用应按实际利率进行核算。长期借款一般用于长期工程、大型机械设备制造或者研究与开发项目，其利息在符合资本化条件时，可以将利息费用计入“在建工程”“研发支出”等相关资产成本，即长期借款利息资本化。

除了银行贷款外，发行债券也是债务筹资的主要形式之一。债券是企业为了筹集资金按照法定程序发行的、约定在一定期限内还本付息的有价证券。发行债券业务涉及的主要账户为“应付债券”,长期借款与应付债券的账务处理基本相同,该业务主要在中级财务会计中讲授。

二、借入资金业务的账户设置

(一)“短期借款”账户

“短期借款”账户是负债类账户,核算企业从银行等金融机构短期借款的本金。该账户贷方登记借款的实际数,借方登记偿还借款数;期末余额在贷方,反映期末尚未偿还的借款额。由于银行贷款要先存入指定的银行存款账户,所以企业取得借款时,借记“银行存款”账户,贷记“短期借款”账户。归还借款时,银行存款减少,同时由于债务的归还,“短期借款”账户减少记入借方。“短期借款”账户结构如图 4-4 所示。

借　　短期借款	贷
本期偿还借款数	本期借款的实际数
	期末尚未偿还的短期借款总额

图 4-4　“短期借款”账户结构

(二)“长期借款”账户

“长期借款”账户也是负债类账户,用来核算一年以上贷款的本金和利息变动。与“短期借款”账户的不同之处在于,“短期借款”账户只核算贷款本金,而“长期借款”账户中还可以核算借款利息。该账户贷方登记借入的长期借款本金和利息,借方登记归还的本金或者利息;期末余额在贷方,反映期末尚未偿还的长期借款和利息。该账户一般按贷款发放单位设置二级科目,三级科目设置为“本金”“应计利息”等。长期借款账户结构如图 4-5 所示。

借　　长期借款	贷
本期偿还长期借款本金和应计利息	本期借入长期借款本金 本期发生的应计利息
	期末尚未偿还的借款总额

图 4-5　“长期借款”账户结构

(三)“应付利息”账户

“应付利息”账户是负债类账户,核算企业按照合同约定应付未付的借款利息,可用于银行贷款及应付债券的核算。该账户贷方表示实际发生的利息应付数,借方表示减少的应付利息,登记企业已支付的利息数;期末余额在贷方,反映应付未付的利息。“应付利息”账户结构如图 4-6 所示。

借　　应付利息	贷
本期偿还减少的应付利息	本期实际发生的应付利息
	期末应付未付的利息数

图 4-6　“应付利息”账户结构

（四）“财务费用”账户

“财务费用”账户属于损益类账户，核算企业在生产经营过程中为筹集资金而发生的各项费用，如利息支出（减利息收入）、汇兑损益及相关的手续费等。借方登记利息等财务费用项目的增加，期末将本期发生额从贷方转入“本年利润”账户，结转后该账户无余额。“财务费用”账户结构如图 4-7 所示。

借　　　　财务费用	贷
转入“本年利润”	利息支出、汇兑损益等

图 4-7 “财务费用”账户结构

由于银行借款利息可能会出现利息的发生时间与支付时间不一致的情况。按权责发生制原则，利息发生时需要对借款利息进行预提，估算入账。估算银行借款利息支出时，应借记“财务费用”账户，贷记“应付利息”账户。结算利息时，根据银行实际扣息结果借记“应付利息”账户，贷记“银行存款”账户。在利息的总额较少且不影响年度损益的情况下，为简化处理，也可不进行估算和预提，在支付时直接计入当期财务费用。

长期借款的利息如前所述，通过“长期借款”账户核算，不通过“应付利息”账户核算。借入资金业务的账户关系如图 4-8 所示。

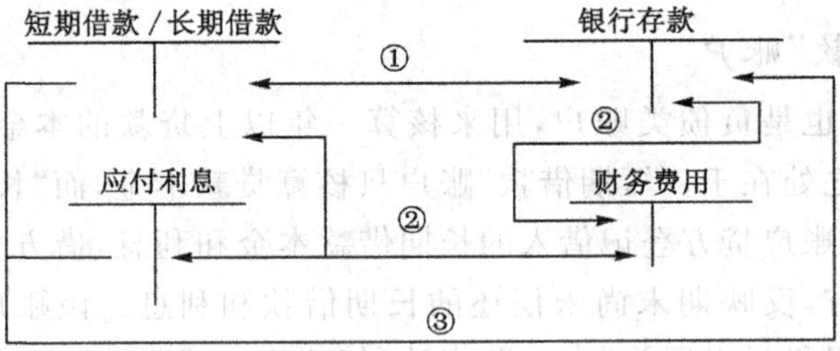

图 4-8 借入资金业务的账户关系

业务说明及主要会计分录：

① 从银行借入短期或长期借款。

借：银行存款

　贷：短期借款/长期借款

② 当期发生的借款利息费用。

借：财务费用

　贷：银行存款/应付利息/长期借款

③ 偿还本金和尚未支付的利息。

借：短期借款/长期借款/应付利息

　贷：银行存款

三、具体业务处理

【例 4-4】 2023 年 12 月 5 日，山海公司从银行取得流动贷款 100 000 元，款项已打入有关存款账户。

该笔业务的发生，使山海公司负债项目“短期借款”增加，所以记在贷方；同时，由于款项存入银行，资产类项目"银行存款"也相应增加。编制会计分录如下：

借：银行存款　　100 000

　贷：短期借款　　100 000

假设该存款为到期一次还本，则归还本金时编制相反分录如下：

借：短期借款　　100 000

　贷：银行存款　　100 000

【例 4-5】 山海公司向银行借入的上述贷款，年利率为 7.2%。

年利率为 7.2%，即月利息 0.6%。由于临近资产负债表日，12 月虽没有实际支付利息，但按照权责发生制，确实有利息费用发生，作为"财务费用"的增加；由于没有支付，产生一项负债，即"应付利息"，记入该账户贷方。应编制会计分录如下：

借：财务费用　　600

　贷：应付利息　　600

下一年实际支付该笔利息时，应借记"应付利息"账户，贷记"银行存款"账户。

【例 4-6】 山海公司于 9 月 30 日获得了一笔 2 年期长期借款 50 万元，用于日常经营。款项已存入银行，年利率 6%，期满后一次归还本金和利息。

该业务分为本金和利息两部分核算。

取得借款时，山海公司"银行存款"增加，记入该账户借方；同时"长期借款——本金"增加，记入该账户贷方，具体分录如下：

借：银行存款　　500 000

　贷：长期借款——本金　　500 000

当年 12 月 31 日，需要计提本年 3 个月的利息，即 500 000×6%×3/12＝7 500(元)。由于借款用于日常经营，利息无须资本化。计提利息一方面使山海公司的"财务费用"账户借方增加，另一方面使"长期借款"账户的贷方增加 7 500 元。具体分录如下：

借：财务费用　　7 500

　贷：长期借款——应计利息　　7 500

本章小结

本章主要讨论了资金筹集业务的账务处理。资金筹集业务可分为权益筹资和债务筹资两种。权益筹资业务主要涉及"实收资本"和"资本公积"的核算，两者均为所有者权益项目。其中"实收资本"反映企业实际收到的注册资本份额，"资本公积"反映的是投资者超额缴入的资本，两个账户的余额均在贷方。债务筹资主要涉及"短期借款"、"长期借款"和"应付债券"等账户。其中"短期借款"账户核算短期贷款的本金，"长期借款"账户核算长期贷款的本金和利息。利息根据受益原则进入"财务费用"或其他资本化科目。

【案例讨论】

校园贷是指在校学生向正规金融机构或者其他借贷平台借钱的行为。当遇到资金周转不开的时候，贷款能够帮我们解决燃眉之急。但有一种贷款却危害着许多年轻人，尤其是大学生，它就是不良校园贷。近年来，高利贷披上了"校园贷款"的外衣，将罪恶的魔爪伸向了纯洁的校园，不少学生因为借了不良校园贷，利滚利欠下了巨额贷款，最后无力还款，无奈地走上了绝路。

2017年4月，厦门某学院一名大二女生因陷不良校园贷在宾馆自杀。该女生借款的校园贷平台至少有5个，仅在一个平台就借入257笔，累计借入57万多元，家人曾多次帮她还钱，期间曾收到过"催款裸照"。

2017年8月，20岁的北京某高校大学生范某某，在吉林老家溺水而亡。该生此前曾在多个网络借贷平台借"高利贷"，已累计达13万余元，其中一笔借款数额为1 100元，一周后需还1 600元，周利息高达500元。

2017年8月24日，武汉某大学大三学生因欠下不良校园贷4 000元，一年时间滚到50余万元。

2018年初，山东某地一批大学生深陷"套路贷"，其中一大学生借5 000元被逼还13万元，还写下30万欠条。诈骗团伙用各种手段催债，在借款大学生家的墙上喷上各种威胁性和恐吓性的语言，有的大学生已经离家出走，甚至全家搬迁。

"只需要身份证、学生证和联系电话，审查松散且放贷极快，无论什么消费理由都能通过审查，顺利贷款。"同学们听到这些就要小心了，不良校园贷的利息远远高于同期银行贷款利率，并且收取手续费，很可能你借1 000元，一年后要还十几万元。不良校园贷款套路多，需要小心谨慎多防范。大学生们一定要提高警惕，务必树立科学的消费观，不要被虚假承诺所诱惑。

为加强对校园不良网络借贷平台的监管和整治，教育和引导学生树立正确的消费观念，2016年4月，教育部与银监会联合发布了《关于加强校园不良网络借贷风险防范和教育引导工作的通知》，明确要求各高校建立校园不良网络借贷日常监测机制和实时预警机制，同时，建立校园不良网络借贷应对处置机制。2017年，中国银监会、教育部、人力资源社会保障部联合发布《关于进一步加强校园贷规范管理工作的通知》。2020年1月2日，最高人民法院发布《关于在执行工作中进一步强化善意文明执行理念的意见》，明确全日制在校生因校园贷纠纷成为被执行人的，一般不得对其采取纳入失信名单或限制消费措施。

2018年，南昌某学院某学生多次借款不良校园贷，利息越滚越高。2019年，该学生得知借款平台的放贷行为属于不良校园贷，于5月初向当地派出所报案。借贷平台得知学生报案后，立即表示不需要再支付剩余欠款。然而此时，该学生及其家长已经向借贷平台还款约12万元。

2019年，江西某职业技术学院2名学生分别通过"融易分期"和"捷信"App贷款20 000元、4 300元。通过学校宣传教育，学生意识到遭遇不良校园贷，立即向学校报告，并在学校老师的帮助下到当地派出所报案。经查，这两个网贷平台均无贷款资质许可，4月下旬，贷款项目被责令撤销。

2019年4月21日下午，井冈山某大学某学生接到自称"小米金融信息服务有限公司"的电话，在对方指引下通过支付宝和其他三个App累计借贷2.2万元。之后该生意识到可能被骗，立即告知班主任和学校，并向当地派出所报案。在学校帮助下，经公安部门介入，该生最终无息偿还了借款。

遭遇不良校园贷不要慌、不要怕，应立即向学校报告，向公安部门寻求帮助。同时，要积极配合学校和公安、金融等部门的工作，维护合法权益，最大限度减少损失，保护自身安全。

利息的计算分为单利和复利。复利就是我们俗称的利滚利。复利计息普遍存在于我们日常生产生活中，复利投资有很多项目，比如基金、保险、P2P投资、股票等，在银行存款或者房贷、车贷多数为复利计息。复利周期可以是年、月，也可以按小时复利、按分钟复利、按秒复利，时间间隔越短，利息到期值也就越多。

请结合不良校园贷案例思考回答：

1. 什么是单利计息？什么是复利计息？复利的终值怎样计算？

2. 怎样识别高利贷？不良校园贷有哪些形式？

3. 不良校园贷的危害有哪些？怎样远离不良校园贷？

思考与练习

一、单项选择题

1. 短期借款账户的期初余额为贷方20 000元，本期贷方发生额80 000元，本期借方发生额10 000元，则该账户期末余额为(　　)。

A. 贷方90 000元　　B. 贷方50 000元

C. 借方50 000元　　D. 贷方70 000元

2. 下列账户不属于期间费用的是(　　)。

A. 财务费用　　B. 管理费用

C. 销售费用　　D. 制造费用

3. 实收资本属于(　　)账户。

A. 资产　　B. 负债

C. 所有者权益　　D. 收入

二、多项选择题

1. 下列经济业务中，引起会计等式两边同时增加的业务有(　　)。

A. 从银行取得半年期贷款　　B. 用银行存款支付利息

C. 从银行取得三年期贷款　　D. 收到投资者投入的货币资金

2. 下列账户中，期末可能有贷方余额的有(　　)。

A. 财务费用　　B. 短期借款

C. 应付利息　　D. 实收资本

第五章　投资活动的会计处理

【学习目标】

(1) 掌握固定资产取得、计提折旧的业务核算。

(2) 掌握无形资产取得、摊销的业务核算。

(3) 掌握交易性金融资产取得、公允价值变动损益的业务核算。

(4) 了解债权投资的业务核算。

【学习重点与难点】

(1) 固定资产、无形资产、交易性金融资产的业务核算。

(2) 研发支出、公允价值变动损益的业务核算。

【引导案例】

创新是引领发展的第一动力。"近年来,研发费用加计扣除政策持续优化完善,呈现出年年加力、步步扩围、层层递进的特点,对支持企业投入研发、鼓励科技创新起到重要作用。"税务总局有关负责人说。统计显示,2018—2022年,支持科技创新的税费优惠政策减免金额年均增幅达28.8%,2022年全年减负规模1.3万亿元,有效激发创新发展动能。2018—2022年,企业研发费用的投入年均增长25.1%。

2023年,国务院决定,将符合条件行业企业研发费用税前加计扣除比例由75%提高至100%的政策,作为制度性安排长期实施。比如,某企业2023年发生研发费用100万元,在据实扣除100万元的基础上,还可以再加计扣除100万元,即企业在2023年可扣除200万元的研发费用,相应减少了该企业的应纳税所得额,从而实现少缴税款、节约现金流的目的。

鼓励企业加大研发创新的意义是什么?研发支出包括哪些?应该怎么进行会计核算?通过本章学习来寻找答案吧。

第一节 对内投资活动的会计处理

投资是指将财力投放于一定的对象，以期望在未来获取一定利润的经济行为。在市场经济条件下，企业能否把筹集到的资金投放到收益高、回收快、风险小的项目上，对其生存和发展十分重要。从与企业生产经营的关系来看，投资包括直接投资和间接投资；从投资回收期的长短来看，投资包括短期投资和长期投资；从投资方向来看，投资包括对内投资和对外投资。

一、对内投资业务的核算内容

对内投资是指把资金投向企业内部以形成各种生产经营性资产的投资，这些生产经营性资产主要包括固定资产、无形资产等。

（一）固定资产业务的核算内容

固定资产是指为生产商品、提供劳务、出租或经营管理而持有的且使用寿命（指企业使用固定资产的预计期间，或者该固定资产所能生产产品或提供劳务的数量）超过一个会计年度的资产。固定资产是企业赖以生存的物质基础，也是企业获得经济效益的源泉，如厂房、机器设备、运输设备、工具器具等。企业对固定资产投资的目的并不是出售，而是生产商品、提供劳务或经营管理等。

固定资产是有实物形态的资产，可以通过外购、自行建造等方式取得。其中，外购固定资产的成本，包括购买价款，相关税费，使固定资产达到预定可使用状态前所发生的可归属于该项资产的运输费、装卸费、安装费和专业人员服务费等；自行建造固定资产的成本则包括建造该项资产达到预定可使用状态前所发生的所有合理、必要的支出，如耗费的材料、人工、货币资金等。固定资产的使用寿命超过一个会计年度，属于非流动资产，因此，需要通过计提折旧的方式将其价值转移至产品或劳务成本或者费用中去。折旧的实质是在固定资产的使用寿命内，按照确定的方法对应计折旧额进行的系统分摊，企业需要定期计算固定资产应计提的折旧额并进行核算。

（二）无形资产业务的核算内容

无形资产是指企业拥有或者控制的没有实物形态的可辨认非货币性资产。无形资产不具有实物形态，如专利权、商标权、土地使用权等，它们同样能为企业带来未来经济利益。

与固定资产相似，无形资产可以通过外购、自行研发等方式取得。外购无形资产的取得成本包括购买价款、相关税费以及直接归属于使该项资产达到预定用途所发生的其他支出。自行研发无形资产包括两个阶段——研究阶段和开发阶段。研究是指为获取并理解新的科学或技术知识而进行的独创性的有计划调查。开发是指在进行商业性生产或使用前，将研究成果或其他知识应用于某项计划或设计，以生产出新的或具有实质性改进的材料、装置、产品等。企业会计准则规定，在这些研究开发的支出中，只有满足条件的才能确认为无形资产的取得成本。此外，无形资产属于非流动资产，其价值量也需要以摊销的方式转移到产品或劳务成本或者费用中去。

二、对内投资业务的账户设置

为了核算对内投资业务,应设置“固定资产”“无形资产”账户。此外,与其相联系的账户还有“在建工程”“研发支出”“累计折旧”“累计摊销”等。

(一)“在建工程”账户

“在建工程”账户是资产类账户,核算企业基建、更新改造等在建工程发生的支出。该账户借方登记企业各项在建工程的实际支出;贷方登记工程达到预定可使用状态时转出的成本等;期末余额在借方,反映企业期末尚未达到预定可使用状态的在建工程的成本。“在建工程”账户结构如图 5-1 所示。

借　　在建工程	贷
企业各项在建工程的实际支出,如耗费的材料、人工、货币资金等	达到预定可使用状态时转出的成本,转至“固定资产”账户
期末尚未达到预定可使用状态的在建工程的成本	

图 5-1　“在建工程”账户结构

该账户可按“建筑工程”“安装工程”“在安装设备”“单项工程”等进行明细核算。如前所述,固定资产的取得主要包括外购和自行建造两种,无论哪种方式,由于固定资产取得成本的内容较多,而且各项内容发生的时间不一致,所以,在固定资产没有达到预计使用状态前,需要先通过该账户归集相应的取得成本。

(二)“固定资产”账户

“固定资产”账户是资产类账户,核算企业持有的固定资产原价。该账户借方登记固定资产原价的增加;贷方登记固定资产原价的减少;期末余额在借方,反映企业期末固定资产的原价。该账户可按固定资产类别和项目进行明细核算。“固定资产”账户结构如图 5-2 所示。

借　　固定资产	贷
企业外购、自行建造等方式取得的固定资产的原价	处置固定资产时减少的原价
期末企业固定资产的原价	

图 5-2　“固定资产”账户结构

(三)“累计折旧”账户

“累计折旧”账户是(资产类)备抵账户,核算企业计提的固定资产的累计折旧。该账户记账方向与资产类账户相反。该账户的借方登记因固定资产减少而相应减少的磨损或转移的价值;贷方登记固定资产磨损或转移的价值;期末余额在贷方,表示固定资产累计磨损或转移的价值。该账户可按固定资产类别和项目进行明细核算。因此,“固定资产”账户的借方余额(现有固定资产的原始价值)减去“累计折旧”账户贷方余额,即为现有固定资产净值。计算固定资产折旧的方法包括两大类——直线法和加速折旧法。其中,直线法包括年限平均法和工作量法，加速折旧法包括双倍余额递减法和年数总和法。“累计折旧”账户结构如图5-3所示。

借　　累计折旧	贷
因固定资产减少而相应减少的磨损或转移的价值	固定资产累计磨损或转移的价值
	期末现有固定资产累计磨损或转移的价值

图5-3　“累计折旧”账户结构

（四）“研发支出”账户

“研发支出”账户是成本类账户，核算企业进行研究与开发无形资产过程中发生的各项支出。该账户借方登记企业自行研究开发无形资产发生的支出，贷方登记转出的研发支出。其中，在无形资产达到预定用途时，满足无形资产取得成本确认条件的转入“无形资产”账户；不满足的于期末转入“管理费用”账户。该账户的期末余额在借方，反映企业正在研究开发的项目满足其取得成本确认条件的支出。该账户可按研究开发项目，分别“费用化支出”“资本化支出”进行明细核算。“研发支出”账户结构如图5-4所示。

借　　研发支出	贷
企业自行研究开发无形资产发生的支出	转出的研发支出
期末企业正在研究开发的项目满足其取得成本确认条件的支出	

图5-4　“研发支出”账户结构

（五）“无形资产”账户

“无形资产”账户是资产类账户，核算企业持有的无形资产的成本。该账户借方登记无形资产成本的增加，贷方登记处置无形资产时的账面余额；期末余额在借方，反映企业期末无形资产的成本。该账户可按无形资产项目进行明细核算。“无形资产”账户结构如图5-5所示。

借　　无形资产	贷
企业外购、自行研究开发等方式取得的无形资产的成本	处置无形资产时的账面余额
期末企业无形资产的成本	

图5-5　“无形资产”账户结构

（六）“累计摊销”账户

“累计摊销”账户是(资产类)备抵账户，核算企业对使用寿命有限的无形资产进行的累计摊销。该账户借方登记处置无形资产同时结转的累计摊销，贷方登记企业按期(月)计提无形资产的摊销额。该账户期末余额在贷方,反映期末企业无形资产累计摊销额。该账户可按无形资产项目进行明细核算。“累计摊销”账户结构如图 5-6 所示。

借	累计摊销　　　贷
因处置无形资产而相应减少的累计摊销额	无形资产累计摊销的价值
	期末无形资产累计摊销额

图 5-6　“累计摊销”账户结构

三、对内投资业务中的账户关系图

对内投资活动的主要业务核算,可用账户关系图 5-7 表示。

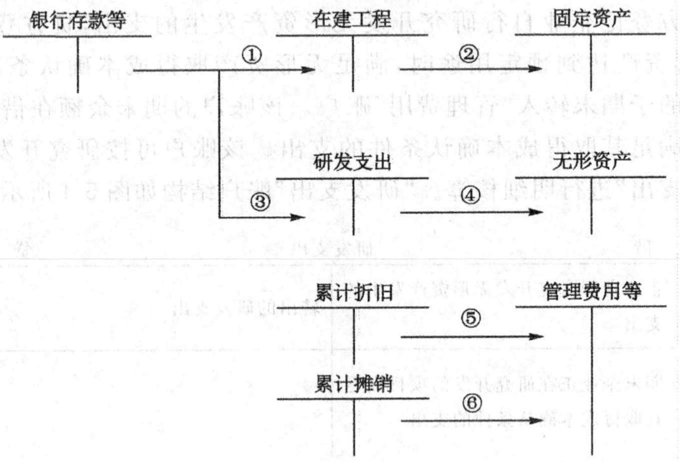

图 5-7　对内投资业务核算示意图

业务说明及主要会计分录:

① 固定资产取得成本。

借:在建工程

　贷:银行存款等

② 固定资产达到预计使用状态。

借:固定资产

　贷:在建工程

③ 发生无形资产的研发支出。

借:研发支出——资本化支出

　　　　　——费用化支出

　贷:银行存款等

④ 无形资产达到预定用途,结转资本化支出。

借:无形资产

　贷:研发支出——资本化支出

⑤ 计提固定资产折旧。

借:管理费用等

　贷:累计折旧

⑥ 摊销无形资产。

借:管理费用等

　贷:累计摊销

四、对内投资业务的账务处理

以下举例说明对内投资业务的主要账务处理。

【例 5-1】 山海公司购入一套设备,买价为 162 000 元,用银行存款支付。

该经济业务的发生,一方面使固定资产的取得成本增加 162 000 元;另一方面使银行存款减少 162 000 元。但是,固定资产的外购成本尚未发生完毕,因此相关取得成本应先通过“在建工程”账户进行核算,记入“在建工程”账户的借方。该笔经济业务的会计分录如下:

借:在建工程　　162 000

　贷:银行存款　　162 000

【例 5-2】 山海公司用现金支付上述设备安装费 200 元。

与例 5-1 相似,200 元安装费也应先通过“在建工程”账户进行核算,记入“在建工程”账户的借方。该笔经济业务的会计分录如下:

借:在建工程　　200

　贷:库存现金　　200

【例 5-3】 设备运达山海公司,投入行政管理科室使用。

设备投入使用,说明该项固定资产达到预计使用状态,其取得成本已经发生完毕,总金额为 162 200 元(162 000+200),相关成本应该从“在建工程”账户的贷方转入“固定资产”账户的借方。该项经济业务的会计分录如下:

借:固定资产　　162 200

　贷:在建工程　　162 200

【例 5-4】 某月末,山海公司采用年限平均法计提上述设备的折旧 4 000 元。

计提固定资产折旧业务,一方面使累计折旧增加,另一方面,折旧反映了固定资产价值的磨损或转移,需要确认为某项成本或费用。因为该设备是行政管理科室使用的,所以应该将其确认为管理费用的增加。该笔经济业务的会计分录如下:

借:管理费用　　4 000

　贷:累计折旧　　4 000

【例 5-5】 山海公司自行研究开发一项专利权,用银行存款支付了费用化研发支出 20 000 元,该专利权尚未研究开发完毕。

专利权属于无形资产的范围。该笔业务的发生,一方面增加了研发支出 20 000 元,而且是费用化的研发支出,最终不能计入无形资产成本,将于期末转入“管理费用”账户;另一方面,又减少了银行存款 20 000 元。该笔经济业务的会计分录如下:

借:研发支出——费用化支出　　20 000

　贷:银行存款　　20 000

【例 5-6】 山海公司用银行存款 1 000 000 元支付了上述专利技术的资本化研发支出。

该笔业务的发生，一方面增加了研发支出 1 000 000 元，而且是资本化的研发支出，最终应计入无形资产成本；另一方面，又减少了银行存款 1 000 000 元。该笔经济业务的会计分录如下：

借：研发支出——资本化支出　　1 000 000

　贷：银行存款　　1 000 000

【例 5-7】 上述专利技术研究开发成功，达到预定用途。

专利技术研究开发成功，达到预定用途，意味着无形资产已经形成，应增加无形资产的成本 1 000 000 元，将资本化支出结转至“无形资产”账户。该笔经济业务的会计分录如下：

借：无形资产　　1 000 000

　贷：研发支出——资本化支出　　1 000 000

【例 5-8】 某月末，摊销上述专利技术 10 000 元。

摊销无形资产，一方面使累计摊销增加，另一方面反映了无形资产价值的转移，需要确认为管理费用增加 10 000 元。该笔经济业务的会计分录如下：

借：管理费用　　10 000

　贷：累计摊销　　10 000

第二节　对外投资活动的会计处理

一、对外投资业务的核算内容

对外投资是指企业以现金、实物、无形资产等方式或以购买股票、债券等有价证券的方式向其他单位的投资。随着企业横向经济联合的展开，对外投资越来越重要。按投资回收时间的长短，对外投资可分为短期投资和长期投资。短期投资又称流动资产投资，是指能够并且准备在一年以内收回的投资，本节主要讲解对短期有价证券等的投资。长期投资则是指一年以上才能收回的投资，本节主要讲解对长期有价证券等的投资。

以短期有价证券为例，短期投资涉及的有价证券包括债券、股票等。企业进行短期有价证券投资的目的往往是近期内出售以赚取差价。当企业购入有价证券时，需要按照一定的计量属性确认其入账价值；持有股票或债券期间，企业有可能获得发行方支付的股利或利息。对于企业来说，股利或利息是投资期间获得的收益，需要确认经济利益的流入；当出售有价证券时，需要终止确认短期投资项目，同时，短期投资项目的账面价值与卖价间很可能有差额，也应予以确认与计量。长期有价证券投资的目的更多样化，其会计核算比短期投资更为复杂一些。

二、对外投资业务的账户设置

为了核算上述对外投资业务，应设置“交易性金融资产”“债权投资”等账户。此外，与其相联系的账户还有“公允价值变动损益”“投资收益”等账户。

（一）“交易性金融资产”账户

“交易性金融资产”账户是资产类账户，核算企业分类为以公允价值计量且其变动计入当期损益的金融资产，上述的短期有价证券投资属于这部分内容。在资产负债表日，需要依据资产负债表日的公允价值调整该账户记录。当公允价值大于账面价值时，需要根据差额调增该账户记录，反之则调减。该账户借方登记取得的交易性金融资产的公允价值以及资产负债表日调增的价值，贷方登记出售的交易性金融资产以及资产负债表日调减的价值。该账户期末余额在借方，反映企业持有的交易性金融资产的公允价值。该账户可按金融资产的类别和品种，分别对"成本""公允价值变动"等进行明细核算。"交易性金融资产"账户结构如图 5-8 所示。

借　　交易性金融资产	贷
取得的交易性金融资产的公允价值 资产负债表日调增的价值	出售的交易性金融资产 资产负债表日调减的价值
期末持有的交易性金融资产的公允价值	

图 5-8 "交易性金融资产"账户结构

（二）"公允价值变动损益"账户

"公允价值变动损益"账户是损益类账户，核算企业持有的交易性金融资产等公允价值变动形成的应计入当期损益的利得或损失。在资产负债表日，当公允价值大于或小于账面价值时，需要根据差额确认公允价值变动损益。该账户借方登记公允价值小于账面价值时，根据差额确认的公允价值变动损失；贷方登记公允价值大于账面价值时，根据差额确认的公允价值变动收益。期末，应将本账户余额转入"本年利润"账户，结转后无余额。该账户可按具体项目进行明细核算。"公允价值变动损益"账户结构如图 5-9 所示。

借　　公允价值变动损益	贷
公允价值小于账面价值时，根据差额确认的公允价值变动损失	公允价值大于账面价值时，根据差额确认的公允价值变动收益

图 5-9 "公允价值变动损益"账户结构

（三）"债权投资"账户

"债权投资"账户是资产类账户，核算企业债权投资的账面价值，上述的长期有价证券投资中的部分内容属于该账户核算范围。该账户借方主要登记取得的债权投资的成本，贷方主要登记出售的债权投资的账面余额；期末余额在借方，反映企业持有的债权投资的账面余额。该账户可按债权投资的类别和品种，分别对"成本""利息调整"等进行明细核算。"债权投资"账户结构如图 5-10 所示。

借　　债权投资	贷
取得的债权投资的成本	出售的债权投资的账面余额
期末持有的债权投资的账面余额	

图 5-10 "债权投资"账户结构

（四）“投资收益”账户

“投资收益”账户是损益类账户，核算企业确认的投资收益或投资损失。该账户借方登记已确认的投资损失，贷方登记已确认的投资收益。期末，应将本账户余额转入“本年利润”账户，结转后无余额。该账户可按具体投资项目进行明细核算。“投资收益”账户结构如图 5-11 所示。

借　　　　投资收益	贷
已确认的投资损失	已确认的投资收益

图 5-11　“投资收益”账户结构

三、对外投资业务中的账户关系图

对外投资活动的主要业务核算，可用账户关系图 5-12 表示。

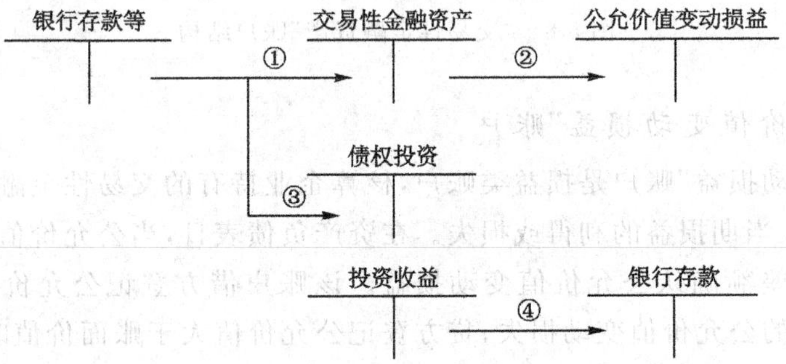

图 5-12　对外投资业务核算示意图

业务说明及主要会计分录：

① 购入交易性金融资产。

借：交易性金融资产

　贷：银行存款

② 期末，公允价值小于账面价值。

借：公允价值变动损益

　贷：交易性金融资产

反之，则做相反的会计分录。

③ 债权投资。

借：债权投资

　贷：银行存款

④ 持有债权投资期间获得债券利息。

借：银行存款

　贷：投资收益

四、对外投资业务的账务处理

以下举例说明对外投资业务的主要账务处理。

【例 5-9】 2023 年 12 月 12 日，山海公司以银行存款购入东方公司发行在外的普通股 10 万股，意在短期内出售，作为交易性金融资产。当日，股票的交易价格为每股 2 元。

该经济业务发生后，一方面，山海公司的交易性金融资产增加，而交易性金融资产的公允价值为 200 000 元(100 000×2)。另一方面，支付了银行存款，银行存款减少 200 000 元。该笔经济业务的会计分录如下：

借：交易性金融资产——成本　　200 000
　贷：银行存款　　200 000

【例 5-10】 2023 年 12 月 31 日，上述股票的公允价值为每股 3 元。

12 月 31 日属于资产负债表日，当日，交易性金融资产的公允价值为 300 000 元(100 000×3)，比账面价值 200 000 元高出 100 000 元。因此，一方面要调增交易性金融资产的账面价值 100 000 元，记入“交易性金融资产”账户的借方，登记在“公允价值变动”明细账下；另一方面要确认因公允价值变动产生的损益 100 000 元，记入“公允价值变动损益”账户的贷方。该笔经济业务的会计分录如下：

借：交易性金融资产——公允价值变动　　100 000
　贷：公允价值变动损益　　100 000

【例 5-11】 2024 年 1 月 3 日，山海公司出售上述股票，卖价为每股 4 元，所得价款存入银行。

当日，交易性金融资产的账面价值为 300 000 元(其中成本 200 000 元，公允价值变动 100 000 元)。该经济业务发生后，一方面，出售交易性金融资产将获得 400 000 元，银行存款增加；另一方面，交易性金融资产减少 300 000 元，差额 100 000 确认为投资收益。该笔经济业务的会计分录如下：

借：银行存款　　400 000
　贷：交易性金融资产——成本　　200 000
　　　　　　　　　——公允价值变动　　100 000
　　投资收益　　100 000

【例 5-12】 2023 年 12 月 17 日，山海公司以银行存款 100 000 元购入北方公司当日发行的 3 年期债券，面值为 100 000 元，准备持有至到期，作为债权投资。

该经济业务发生后，一方面，山海公司的债权投资增加 100 000 元；另一方面，支付了银行存款，银行存款减少 100 000 元。该笔经济业务的会计分录如下：

借：债权投资　　100 000
　贷：银行存款　　100 000

本章小结

投资是指将财力投放于一定的对象，以期望在未来获取一定利润的经济行为。从投资回收的长短来看，包括短期投资和长期投资；从投资方向来看，包括对内投资和对外投资。

对内投资是指把资金投向企业内部以形成各种生产经营性资产的投资，这些生产经营性资产主要包括固定资产、无形资产等。固定资产可以通过外购、自行建造等方式取得。其中，外购固定资产的成本，包括购买价款，相关税费，使固定资产达到预定可使用状态前所发生的可归属于该项资产的运输费、装卸费、安装费和专业人员服务费等;自行建造固定资产的成本则包括建造该项资产达到预定可使用状态前所发生的所有合理、必要的支出,如耗费的材料、人工、货币资金等。在固定资产没有达到预计使用状态前,其已经发生的取得成本需要通过"在建工程"账户核算,当达到预计使用状态后,再转至"固定资产"账户的借方。固定资产需要按照一定的方法计提折旧,记入"累计折旧"账户。与固定资产相似,无形资产也可以通过外购、自行研究开发等方式取得。外购无形资产的取得成本包括购买价款、相关税费以及直接归属于使该项资产达到预定用途所发生的其他支出。自行研发无形资产需要通过"研发支出"账户核算研究阶段和开发阶段的各项支出。在这些研究开发支出中,只有满足条件的(资本化支出)才能在无形资产达到预定用途时,由"研发支出"账户贷方转入"无形资产"账户借方。此外,使用寿命确定的无形资产也需要摊销,记入"累计摊销"账户。

对外投资是指企业以现金、实物、无形资产等方式或以购买股票、债券等有价证券的方式向其他单位的投资,包括短期投资和长期投资。在短期投资中,本章主要讲解对短期有价证券等的投资。同样,在长期投资中,本章主要讲解对长期有价证券等的投资。

【案例讨论】

2023 年 11 月,据多家新闻媒体报道,在塞浦路斯注册的澳丰金融集团,其旗下基金在中国台湾销售多年,在未经台当局监管部门审核批准的情况下,经由兆富财富管理顾问公司等平台,以年均 8% 的收益率吸引社会各界购买其金融投资产品。2023 年 5 月,澳丰金融集团宣布倒闭,涉案金额高达新台币 5.5 亿元,超过 13 000 名投资者无法收回投资本金,损失 5.5 亿元新台币(约合人民币 1.24 亿元)。"澳丰案"被称为中国台湾史上最大金融诈骗案,揭露了一个巨大的金融诈骗网络。(资料来源:新浪财经)

2023 年 11 月,继 JPEX 在港无牌经营和虚假宣传后,中国香港警方再通报一起巨额投资诈骗案。HOUNAX 的虚拟资产交易平台于 2023 年初开始运作,网站使用繁体中文面向香港市民行骗,通过不同社交媒体接触受害人,邀请其加入群组并分享股票和虚拟货币投资分析,以高回报引诱市民投资,再要求受害人下载相关手机应用程序,同时开通交易账户并投入资金。为获得受害人信任,在参与投资初期受害人账户会显示账户有所盈利,但实际上受害人的投资金额一开始便已被转走。截至 2023 年 11 月 24 日,已有 131 名受害人报案,受害人损失金额集中在 1.2 万—400 万港元间,涉案总金额超过 1.1 亿港元。(资料来源:北京商报)

2023 年 11 月 30 日,最高人民检察院发布《检察机关打击治理电信网络诈骗及其关联犯罪工作情况(2023)》,其中提到,电信诈骗模式多元复合,目前诈骗模式包括刷单返利、虚假投资理财、虚假购物服务、冒充电商物流客服、虚假征信诈骗等,其中刷单返利、虚假投资理财类诈骗占到一半以上。小额诈骗时有发生且迷惑性强,为降低被害人的警惕心理,诈骗分子常采取小额多次的方式实施诈骗。受害群体则分布广泛,各年龄、各地域均有涉及,老年人、未成年人、"宝妈"等三类受害群体值得高度关注。(资料来源:证券日报网)

互联网技术的发展推动了新型理财产品的兴起,例如 P2P 网络借贷、互联网基金、股票配资等。这些新型理财产品通常承诺高收益,吸引了大量投资者的关注。然而,理财市场上也存在着各种各样的风险,其中最常见的就是高收益理财陷阱。

高风险并不意味着高收益，但高收益必然伴随着高风险。请思考回答：

1. 如何理解投资风险和投资收益的关系？

2. 你认为如何防范“高收益理财陷阱”，确保资金的安全？

思考与练习

1. 外购固定资产的取得成本不包括(　　)。

A. 买价　　B. 安装费

C. 使用后的修理费　　D. 运输费

2. 固定资产在未达到预计使用状态前发生的取得成本需要先记入“(　　)”账户。

A. 在建工程　　B. 研发支出

C. 固定资产　　D. 无形资产

3. 企业外购一项固定资产，支付买价10万元、运费1万元、安装费1万元，到达后立即投入使用，则应记入“固定资产”账户的金额为(　　)万元。

A. 10　　B. 11

C. 12　　D. 2

4. 当固定资产达到预计使用状态时，应将取得成本转至“(　　)”账户的借方。

A. 在建工程　　B. 研发支出

C. 固定资产　　D. 无形资产

5. 研发支出属于(　　)类账户。

A. 资产　　B. 成本

C. 损益　　D. 共同

6. 企业自行研究开发无形资产过程中发生的各项支出应先记入“(　　)”账户。

A. 在建工程　　B. 研发支出

C. 固定资产　　D. 无形资产

7. 费用化研发支出应该在期末转入“(　　)”账户。

A. 管理费用　　B. 研发支出

C. 固定资产　　D. 无形资产

8. 按照收回期分类，投资可以分为(　　)。

A. 短期投资和长期投资　　B. 对内投资和对外投资

C. 债权投资和股权投资　　D. 直接投资和间接投资

9. 交易性金融资产根据(　　)计量。

A. 历史成本　　B. 现值

C. 可变现净值　　D. 公允价值

10. 资本化研发支出应该在达到预定用途时转入“(　　)”账户。

A. 管理费用　　B. 研发支出

C. 固定资产　　D. 无形资产

第六章 营运活动的会计处理

【学习目标】

（1）掌握采购业务、生产业务和销售业务基本的账务处理。

（2）掌握实际成本法下存货的几种发出计价方法的特点。

（3）理解企业业务循环之后的资金循环与周转。

【学习重点与难点】

（1）采购成本的归集与结转的核算。

（2）生产业务中各类费用的归集(包括固定资产折旧)。

（3）销售收入的确认与销售成本的计算。

【引导案例】

小明家有一间商铺，对外出租每年可获得租金收入3万元。小明的母亲计划将其用于自家商店的经营。商店经过一年的经营，获得18万元的销售收入，同时商店发生进货成本10万元，另外还有水电等杂费约1万元。小明的父亲认为商店的利润为7万元，小明母亲认为其本人在商店工作，应获得相应的劳动报酬6万元，加上房屋潜在的租金3万元，实际商店经营亏损了2万元。小明认为商铺租金并未真实发生，实际是机会成本，不应计入商店的营业成本中，商品的总成本应为17万元，利润为1万元。

小明一家的主要分歧在于商店成本的归集范围上，你赞同谁的观点呢？

第一节 采购业务的会计处理

采购业务，也称购进业务或供应业务。采购阶段包括材料采购、验收入库、直至投入生产为止的全过程。通过材料采购形成生产储备，以保证企业生产经营的正常进行。

一、材料采购业务的核算内容

购进材料时，企业要与供应单位或其他有关单位办理款项的结算，支付采购材料的货款和运输费、装卸费等各种采购费用。材料运达企业后应由仓库验收并保管，以备生产车间或管理部门领用。采购材料业务核算的主要内容是材料实际采购成本的形成、材料验收入库以及采购过程中与供货单位之间的货款结算。

（一）采购成本

采购业务主要涉及入库材料的计价，而领用材料的计价在生产过程进行。入库材料的价值即材料的采购成本。采购成本包括材料的买价（不含增值税进项税额）和采购费用两部分。在材料采购过程中发生的运杂费（包括运输费、装卸费、保险费、包装费、仓储费等）、运输途中发生的合理损耗以及入库前的挑选整理等费用统称为采购费用。采购费用中，直接费用可以直接计入有关材料的采购成本；几种材料共同负担的间接费用（如运杂费等），应按一定的标准在有关材料之间进行分配，分别计入各种物资的采购成本。

（二）材料验收入库

购进材料验收入库后，所归集的采购成本作为原材料的入账价值登记入账。期末，全部库存材料确认在资产负债表的存货项目中。

（三）货款结算

在购进过程中，一般以材料所有权的转移作为购买确认的时间点，但此时由于结算方式和采购地点的不同，货款的结算时间与材料所有权转移时间有可能不同。第一，交货时直接支付货款和采购费用；第二，交货时未付款，在之后规定的时间进行结算，这样企业会形成一项流动负债——应付账款；第三，交货之前预付货款，后取得材料。付款时未取得材料，并不能作为材料增加处理。其实质是款项的转移，银行存款转化为了另一项资产——预付账款。而收到材料时，形成一项资产——材料增加、一项资产——预付账款减少的情况。

二、增值税的核算

（一）增值税及其纳税人

在我国，物（包括动产和不动产）的流转（采购和销售）以及无形资产（如土地使用权和知识产权等）的交易通常都会涉及增值税。增值税是以商品（含应税劳务）在流转过程中产生的增值额作为计税依据而征收的一种流转税。增值额可以简单地理解为销售收入与外购商品支出之差。

在中华人民共和国境内销售货物、服务、无形资产、不动产，提供加工、修理修配劳务以及进口货物的单位和个人，为增值税的纳税义务人。按照年应征增值税销售额的大小，分为小规模纳税人和一般纳税人。一般纳税人的计税依据为增值税专用发票，适用的税率为13%、9%和6%三档。增值税专用发票上注明货物的金额和相应的税额，交易的总价款就是价税合计。

（二）增值税的计算

企业缴纳的增值税理论上是根据其经济业务的增值额计算的。但由于增值额的计算较为困难，为达到对增值额征税的目的，实务工作中是分别汇总计算进项税额和销项税额的差来确定增值税额的。进项税额，记录一般纳税人购进货物或接受应税劳务而支付或负担的、准予从当期销项税额中抵扣的增值税额。销项税额，即销售货物或提供应税劳务收取价款中所含的增值税额。

增值税一般纳税人应在“应交税费”下的二级科目“应交增值税”明细账内设置“进项税额”“销项税额”等专栏。计算公式为：

进项税额＝不含税购进价×税率

销项税额＝不含税销售额×税率

应纳税额＝当期销项税额－当期进项税额

含税销售额÷(1＋税率)＝不含税销售额

销项税额为售价的13%，进项税额为进价的13%，两项抵消后，所交增值税为(售价－进价)的13%，即本环节增值额的13%。例如，某企业采购了价值2 000元的原材料，则在买价之外，还需向供货商支付260元的进项税额。假设该材料经加工后以3 000元的价格售出，则企业共需收取3 390元。在390元的销项税额中抵扣掉企业已经支付的260元进项税额，企业还需向税务部门缴纳130元的增值税。

需要注意的是，增值税是一种价外税，实行的是价税分离的办法。进项税额不能进入采购成本，销项税额也不能作为销售收入。所以，增值税的核算并不涉及成本费用科目，仅在“应交税费”科目中核算。

三、固定资产取得成本的计算

同材料的来源方式一样，固定资产取得的主要来源也有外购和自建两种，来源不同，成本计算也不同。对于外购固定资产，企业在取得固定资产时，除了买价还要支付运输费、保险费、包装费等，因此其取得成本与材料相似，也包括买价和附带成本两大部分。其中，附带成本主要包括运输费、装卸费、安装费、保险费、包装费等。固定资产的取得同样涉及增值税问题，本部分简化处理，暂时忽略增值税，详细内容在中级财务会计中讲授。

由于固定资产外购成本的内容较多，而且各项费用发生的时间不一致，固定资产价值一旦入账，一般情况下不得调整其账面价值。所以，对固定资产外购成本进行核算，应先通过“在建工程”账户归集，待其成本归集完毕后，再将所有的外购成本一并转入“固定资产”账户。

“在建工程”账户核算企业基建、更新改造等在建工程发生的支出。发生在建工程支出时，借记“在建工程”账户；固定资产成本发生完毕，所有成本转入“固定资产”账户，贷记“在建工程”账户。“在建工程”账户结构如图6-1所示。

借　　　　在建工程	贷
安装设备或建筑工程所发生的各项构建支出	安装或建筑工程完成后转入固定资产账户的工程实际成本
期末尚未完工工程的实际成本	

图6-1　“在建工程”账户结构

具体业务核算如下：

【例6-1】 山海公司购入一套设备，买价162 000元，用银行存款支付。

该经济业务发生后，一方面使固定资产的取得成本增加162 000元；另一方面使银行存款减少162 000元。但是，固定资产的外购成本尚未发生完毕，因此相关取得成本应先通过“在建工程”账户进行核算，记入“在建工程”账户的借方。该笔经济业务的会计分录如下：

借：在建工程　　162 000

　贷：银行存款　　162 000

【例 6-2】 山海公司用现金支付上述设备运输费 2 000 元。

与上题相似，2 000 元运费也应先通过"在建工程"账户进行核算，记入"在建工程"账户的借方。该笔经济业务的会计分录如下：

借：在建工程　　2 000

　贷：库存现金　　2 000

【例 6-3】 设备运达公司，投入使用。

设备投入使用，说明该项固定资产的取得成本已经发生完毕，总金额为 164 000 元(162 000＋2 000)，相关成本应该从"在建工程"账户的贷方转入"固定资产"账户的借方。该项经济业务的会计分录如下：

借：固定资产　　164 000

　贷：在建工程　　164 000

四、采购业务账户设置

(一) 反映材料收、发、存情况的账户

1. "在途物资"账户

"在途物资"账户为资产类账户，用以归集材料的采购成本，包括材料的买价、负担的运杂费、运输途中的合理损耗等。该账户借方登记材料的买价及采购费用；待采购成本归集完毕、材料验收入库后将材料的实际采购成本从贷方转入"原材料"账户；期末余额在借方，表示在途材料的实际采购成本。该账户根据材料的具体品种、规格等分别设置明细分类账户，进行明细核算。购入材料较多时，可以在月末一次结转采购材料成本。"在途物资"账户结构如图 6-2 所示。

借　　在途物资	贷
购入材料的实际成本(包括买价和采购费用)	验收入库的在途物资实际成本
期末在途物资的实际成本	

图 6-2 "在途物资"账户结构

需要说明的是，"在途物资"账户是材料按实际成本法核算时使用的账户，在计划成本法下，使用"材料采购"账户。

2. "原材料"账户

"原材料"为资产类账户，总括地核算和监督库存材料的取得、发出和结存情况及其增减变动情况。原材料验收入库时，按入库材料的实际采购成本借记"原材料"账户；贷方登记领用或发出材料的实际成本；余额在借方，反映库存材料的实际成本。该账户根据材料的品种、规格，设置明细分类账户。"原材料"账户结构如图 6-3 所示。

原材料

借	贷
已验收入库材料的实际成本	发出材料的实际成本
结存材料的实际成本	

图 6-3 “原材料”账户结构

(二) 反映结算关系的账户

由于结算时间与材料所有权转移时间的不一致，会出现三种情况：现款购买引起银行存款减少，交货未付款时产生应付账款，提前支付货款产生的预付账款。

1. “应付账款”账户

“应付账款”账户是负债类账户，核算赊购时企业因购买材料而与供货单位发生的结算债务的增减变化和结果。该账户贷方登记企业因采购材料应向供货单位支付的款项，借方登记企业已偿还的款项；期末余额在贷方，反映期末尚未偿还的货款。该账户一般按债权人设置明细账。“应付账款”账户结构如图 6-4 所示。

应付账款

借	贷
已经偿还供应单位的款项	应付供应单位的款项
	期末尚未偿还的应付款项

图 6-4 “应付账款”账户结构

2. “预付账款”账户

“预付账款”账户是资产类账户，核算企业因购买材料预付货款而与供货单位发生的结算债权的增减变化和结果。该账户借方登记因采购材料实际预付给供货单位的款项；贷方登记收到供货单位提供的产品或劳务时，冲销的预付款项；期末余额在借方，反映期末尚未收到材料的预付货款。该账户按供货单位设置明细账。“预付账款”账户结构如图 6-5 所示。

预付账款

借	贷
预先支付给供应单位的货款 补付的货款	收到购入材料后抵扣预付货款 供应单位退回的多预付货款
尚未收到材料的预付货款	

图 6-5 “预付账款”账户结构图

3. “应交税费”账户

“应交税费”账户是负债类账户，用来核算企业按照税法规定计算应缴纳的各种税费，包括增值税、消费税、所得税、资源税、土地增值税、城市维护建设税、房产税、土地使用税、车船使用税、教育费附加、矿产资源补偿费等。使用该账户时，需按所涉税种开设二级科目。其中“应交税费——应交增值税”账户用来核算企业应交的增值税，借方登记企业采购材料时向供货单位支付的增值税进项税等，贷方登记企业销售商品时向购买单位收取的增值税销项税等，贷方余额为企业应交的增值税。“应交税费——应交增值税”账户结构如图 6-6 所示。

借　　　　应交税费——应交增值税	贷
实际缴纳的增值税税额(进项税额)	计算出的应交而未交的增值税税额(销项税额)
	期末企业应交的增值税(需转入未交增值税二级科目)

图 6-6　“应交税费——应交增值税”账户结构

采购业务的主要经济业务核算如图 6-7 所示(未显示增值税)。

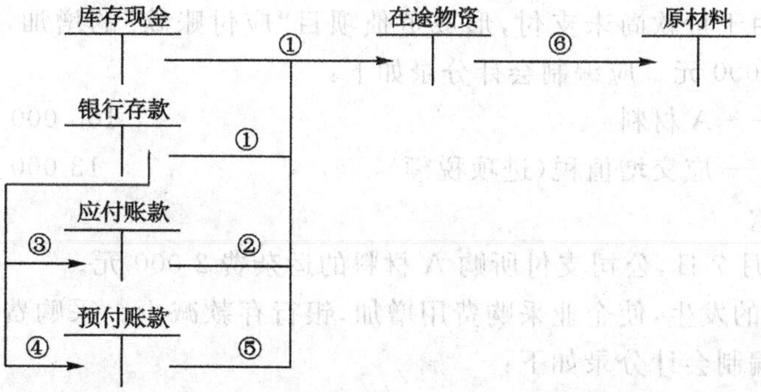

图 6-7　采购业务核算示意图

业务说明及主要会计分录:

① 购入材料,支付材料货款和采购费用。

借:在途物资

　贷:库存现金/银行存款

② 购入材料,货款尚未支付。

借:在途物资

　贷:应付账款

③ 支付应付货款。

借:应付账款

　贷:银行存款

④ 预付购进材料货款。

借:预付账款

　贷:银行存款

⑤ 收到预付货款的材料。

借:在途物资

　贷:预付账款

⑥ 材料验收入库,结转材料采购成本。

借:原材料

　贷:在途物资

五、采购业务的账务处理

以下举例说明采购业务的主要账务处理。

【例 6-4】 10 月 6 日，山海公司从外地购入 A 材料 500 千克，每千克单价 200 元，增值税率为 13%，货款尚欠。

由于买价只是采购成本的一部分，其他费用还未发生，所形成的采购成本还不全面，因而将其记入“在途物资”账户，待归集全面后再结转到“原材料”账户。同时，要根据不含税买价总额 100 000 元的 13%计算应支付的增值税进项税额，记入“应交税费——应交增值税”账户的借方。由于货款尚未支付，形成负债项目“应付账款”的增加，记在贷方，其金额为价税合计数 113 000 元。应编制会计分录如下：

借：在途物资——A 材料	100 000	
应交税费——应交增值税（进项税额）	13 000	
贷：应付账款		113 000

【例 6-5】 10 月 7 日，公司支付所购 A 材料的运杂费 2 000 元。

这项经济业务的发生，使企业采购费用增加，银行存款减少。采购费用增加记入“在途物资”账户借方。编制会计分录如下：

借：在途物资——A 材料	2 000	
贷：银行存款		2 000

【例 6-6】 10 月 7 日，公司开出支票支付上笔采购业务货款。

这项经济业务的发生，使例 6-4 中形成的负债——应付账款得到了偿还，应记入其账户的借方表示减少。同时，银行存款减少，记入其账户的贷方。编制会计分录如下：

借：应付账款	117 000	
贷：银行存款		117 000

【例 6-7】 10 月 8 日，公司为采购 B 材料，用支票预付给该材料供应商 70 000 元。

这项经济业务的发生，使企业的预付账款增加，而银行存款减少，属于资产内部变动。预付账款增加，应记入其账户的借方。编制会计分录如下：

借：预付账款	70 000	
贷：银行存款		70 000

【例 6-8】 10 月 10 日，B 材料供应商发货，公司购进 300 千克，每千克单价 200 元，增值税率为 13%。另外，供应商代垫运费 1 000 元，余款由银行转账退回。

这项经济业务发生后，一方面材料采购成本增加，另一方面公司之前的预付账款项目相应减少。供应商虽支付了 1 000 元运费，但其性质为代垫，还是进入材料的采购成本，并从公司预付账款中扣除。所以，“在途物资”应记入借方 200×300＋1 000＝61 000（元），除此之外，还要考虑发生的增值税，按买价 60 000 元的 13%计算进项税额，而贷方应冲减的预付账款为 70 000 元，所以返还客户的银行存款为两者的差额 1 200。应编制会计分录如下：

借：在途物资——B 材料	61 000	
应交税费——应交增值税（进项税额）	7 800	
银行存款	1 200	
贷：预付账款		70 000

【例 6-9】 月底结转 A 材料和 B 材料的入库材料成本。

待材料的采购成本归集完毕后，就可以将其从“在途物资”账户的贷方转入“原材料”账户的借方，成为库存材料的入账价值。应编制会计分录如下：

借：原材料——A 材料　　　　　　　　　　102 000

　　　　　——B 材料　　　　　　　　　　61 000

　贷：在途物资——A 材料　　　　　　　　　　102 000

　　　　　　　——B 材料　　　　　　　　　　61 000

第二节　生产业务的会计处理

企业从材料被领用投入生产起，到产品完工入库为止的过程称为生产过程。生产过程是产品的形成阶段，通过对材料进行生产加工制造出产品。生产过程是制造企业经营过程的中心环节。它既是产品的制造过程，也是劳动对象、劳动力和劳动资料的消耗过程。对制造企业来说，构成产品成本的费用可以概括为以下几个基本要素：劳动对象的耗费，如原料、燃料等；劳动资料的耗费，如厂房、机器设备等固定资产的折旧费；活劳动的耗费，如支付给工人的工资；其他费用，如办公费、差旅费等为组织和管理生产而发生的货币性支出。因此，生产过程的主要经济业务是各种费用的归集和分配。生产过程的终点是产品验收入库，计算出产品成本，为企业销售环节打好基础。

一、生产业务核算的主要内容

生产业务核算的主要内容有两项：一是生产耗费的发生、归集与分配；二是产品制造成本的计算。

（一）生产成本

生产成本是指企业进行工业性生产时，生产产品所发生的各种生产费用，主要的成本项目包括直接材料、直接人工和制造费用。直接材料是指直接用于产品生产，构成产品实体的原材料、主要材料、外购半成品等材料费用。直接人工是指直接从事产品生产的各种形式的职工薪酬费用。制造费用是指企业各生产车间等生产单位为组织和管理生产而发生的各项间接费用，如车间管理人员的工资和福利费、办公费、保险费、水电费等。制造费用应按照一定的标准，在共同负担这项费用的产品种类之间进行分配，最终进入产品生产成本。

（二）期间费用

期间费用是指不能直接归属于某个特定产品成本的费用。这些费用容易确定其发生的期间，但难以判断其所归属的产品，按期间配比的原则，直接抵减当期损益。期间费用包括管理费用、销售费用和财务费用。管理费用是企业行政管理部门为组织和管理生产经营活动而发生的各种费用，主要包括工资和福利费、折旧费、工会经费、劳动保险费、业务招待费、诉讼费等费用。

对于企业发生的各项支出，应首先辨别是否属于成本费用（会计要素“费用”）的范畴。如自然灾害造成的损失就与日常生产活动无关，不能将其作为成本费用确认。其次，对属于成本费用开支范围的各种耗费须再按用途予以确认。计算时应严格区分成本费用和期间费用。成本费用是应当计入所生产产品价值的耗费，而期间费用是应当直接进入当期损益的耗费。生产过程费用主要包括生产成本和管理费用。

二、生产业务核算账户设置

为了正确计算产品成本，应设置"生产成本""制造费用"账户。同时，为了反映产品完工入库以及核算期间费用，还应设置"库存商品""管理费用"等账户。

（一）"生产成本"账户

"生产成本"账户是成本类账户，核算企业在进行产品生产过程中所发生的制造成本。该账户借方登记产品费用的发生数，即直接材料费、直接人工费、制造费用；已完工并验收入库的产品，按其实际成本从"生产成本"账户贷方转入"库存商品"账户借方；期末余额在借方，表示尚未完工的各项产品成本。定期将借方归集的全部制造成本在完工产品和在产品之间进行分配，完工产品制造成本从贷方转出，剩余部分便是在产品制造成本。企业应根据核算工作需要，在该账户下按品种设置明细分类账户，用来核算各种产品的生产成本。"生产成本"账户结构如图 6-8 所示。

借　　　　生产成本	贷
直接计入产品成本的直接耗费 月末分配转入的制造费用	结转完工验收入库产品的成本
期末尚未完工的在产品成本	

图 6-8 "生产成本"账户结构

（二）"制造费用"账户

"制造费用"账户是成本类账户，核算企业各生产车间等生产单位为管理和组织本部门生产而发生的各项不能直接计入产品成本的间接费用，包括生产车间耗用的材料、管理人员薪酬、固定资产折旧以及各种办公费、水电费等。该账户借方核算生产过程中发生的各项费用，贷方核算分配转入各产品"生产成本"账户的借方，期末无余额。该账户按不同车间设置明细账，明细账内按费用项目设置专栏进行明细核算。"制造费用"发生在基本生产部门或生产单位，在核算中应注意与企业行政管理部门为组织和管理生产经营活动而发生的管理费用区别开来。"制造费用"账户结构如图 6-9 所示。

借　　　　制造费用	贷
不能直接计入产品成本的间接费用	分配后转入各产品生产成本账户的制造费用

图 6-9 "制造费用"账户结构图

产品生产过程中发生的直接材料费用和直接人工费用，直接记入"生产成本"账户借方；发生的各项间接费用，先在"制造费用"账户的借方进行归集，月末再分配记入各产品"生产成本"账户的借方。这样，在"生产成本"账户的借方就归集了产品生产所发生的全部产品制造成本。

（三）“库存商品”账户

“库存商品”账户是资产类账户，核算生产完工并已验收入库可供销售的产品，即产成品的收、发、结存情况。该账户借方登记完工入库的产成品生产成本；贷方登记已销售产品转出的成本；期末余额在借方，表示库存产品的生产成本。该账户按品种设置明细分类账户，进行明细分类核算。“库存商品”账户结构如图 6-10 所示。

借　　　　库存商品	贷
完工并验收入库产品的实际成本	因销售等原因出库产品的实际成本
期末库存产品的实际成本	

图 6-10　“库存商品”账户结构

（四）“管理费用”账户

“管理费用”账户是损益类账户，核算企业行政管理部门为组织和管理生产经营活动而发生的各项费用。由于是期间配比，与产品无直接关系，不计入产品成本，直接冲减企业当期损益。该账户借方登记企业发生的各项管理费用；期末，将本账户借方归集的管理费用自贷方转入“本年利润”账户；结转后期末无余额。该账户根据费用类别设置明细账。“管理费用”账户结构如图 6-11 所示。

借　　　　管理费用	贷
实际发生的管理费用	期末转入本年利润账户

图 6-11　“管理费用”账户结构

（五）“应付职工薪酬”账户

“应付职工薪酬”是负债类账户，核算企业应付给职工的各种劳动报酬，反映和监督企业与职工的薪酬结算。该账户借方登记实际发给职工的工资等报酬；贷方登记企业应付给职工的工资等报酬（无论是否支付）。如果每期实付工资额与应付工资额一致，则该账户没有余额。该账户如果期末有余额，期末表示应付数与实际发放数的差额。期末余额在贷方，表示应付未付，即尚未发给职工的待领工资等报酬。由于工资的发放时间与人工费用的发生时间不一致，或者由于考勤方法的不同，所以余额也有可能在借方。“应付职工薪酬”账户结构如图 6-12 所示。

借　　　　应付职工薪酬	贷
实际支付的职工薪酬	应付职工工资和为职工发生的各种福利费
	期末尚未发给职工的待领工资等报酬

图 6-12　“应付职工薪酬”账户结构

（六）“累计折旧”账户

固定资产在使用过程中并不改变实物形态，其价值随着使用的磨损逐渐地、部分地转移到所生产产品中去。固定资产在使用期内磨损或转移的价值称为折旧。折旧的实质是在固定资产的使用寿命内,按照确定的方法对应计折旧总额进行的系统分摊。应计折旧总额为固定资产原值扣除预计净残值后的部分。固定资产的折旧方法包括直线法和加速折旧法。折旧方法会影响应提折旧总额在固定资产各使用年限之间的分配结果,从而影响各期的费用水平。

直线法是指按照固定资产的使用时间或完成的工作量平均计提折旧的方法,如在最为常用的年限平均法下,年折旧额为应提折旧总额除以预计使用年限。如一设备原值为310 000元,预计使用5年,预计净残值为10 000元,采用年限平均法折旧,则应提折旧额为310 000－10 000＝300 000(元),该设备的年折旧额为300 000÷5＝60 000(元)。

"累计折旧"是(资产类)备抵账户,核算企业固定资产折旧总额。记账方向与一般资产类账户相反。该账户借方登记因固定资产减少而相应减少的磨损或转移的价值,贷方登记固定资产磨损或转移的价值;期末贷方余额,表示固定资产累计磨损或转移的价值。累计折旧账户T形账户见第五章。"固定资产"账户的借方余额(现有固定资产的原始价值)减去"累计折旧"账户贷方余额即为现有固定资产净值。

(七)"其他应收款"账户

在连续经营中,各种耗费应分期计算,分期考核经营成果,但往往会出现费用支付期与归属期不一致的情况。已经支付,但在当期或以后各期受益,并按受益情况由各期费用负担的支出称为待摊费用,如预付报刊订阅费、预付保险费、预付租入固定资产租金等。预先计入当期,但尚未支付的项目称为预提费用。为严格划清费用的受益期限,以便正确计算各期的成本费用和经营成果,需要设置"其他应收款"和"其他应付款"账户。对于先支付后受益的项目,在"其他应收款"账户中核算;对于先受益后支付的项目,在"其他应付款"账户中核算。

"其他应收款"账户是资产类账户,核算企业除应收票据、应收账款、预付账款、应收股利、应收利息、长期应收款等以外的其他各种应收款项。该账户借方记增加,登记企业发生其他各种应收、暂付款项;贷方记减少,登记企业收回或转销的其他各种应收、暂付款项。期末余额一般为借方余额,表示其他应收款尚未收到的金额。"其他应收款"账户结构如图6-13所示。

借　　　　其他应收款	贷
发生的其他各种应收、暂付款项	收回或转销的其他各种应收、暂付款项
期末尚未收到的其他各种应收、暂付款项金额	

图6-13 "其他应收款"账户结构

(八)"其他应付款"账户

"其他应付款"账户是负债类账户,用于核算已经计入成本费用但尚未支付费用情况。该账户贷方登记已经计入成本费用的各种预提费用,借方登记实际支付的费用;期末一般为贷方余额,表示已经预提但尚未支付的预提费用。如果实际支付额大于已预提费用,也可能出现借方余额，表示应摊销的费用。“其他应付款”账户结构如图 6-14 所示。

借	其他应付款　　贷
支付的其他各种应付、暂收款项	发生的其他各种应付、暂收款项
	期末尚未支付的其他各种应付、暂收款项金额

图 6-14　“其他应付款”账户结构

生产业务的主要经济业务核算如图 6-15 所示。

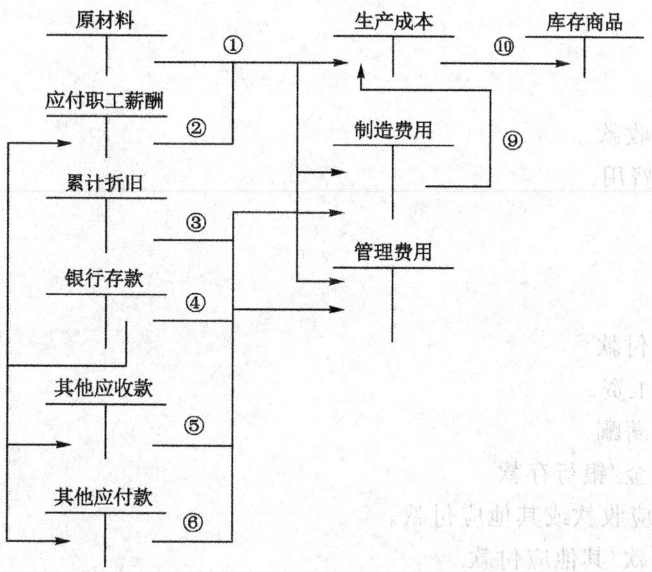

图 6-15　生产业务核算示意图

业务说明及主要会计分录：

① 领用材料。

借：生产成本

　　制造费用

　　管理费用

　贷：原材料

② 结算应付工资（人工费用）。

借：生产成本

　　制造费用

　　管理费用

　贷：应付职工薪酬

③ 计提固定资产折旧。

借：生产成本

　　制造费用

管理费用

贷:累计折旧

④ 支付其他费用。

借:生产成本

制造费用

管理费用

贷:库存现金/银行存款

⑤ 分期摊销待摊费用。

借:生产成本

制造费用

管理费用

贷:其他应收款

⑥ 计提预提费用。

借:生产成本

制造费用

管理费用

贷:其他应付款

⑦ 支付职工工资。

借:应付职工薪酬

贷:库存现金/银行存款

⑧ 支付其他应收款或其他应付款。

借:其他应收款/其他应付款

贷:库存现金/银行存款

⑨ 结转制造费用至生产成本。

借:生产成本

贷:制造费用

⑩ 结转完工入库产品的制造成本。

借:库存商品

贷:生产成本

三、生产业务的账务处理

(一) 材料费用的归集与分配

生产或各部门领用材料时,由领料部门在领料单中填明用途和数量后向仓库领料。仓库发料后将领料凭证转交会计部门。月末,会计部门对领料凭证进行计价,计算出耗用成本,并编制发料凭证汇总表,进行材料发出的成本核算。领用材料会导致原材料项目减少,同时有关成本费用项目增加。具体成本费用项目要根据材料的受益对象来确定,直接用于产品生产的计入生产成本,车间里几种产品共同耗用的计入制造费用,管理部门耗用的计入管理费用。

【例 6-10】 公司据 10 月份有关领料单编制的发料凭证汇总表，如表 6-1 所示。据该表编制有关会计分录。

表 6-1　发料凭证汇总表

领用部门	材料类别				金额合计/元
	A 材料		B 材料		
	数量/千克	金额/元	数量/千克	金额/元	
制造甲产品	100	20 000	200	40 000	60 000
制造乙产品	200	40 000	50	10 000	50 000
生产车间	20	4 000			4 000
行政管理部门			10	2 000	2 000
合计	320	64 000	260	52 000	116 000

这项经济业务的发生，使 A 材料减少了 64 000 元，B 材料减少了 52 000 元，应记入“原材料”账户贷方。同时，相应的成本费用有所增加，应按材料用途进行归集：直接用于制造产品的材料，借记“生产成本”；车间一般耗用，借记“制造费用”；行政管理部门一般耗用，借记“管理费用”。应编制会计分录如下：

借：生产成本——甲产品　　60 000
　　　　　　——乙产品　　50 000
　　制造费用　　4 000
　　管理费用　　2 000
　贷：原材料——A 材料　　64 000
　　　　　　——B 材料　　52 000

（二）人工费用的归集与分配

人工费用即企业发生的职工薪酬，包括工资、奖金、津贴、补贴、各项福利及企业按国家规定应缴纳的社会保险费和住房公积金等。人工费用的核算涉及职工薪酬的计算和工资的发放两项业务。一般月末，企业根据职工当月的工作情况结算出应付给每个职工的薪酬，确定应付职工薪酬总额，并按受益对象即用途，分配进入有关成本费用账户。直接参与产品生产的生产工人薪酬，直接按产品种类进行归集，计入生产成本。几种产品共同发生的职工薪酬，如车间管理人员工资等，计入制造费用。不参与产品制造的其他人员，如行政管理部门的职工薪酬，属于期间费用计入管理费用。需要注意的是，计算人工费用（职工薪酬）和发放工资是两项独立的业务。发放工资仅是企业与职工就应付职工薪酬项目进行结算，不涉及成本费用项目。

【例 6-11】 结算本月应付职工工资 30 000 元，其中，制造甲产品工人工资 18 000 元，制造乙产品工人工资 8 000 元，车间管理人员工资 1 600 元，厂部管理人员工资 2 400 元。

该项业务的发生，导致成本费用项目增加，同时负债类项目应付职工薪酬也增加。直接从事产品生产的工人工资记入“生产成本”账户的借方，车间和厂部管理人员工资属于间接费用和期间费用，分别记入“制造费用”账户的和“管理费用”账户的借方。其会计分录如下：

借：生产成本——甲产品　　18 000
　　　　　——乙产品　　8 000
　　制造费用　　1 600
　　管理费用　　2 400
　贷：应付职工薪酬　　30 000

【例 6-12】 公司以银行存款 30 000 元支付本月职工工资。

本业务为发放工资，公司银行存款减少，同时一项负债——应付职工薪酬也减少，应记在借方，编制分录如下：

借：应付职工薪酬　　30 000
　贷：银行存款　　30 000

（三）制造费用的核算

制造费用是企业为生产产品而发生的各种间接生产费用，包括车间材料的耗用、人工费用、固定资产折旧和其他费用。制造费用与生产成本的区别在于能否直接对象化，计入某项产品的成本。制造费用月底归集完毕后，需要在共同负担的几种产品之间进行分配，最终进入生产成本项目。

【例 6-13】 以银行存款支付本月车间水电费 8 000 元。

由于受益对象为车间，车间里一般生产的产品不止一种，属于间接费用，所以制造费用增加，记在"制造费用"账户的借方，编制会计分录为：

借：制造费用　　8 000
　贷：银行存款　　8 000

【例 6-14】 以现金购买车间办公用品 300 元。

办公用品属于日常消耗物品，一般价值较低，所以一般简化处理，在购入时直接作费用处理。由于该办公用品为车间所使用，所以计入制造费用，编制分录如下：

借：制造费用　　300
　贷：库存现金　　300

【例 6-15】 经计算，计提本月车间固定资产折旧 8 000 元，计提管理部门固定资产折旧 1 000 元。

折旧是使用固定资产而产生的费用，根据固定资产的受益对象，将分别使制造费用和管理费用增加，同时企业的累计折旧也增加。"累计折旧"的记账方向与一般资产类项目相反，应记在贷方，该业务编制会计分录如下：

借：制造费用　　8 000
　　管理费用　　1 000
　贷：累计折旧　　9 000

【例 6-16】 以银行存款 1 200 元预付明年上半年度报纸杂志订阅费。

这项经济业务的发生，使银行存款减少，同时由于是明年上半年度订阅费，不属于本年度费用，而应该在明年开始摊销，应记入"其他应收款"账户。由于是资产类账户，所以增加应记在借方。该业务编制的会计分录如下：

借：其他应收款　　1 000

贷:银行存款　　　　　　　　　　　　　　　　　　　　　1 000

【例 6-17】　摊销本月生产车间租用的厂房租金 2 000 元。

由于该租金已在前期支付过,该项业务的发生只是把应计入本期制造费用的部分做出,同时企业的其他应收款相应减少,应记在贷方。本业务编制会计分录如下:

借:制造费用　　　　　　　　　　　　　　　　　2 000

　贷:其他应收款　　　　　　　　　　　　　　　　　　2 000

【例 6-18】　假设企业本月份共发生制造费用 24 000 元,根据甲、乙产品的生产工时比例,编制制造费用分配表如表 6-2 所示。

表 6-2　制造费用分配表

分配对象		生产工时	分配率	分配金额/元
生产成本	甲产品	24 000	0.6	14 400
	乙产品	16 000	0.6	9 600
合计		40 000		24 000

其中,分配率用分配对象制造费用总额 24 000 除以分配标准即工时总额 40 000 得到。然后分别用甲产品和乙产品的生产工时与分配率相乘得到分配后的金额。经过分配后,共同负担的制造费用分别进入甲、乙两种产品的生产成本。编制会计分录如下:

借:生产成本——甲产品　　　　　　　　　　　　14 400

　　　　　——乙产品　　　　　　　　　　　　9 600

　贷:制造费用　　　　　　　　　　　　　　　　　　24 000

（四）完工产品的结转

生产成本在归集了无须分配的直接材料和人工费用后,又转入分配进入的制造费用。最后将产品归集的全部直接和间接费用,采用一定的方法在完工产品和在产品之间分配。完工产品验收入库后,完工产品的生产成本转出作为库存商品的入账价值,生产成本的借方余额则表示尚未完工产品即在产品的生产成本。

【例 6-19】　经计算,本月完工产品甲产品 30 000 元、乙产品 20 000 元,验收入库。

完工产品验收入库后,将其实际生产成本从“生产成本”贷方转入“库存商品”借方。编制会计分录如下:

借:库存商品——甲产品　　　　　　　　　　　　30 000

　　　　　——乙产品　　　　　　　　　　　　20 000

　贷:生产成本——甲产品　　　　　　　　　　　　　　30 000

　　　　　　——乙产品　　　　　　　　　　　　　　20 000

四、发出存货计价方法

企业的各项存货,由于购进时的情况不同,会形成不同的存货成本。在发出存货时,就会涉及存货的具体单价问题。发出存货的计价方法不同,将会直接关系到发出存货的成本、当期利润和期末结存存货的账面价值。现有的发出存货计价方法都是建立在某一存货流转假设基础之上的,存货流转假设是指理论上存货成本的结转顺序,而非实物的搬运顺序。目前我国现行会计准则允许使用的方法包括先进先出法、加权平均法、移动加权平均法和个别计价法。

(一) 先进先出法

先进先出法假定先购入的存货应先发出(销售或耗用),以此计算发出存货成本和期末存货成本。在该种方法下,收入存货时,应逐笔登记收入存货的数量、单价和金额;发出存货时,按照先进先出的原则逐笔登记存货的发出成本和结存金额。

【例 6-20】 假设某企业甲材料 2023 年 12 月份的相关资料如表 6-3 所示,请使用先进先出法计算当月发出材料成本和结存材料成本。为了简化计算,假设该材料的采购成本中只有买价。

表 6-3 甲材料购进、发出及结存的资料 单位:元

2023 年		摘要	收入			发出			结存		
月	日		数量	单价	金额	数量	单价	金额	数量	单价	金额
12	1	期初							100	10	1 000
12	6	购进	200	10.5	2 100				300		
12	10	发出				200			100		
12	15	购进	400	11	4 400				500		
12	25	发出				200			300		
12	31	合计	600		6 500	400			300		

按照先进先出法,计算过程如下:

12 月 10 日,发出材料的成本为:100×10+100×10.5=2 050(元)。

12 月 25 日,发出材料的成本为:100×10.5+100×11=2 150(元)。

当月发出材料的成本为:2 050+2 150=4 200(元)。

12 月 31 日,结存材料的成本为:1 000+6 500-4 200=3 300(元)。

先进先出法的特点是可以随时结转存货发出成本,期末存货的账面价值比较接近最新市价,但计算工作量较大。在物价持续上升时,发出成本偏低,会高估企业当期利润和库存存货价值;反之,会低估企业存货价值和当期利润。

(二) 后进先出法

后进先出法假定后购入的存货应先发出(销售或耗用),以此计算发出存货成本和期末存货成本。在该种方法下,收入存货时,应逐笔登记收入存货的数量、单价和金额;发出存货时,按照后进先出的原则逐笔登记存货的发出成本和结存金额。我国新会计准则未建议使用后进先出法。

【例 6-21】 根据例 6-20 的资料,采用后进先出法计算当月发出材料成本和结存材料成本。按照计算过程如下:

12 月 10 日,发出材料的成本为:200×10.5=2 100(元)。

12 月 25 日,发出材料的成本为:200×11=2 200(元)。

当月发出材料的成本为:2 100+2 200=4 300(元)。

12 月 31 日，结存材料的成本为：1 000＋6 500－4 300＝3 200(元)。

后进先出法的特点是可以随时结转存货发出成本，本期发出的存货价值比较接近最新市价，但计算工作量较大。采用后进先出法计算的期末存货额，在物价波动较大的情况下，与市价偏离较大，不能反映当时存货的实际成本。

（三）加权平均法

加权平均法是仅在期末计算本期可供销售的存货平均成本，以此计算发出存货的成本。该法具体是指以当月全部购进数量加上月初结存数量作为权数，去除当月全部购进成本加上月初结存成本，计算出存货的加权平均单位成本，以此为基础计算当月发出存货成本和期末存货成本的一种方法。计算公式如下：

存货单位成本＝[月初结存存货成本＋$\sum$(本月各批购进的实际单位成本×本月各批购进的实际数量)]÷(月初结存的数量＋本月各批购进数量之和)

本月发出存货的成本＝本月发出存货的数量×存货单位成本

本月月末存货成本＝月末存货的数量×存货单位成本

或：

本月月末存货成本＝月初存货的实际成本＋本月收入存货的实际成本－本月发出存货的实际成本。

【例 6-22】 根据例 6-20 的资料，采用一次加权平均法计算当月发出材料成本和结存材料成本。

材料单位成本＝(1 000＋6 500)÷(100＋200＋400)＝10.71(元)。

12 月份发出材料成本＝10.71×400＝4 284(元)。

12 月份结存材料成本＝1 000＋6 500－4 284＝3 216(元)。

一次加权平均法只在月末一次计算加权平均单位成本，又称全月一次加权平均法。该方法虽然有助于减少工作量，并且计算出来的单位成本对存货成本的分摊较为折中，但是，该方法平时只记录发出存货的数量而不记录金额，不能随时提供存货的账面价值数据。

（四）移动加权平均法

移动加权平均法克服了加权平均法下不能随时提供存货单位成本的缺陷，在每次进货后都要重新计算一次全部可供销售的存货加权平均成本，即以每次进货后全部可供销售的存货实际成本除以存货数量，并以此单位成本计算发出存货成本。具体计算公式如下：

存货单位成本＝(购入前存货成本＋本次购进存货的成本)÷(购入前库存数量＋本次购进数量)

本次发出存货的成本＝本次发出存货的数量×本次发出前存货的单位成本

本月月末存货成本＝月末存货的数量×本月月末存货单位成本

【例 6-23】 根据例 6-20 的资料，采用移动加权平均法计算当月发出材料成本和结存材料成本。

12 月 6 日购进了材料，应做如下计算：

材料单位成本＝(1 000＋2 100)÷(100＋200)＝10.33(元)。

在下一次购进材料前，应该以此单位成本作为计算发出成本及结存成本的依据。

12 月 10 日发出材料成本＝10.33×200＝2 066(元)，结存材料成本＝1 000＋2 100－2 066＝1 034(元)。

12 月 15 日购进材料，再次计算材料的加权平均成本：

材料单位成本＝(1 034＋4 400)÷(100＋400)＝10.87(元)。

12 月 25 日发出材料成本＝10.87×200＝2 174(元)。

结存材料成本为 1 034＋4 400－2 174＝3 260(元)。

因此，本月份共发出材料 4 240 元(2 066＋2 174)，结存材料 3 260 元。

移动加权平均法能使管理者及时了解存货的结存情况，并且计算的平均单位成本以及发出和结存的存货成本比较客观。但是，该方法每次收货都要计算一次平均单位成本，计算工作量较大，对收发货较频繁的企业不适用。

(五) 个别计价法

个别计价法是假设存货具体项目的实物流转与成本流转相一致，需要逐一辨认发出存货和期末存货隶属的购进批别(生产批别)，分别按其购入或生产时所确定的单位成本计算各批发出存货和期末存货成本的方法。该种方法最为客观、准确，但是需要逐一辨认各批次存货实际的单位成本，手工核算情况下适用于容易识别、存货品种数量不多、单位成本较高的存货计价，例如珠宝、名画等贵重物品。在如今条码技术的支持下，该方法得到了较为广泛的应用。

第三节 销售业务的会计处理

一、销售业务核算的主要内容

从产成品完工验收入库起到销售给购买方为止，是企业的销售过程。商品销售过程是制造企业产品价值的实现过程。销售过程中，企业一方面按合同规定向购货单位提供产品；另一方面要与购货单位办理结算，收取货款，计算商品销售收入，计算商品的销售成本，支付各种销售费用，如运输费、包装费、广告费等，使企业的成本和费用从销售收入中得到补偿。此外，企业还需按照国家税法规定计算缴纳相关税金。所以，销售过程的主要经济业务是：确认销售收入并结算货款，按配比原则确定产品的销售成本、销售费用和税金及附加。

二、销售业务核算账户设置

为了全面核算销售业务，需设置反映销售情况和反映款项结算的账户。

(一) 反映销售情况的账户

1.“主营业务收入”账户

“主营业务收入”账户是损益类账户，用以核算企业销售产品和提供工业性劳务等收入。该账户贷方登记已实现的商品销售收入额，借方登记商品销售退回和销售折让的冲减金额。期末应将本账户贷方发生额自借方转入“本年利润”账户，结转后本账户期末无余额。该账户可按主营业务种类进行明细分类核算。“主营业务收入”账户结构如图 6-16

所示。

借　　　　主营业务收入	贷
商品销售退回和销售折让的冲减金额 期末转入本年利润的净收入	实现的商品销售收入

图 6-16　“主营业务收入”账户结构

2.“主营业务成本”账户

“主营业务成本”账户是损益类账户，用来核算企业销售产品和提供工业性劳务等的成本。该账户借方登记已销产品的实际成本，贷方登记商品销售退回冲减的成本。期末应将本账户借方发生额自贷方转入“本年利润”账户，结转后本账户无余额。该账户可按主营业务种类进行明细分类核算。“主营业务成本”账户结构如图 6-17 所示。

借　　　　主营业务成本	贷
已销产品的实际成本	商品销售退回冲减的成本 期末转入本年利润的实际成本

图 6-17　“主营业务成本”账户结构

3.“销售费用”账户

“销售费用”账户是损益类账户，用来核算企业销售商品和材料、提供劳务过程中发生的各种费用，包括保险费、包装费、展览费和广告费、商品维修费、运输费、装卸费等，以及为销售本企业商品而专设的销售机构的职工薪酬、业务费、折旧费等经营费用。该账户借方登记发生的各种销售费用，期末将本期发生额自贷方转入“本年利润”账户的借方，结转后本账户无余额。“销售费用”账户结构如图 6-18 所示。

借　　　　销售费用	贷
发生的各种销售费用	期末转入本年利润的销售费用

图 6-18　“销售费用”账户结构

4.“税金及附加”账户

“税金及附加”账户是损益类账户，用来核算企业日常经营应负担的税金及附加，包括消费税、城市维护建设税、资源税、土地使用税、房产税、车船税和教育费附加等。该账户的借方登记按规定计算的已销商品应负担的税金，期末将借方归集的发生额自贷方转入“本年利润”账户的借方，结转后本账户无余额。“税金及附加”账户结构如图 6-19 所示。

借　　　　税金及附加	贷
已销商品应负担的税金	期末转入本年利润的税金及附加

图 6-19　“税金及附加”账户结构

需要注意的是，该账户的核算范围不包括价外税增值税和所得税（“所得税费用”）。

（二）反映款项结算的账户

由于结算方式不同，销售收入确认的时间与货款的结算时间可能不一致。如果款项的收取在销售之后(赊销),则需设置"应收账款"账户;如果款项的收取在销售之前,则需设置"预收账款"账户。同时,为了核算应缴纳的各种税金(包括增值税),还需要设置"应交税费"账户。

1. "应收账款"账户

"应收账款"账户为资产类账户,核算企业因销售产品或提供劳务与购货单位或接受劳务单位发生的债权。该账户借方表示增加,登记应向购货单位收取的销货款;贷方表示减少,登记收回的销货款;借方余额表示购货单位暂欠的货款。该账户应按购货单位设置明细账。"应收账款"账户结构如图 6-20 所示。

借　　　　　　　　应收账款	贷
应向购货单位收取的销货款	收回的销货款
期末购货单位暂欠的货款	

图 6-20 "应收账款"账户结构

2. "预收账款"账户

与"应收账款"账户相反,"预收账款"表示预先收取客户的货款,日后需要提供商品或劳务,属于负债类账户,因而贷方表示增加,登记预收购买单位的款项;借方表示减少,登记企业销售产品或者提供劳务抵偿的预收货款;期末贷方余额表示已预收但尚未提供产品或劳务偿付的款项,该账户也有可能出现借方余额。该账户应按销货单位设置明细账。"预收账款"账户结构如图 6-21 所示。

借　　　　　　　　预收账款	贷
销售产品或者提供劳务抵偿的预收货款	预收购买单位的款项
	已预收但尚未提供产品或劳务偿付的款项

图 6-21 "预收账款"账户结构

销售业务的主要经济业务核算如图 6-22 所示(未显示增值税)。

业务说明及主要会计分录:

① 预收货款存入银行。

借:银行存款

　贷:预收账款

② 销售商品货款存入银行、货款未收回或发出预收货款的商品。

借:银行存款/应收账款/预收账款

　贷:主营业务收入

③ 收回应收账款。

借:银行存款

　贷:应收账款

④ 以银行存款支付销售费用。

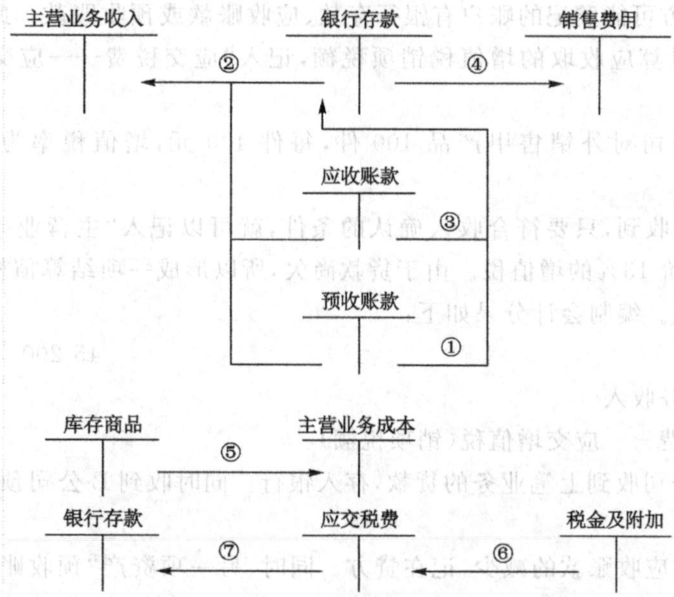

图 6-22　销售业务核算示意图

借:销售费用

　贷:银行存款

⑤ 结转已销商品的销售成本。

借:主营业务成本

　贷:库存商品

⑥ 结算应交的税金及附加。

借:税金及附加

　贷:应交税费

⑦ 以银行存款缴纳税金。

借:应交税费

　贷:银行存款

三、销售业务的账务处理

(一) 销售收入的确认

按现行会计准则规定,企业应当在履行了合同中的履约义务,即在客户取得相关商品控制权时,确认收入。取得相关商品控制权是指能够主导该商品的使用并从中获得几乎全部的经济利益。当企业与客户之间的合同同时满足下列条件时,企业应当在客户取得相关商品控制权时确认收入:① 合同各方已批准该合同并承诺将履行各自义务;② 该合同明确了合同各方与所转让商品或提供劳务相关的权利和义务;③ 该合同有明确的与所转让商品相关的支付条款;④ 该合同具有商业实质,即履行该合同将改变企业未来现金流量的风险、时间分布或金额;⑤ 企业因向客户转让商品而有权取得的对价很可能收回。

销售收入实现时直接记入"主营业务收入"账户的贷方。同时,由于结算时间与收入结算时间的不同，借方可能登记的账户有银行存款、应收账款或预收账款。此外，还要根据不含税售价的13%计算应收取的增值税销项税额，记入“应交税费——应交增值税”账户的贷方。

【例6-23】 公司对外销售甲产品100件，每件400元，增值税率为13%，货款尚未收到。

不论货款是否收到，只要符合收入确认的条件，就可以记入“主营业务收入”账户的贷方。同时，计算售价13%的增值税。由于货款尚欠，所以形成一项结算债权“应收账款”，其金额为价税合计数。编制会计分录如下：

借：应收账款	45 200	
贷：主营业务收入		40 000
应交税费——应交增值税（销项税额）		5 200

【例6-24】 公司收到上笔业务的货款，存入银行。同时收到B公司预付的货款40 000元支票。

收回货款导致应收账款的减少，记在贷方。同时，另一项资产“预收账款”增加，记在贷方。编制的会计分录如下：

借：银行存款	45 200	
贷：应收账款		45 200
借：银行存款	40 000	
贷：预收账款		40 000

【例6-25】 公司向B公司发出乙产品200件，每件150元，增值税率为13%，同时公司以现金形式代垫运费2 000元，结算后将余款退回B公司。

发出产品符合收入确认的条件，记入“主营业务收入”账户的贷方，同时计算销项税额记入“应交税费——应交增值税”账户的贷方。价税合计与发生的运费都是从先前B公司的预付账款40 000元中扣除，该项资产项目减少，记在借方。最后，差额以银行存款的形式返回B公司。编制会计分录如下：

借：预收账款	40 000	
贷：主营业务收入		30 000
应交税费——应交增值税（销项税额）		3 900
库存现金		2 000
银行存款		4 100

（二）销售成本的结转

销售成本的确认和计量，依据收入与费用的配比原则，即依据直接配比方式，将销售一定数量产品的制造成本与该产品的销售收入配比；销售费用和税金及附加依据期间配比方式，将一定期间发生的费用与该期间的收入相配比。

【例6-26】 本月所销售的甲产品成本为每件350元，乙产品成本为每件120元。

本月共销售甲产品100件、乙产品200件。由于发出商品，企业的库存商品减少，这部分减少的价值就成为主营业务成本。编制会计分录如下：

借：主营业务成本	59 000	

贷：库存商品——甲产品　　　　35 000

　　　　　　——乙产品　　　　24 000

（三）销售费用的核算

销售费用属于期间费用，应在发生时直接记入“销售费用”账户。

【例 6-27】　公司为销售商品发生广告费 3 000 元、运输费 2 000 元，均以银行存款支付。

广告费和运输费都属于商品的销售费用。该项业务发生导致销售费用增加、银行存款减少。编制的会计分录如下：

借：销售费用　　　　5 000

　贷：银行存款　　　　5 000

【例 6-28】　本月，公司专设的商品经营部发生人员工资 4 000 元，固定资产折旧 1 500 元。

专设销售机构的经费也属于销售费用，该项业务导致销售费用增加的同时，负债类项目“应付职工薪酬”和固定资产的备抵账户“累计折旧”也相应增加，两者均记在贷方。编制的会计分录如下：

借：销售费用　　　　5 500

　贷：应付职工薪酬　　　　4 000

　　　累计折旧　　　　1 500

（四）税金及附加的计算及缴纳

“税金及附加”核算属于价内税核算范围的各种税金，不包括增值税。一般是月末计算出当月应交数，至下月初缴纳，也有一些纳税大户是月内分期预交，月末结算。由于计算时间和缴纳时间不一致，当计算税金时，当月费用项目“税金及附加”增加，同时负债项目“应交税费”也增加。而缴纳税金时，仅结算“应交税费”债务，并不涉及当期损益。

【例 6-29】　经计算，公司本月应缴纳消费税 3 000 元。

这项经济业务的发生，一方面表示企业费用项目“税金及附加”项目增加，另一方面，计算出的税金未交，使企业负债项目“应交税费”增加。应编制会计分录如下：

借：税金及附加　　　　3 000

　贷：应交税费　　　　3 000

【例 6-30】　以银行存款 3 000 元缴纳上项税款。

这项经济业务的发生，并不涉及费用的变化，只是企业与税务部门之间债权债务的结算。银行存款减少，同时税款的缴纳也使“应交税费”项目减少，应记入其账户借方。该业务编制的会计分录如下：

借：应交税费　　　　3 000

　贷：银行存款　　　　3 000

本章小结

制造企业营运业务处理包括采购业务、生产业务和销售业务的账务处理。

采购业务核算主要内容是材料采购成本。采购成本包括材料的买价和各种采购费用。发生采购成本时在“在途物资”借方进行归集，同时贷方根据结算的具体方式分别计入“应付账款”“预付账款”等科目。材料验收入库后，将采购成本从“在途物资”的贷方转入“原材料”账户借方。固定资产成本的归集一般通过“在建工程”项目。

生产业务核算的主要内容：一是生产耗费的归集与分配，二是完工产品成本的计算。发生各种成本费用时，借记有关成本费用项目，贷方根据耗费形式进行登记；产品完工入库时，“生产成本”借方归集的全部生产成本需在完工产品和在产品之间进行分配，将完工产品成本从贷方转出，作为库存商品的入账价值。存货发出计价方法主要有先进先出法、加权平均法、移动加权平均和个别计价法。

销售业务核算的主要内容：确认销售收入并结算货款，按配比原则确定产品的销售成本、销售费用和营业税金。符合收入确认标准时，贷记“主营业务收入”，根据结算方式的不同借记“应收账款”“预收账款”。同时，将商品实际成本从“库存商品”贷方转入“主营业务成本”借方。

【案例讨论】

增值税是以商品(含应税劳务)在流转过程中产生的增值额作为计税依据而征收的一种流转税。我国自 1979 年开始试行增值税，并且于 1984 年和 1993 年进行了两次重要改革，现行的增值税制度是以 1993 年 12 月 13 日国务院颁布的《中华人民共和国增值税暂行条例》为基础的。1994 年 1 月 1 日至 2011 年 12 月 31 日，增值税税率一直比较稳定，主要维持了 17%、13%和零税率三档基本税率。2012 年 1 月 1 日至 2017 年 11 月 19 日，营业税改征增值税导致增值税税率开始发生变化，在 17%标准税率和 13%低税率基础上，新增 11%和 6%两档低税率。2017 年 7 月 1 日至今，增值税税率的不断减并和下调，2023 年税率为 13%、9%、6%三档税率。

企业所得税是在中华人民共和国境内，对企业和其他取得收入的组织的生产经营所得和其他所得征收的一种所得税。企业所得税经历了一系列调整和修改，原企业所得税暂行条例规定，企业所得税税率是 33%，另有两档优惠税率。新企业所得税法规定法定税率为 25%，内资企业和外资企业一致，国家需要重点扶持的高新技术企业为 15%，小型微利企业为 20%，非居民企业为 20%。

减税降费是指国家实施的税收减免政策和降低企业或个人费用负担的政策。“减税”指通过税收减免措施降低纳税人负担，主要涉及增值税、企业所得税、个人所得税等税种；“降费”指降低费用负担，涉及行政事业性收费收入、政府性基金收入和社会保险基金缴费。

我国税费优惠政策步步加力、不断扩围。从“减税降费”到“减税降费＋缓税缓费”再到“减税降费＋缓税缓费＋留抵退税”，2013—2022 年，累计新增减税降费和退税缓税缓费超 13 万亿元。

为了进一步激发企业活力，我国从 2018 年开始逐步推出大规模的减税降费政策。2018 年，全年减税降费约 1.3 万亿元。2019 年，全年减税降费 2.36 万亿元，占国民生产总值的比重超过 2%，拉动全年国民生产总值增长约 0.8 个百分点，其中新增减税 1.93 万亿元。2020 年，全年新增减税降费超过 2.5 万亿元，为 399 万户纳税人办理延期缴纳税款 292 亿元。2021 年，全年新增减税降费约 1.1 万亿元，为制造业中小微企业办理缓缴税费 2 162 亿元，为煤电和供热企业办理“减、退、缓”税271亿元，企业提前享受研发费用加计扣除政策减免税额3 333亿元，累计为3.1万户制造业企业办理留抵退税1 322亿元。2022年，推出组合式税费支持政策，全年新增减税降费及退税缓税缓费超4.2万亿元，其中累计退到纳税人账户的增值税留抵退税款2.46万亿元、新增减税降费超1万亿元、缓税缓费超7 500亿元。2023年上半年，全国新增减税降费及退税缓费9 279亿元。分政策看，月销售额10万元以下的小规模纳税人免征增值税政策新增减税2 148亿元，小规模纳税人征收率由3%降至1%政策新增减税822亿元，小型微利企业减征所得税政策新增减税793亿元，继续实施阶段性降低失业保险费率政策新增降费787亿元。

请结合以上资料，回答以下问题：

1. 请查找世界各国的增值税和企业所得税的税率并进行比较，分析税率制定的主要依据。

2. 我国持续减税降费的目的是什么？具有哪些重要意义？

思考与练习

一、单项选择题

1. 下列费用中，不应计入产品成本的有(　　)。

A. 直接材料　　B. 直接人工

C. 管理费用　　D. 制造费用

2. 应收账款账户的期初余额为借方2 000元，本期借方发生额1 000元，本期贷方发生额8 000元，则该账户期末余额为(　　)。

A. 借方3 000元　　B. 贷方8 000元

C. 借方5 000元　　D. 贷方5 000元

3. 企业购进材料发生的运杂费等采购费用，应计入(　　)。

A. 管理费用　　B. 财务费用

C. 材料采购成本　　D. 材料买价

4. 企业为生产产品发生的各项间接费用，应首先归集在(　　)账户。

A. 在建工程　　B. 生产成本

C. 预提费用　　D. 制造费用

5. 销售收入的入账金额一般按销售产品的(　　)确认。

A. 进价　　B. 售价

C. 已售产品的生产成本　　D. 产品销售成本

6. 某公司3月1日结存甲材料200千克，每千克实际成本为100元。该公司3月2日和3月18日分别购入甲材料400千克和200千克，每千克实际成本分别为110元和112元。3月5日和3月26日分别发出甲材料200千克和300千克。该公司采用全月一次加权平均法核算存货发出的计价，则该公司甲材料期末结存的实际成本是(　　)元。

A. 33 000　　B. 32 400

C. 30 000　　D. 33 600

7. 下列各项中，在“在途物资”账户的贷方核算的是（   ）。

A. 已验收入库物资应结转的实际采购成本

B. 登记购入材料的买价

C. 登记购入材料的采购费用

D. 在途材料的采购成本

8. 某企业为增值税一般纳税人，购入材料一批，增值税专用发票上标明的价款为100万元，增值税税额为13万元，另支付材料的保险费2万元、包装物押金5万元。该批材料的采购成本为（   ）万元。

A. 100　　B. 102

C. 107　　D. 120

9. 某企业只生产和销售甲产品，4月1日期初在产品成本3.5万元。4月份发生如下费用：领用材料6万元，生产工人工资2万元，制造费用1万元，行政管理部门物料消耗1.5万元，专设销售机构固定资产折旧费0.8万元。月末在产品成本3万元。该企业4月份完工甲产品的生产成本为（   ）万元。

A. 9　　B. 9.5

C. 8.3　　D. 11.8

10. 下列科目中与“制造费用”科目不可能发生对应关系的是“（   ）”。

A. 生产成本　　B. 本年利润

C. 原材料　　D. 应付职工薪酬

二、多项选择题

1. 企业发生的下列税费中，应记入“税金及附加”账户的有（   ）。

A. 消费税　　B. 教育费附加

C. 所得税　　D. 增值税

2. 下列不能计入存货采购成本的有（   ）。

A. 装卸费　　B. 仓储费

C. 运输费　　D. 非正常消耗的直接材料费

3. 下列各项中，在“生产成本”账户的借方核算的有（   ）。

A. 直接材料费　　B. 直接人工费

C. 完工入库产成品应结转的生产成本　　D. 期末尚未加工完成的在产品成本

4. 下列各项中应该计入制造费用核算的有（   ）。

A. 生产车间固定资产折旧　　B. 生产车间固定资产修理费

C. 生产工人职工薪酬　　D. 生产车间水电费

5. 不能够计入产品成本的工资费用是（   ）。

A. 车间管理人员的工资　　B. 在建工程人员工资

C. 专设销售机构人员工资　　D. 企业管理部门人员工资

6. 下列属于期间费用的是（   ）。

A. 制造费用　　B. 管理费用

C. 财务费用　　D. 销售费用

第七章　利润形成与分配的会计处理

【学习目标】

(1) 掌握利润形成的业务核算。

(2) 掌握利润分配的业务核算。

(3) 理解利润计算和分配过程及步骤。

【学习重点与难点】

(1) 利润形成及分配的业务核算。

(2) 本年利润、利润分配的业务核算。

【引导案例】

历史反复证明,每当发生金融危机,金融界总要寻找替罪羊,而会计往往是首选的对象。2008 年的全球性金融危机也不例外。

在这次危机中遭受重创的华尔街,首先把矛头指向公允价值会计。损失惨重的华尔街金融巨头认为,金融危机愈演愈烈,政府救市无功而返,公允价值会计起到了推波助澜的坏作用,为此,他们强烈呼吁国会向准则制定机构施加压力,暂停甚至放弃公允价值会计。

以美国会计准则委员会(FASB)和国际会计准则理事会(IASB)为代表的准则制定机构基于专业的角度进行反驳,指出公允价值比历史成本更加透明,将金融危机对不同金融机构的差异化影响暴露无遗,既有助于投资者评价其投资组合的风险,也有利于监管部门及时采取化解风险的纾困措施。金融界要求废止公允价值会计,罔顾投资者的信息需求,是不负责任的做法。

最终,迫于外部压力,准则制定部门被迫妥协,IASB 于 2008 年 10 月将原本采用公允价值计量的交易类和可供出售类金融资产进行重新分类,改用摊余成本计量,或将本应计入当期损益的公允价值变动损失计入股东权益。2009 年,FASB 也被迫做出妥协:一是允许金融机构采用内部模型法而不是公开市场法,对金融危机导致活跃市场缺失的金融资产进行计量;二是允许金融机构将属于非信用风险因素导致的金融资产减值计入其他综合收益,而不是计入当期损益。

后金融危机时代推动公允价值会计进入改革阶段(2009 年至今)。随着金融在经济发展中扮演越来越重要的角色,随着信息技术进步不断迭代和商业模式创新日新月异,随着估值理论和估值模型不断改进，历经金融危机和行政干预“洗礼”的公允价值会计必将日臻完善。

请结合本章利润的形成过程进行思考，公允价值变动如何影响利润？公允价值会计为什么成为2008年全球性金融危机中的替罪羊？

第一节　利润形成的会计处理

一、利润形成业务的核算内容

利润是企业在一定会计期间内所取得的经营成果，它是将一定期间的各项收入与各项费用支出相抵后形成的最终经营成果。当收入大于费用时，两者相减为正数，表明企业获得盈利；当收入小于费用时，两者相减为负数，表明企业形成亏损。利润主要包括营业利润、营业外收支净额，等等。营业利润是由企业经营活动所形成的，是企业利润的主要来源，在企业利润总额中所占比重最大，是营业收入（主营业务收入、其他业务收入）减去营业成本（主营业务成本、其他业务成本）、税金及附加、销售费用、财务费用、管理费用后的余额。营业外收支净额是指与企业生产经营没有直接关系的各种营业外收入减去营业外支出后的净额。利润（盈利）形成后，必须按税法规定的税率缴纳企业所得税。对于企业而言，企业所得税是取得利润的一种必然开支，可将其视为一种费用。利润形成的关系式可以分步表示如下：

营业利润＝营业收入－营业成本－税金及附加－销售费用－管理费用－财务费用

利润总额＝营业利润＋营业外收入－营业外支出

净利润＝利润总额－所得税费用

二、利润形成业务的账户设置

为了核算利润形成业务，应设置“本年利润”账户。此外，与利润形成业务相联系的账户还有“营业外收入”“营业外支出”等。

（一）“本年利润”账户

“本年利润”账户是所有者权益类账户，核算企业当期实现的净利润（或发生的净亏损）。该账户借方登记期末转入的各损益类账户中的费用部分，贷方登记期末转入的各损益类账户中的收入部分。期末将该账户的借方发生额和贷方发生额相抵后，结出本期实现的净利润，转入“利润分配”账户，如为盈利，借记“本年利润”账户，贷记“利润分配”账户；如为亏损，则做相反的会计分录。结转后，本账户应无余额。“本年利润”账户结构如图7-1所示。

借　　　本年利润	贷
转入的当期主营业务成本、其他业务成本、税金及附加、管理费用、销售费用、财务费用、投资损失、公允价值变动损失、营业外支出、所得税费用等	转入的当期主营业务收入、其他业务收入、投资收益、公允价值变动收益、营业外收入等

图7-1　“本年利润”账户结构

（二）"营业外收入"账户

"营业外收入"账户是损益类账户，核算企业发生的与其经营活动无直接关系的各项收入，主要包括非流动资产处置利得、非货币性资产交换利得、盘盈利得、捐赠利得等。该账户贷方登记企业确认的营业外收入，借方登记冲减的营业外收入。期末，将"营业外收入"账户余额转入"本年利润"账户，结转后本账户应无余额。该账户应当按照营业外收入项目进行明细核算。"营业外收入"账户结构如图 7-2 所示。

借　　　　营业外收入	贷
冲减的营业外收入 期末转入"本年利润"的营业外收入	发生的营业外收入

图 7-2　"营业外收入"账户结构

（三）"营业外支出"账户

"营业外支出"账户是损益类账户，核算企业发生的与其经营活动无直接关系的各项支出，主要包括非流动资产处置损失、非货币性资产交换损失、公益性捐赠支出、非常损失、盘亏损失等。该账户借方登记企业确认的营业外支出，贷方登记冲减的营业外支出。期末，将"营业外支出"账户余额转入"本年利润"账户，结转后本账户应无余额。该账户应当按照营业外支出项目进行明细核算。"营业外支出"账户结构如图 7-3 所示。

借　　　　营业外支出	贷
确认的营业外支出	冲减的营业外支出 期末转入"本年利润"的营业外支出

图 7-3　"营业外支出"账户结构

（四）"所得税费用"账户

"所得税费用"账户是损益类账户，核算企业确认的应从当期利润总额中扣除的所得税费用。该账户借方登记企业已经确认的所得税费用，贷方登记期末转入"本年利润"账户的所得税费用，结转后本账户无余额。"所得税费用"账户结构如图 7-4 所示。

借　　　　所得税费用	贷
计算的企业所得税费用	转入"本年利润"

图 7-4　"所得税费用"账户结构

三、利润形成业务核算中的账户关系图

利润形成的主要业务核算，可用账户关系图 7-5 表示。

业务说明：

① 期末结转本期各项成本费用。

借：本年利润

　贷：主营业务成本

　　　税金及附加

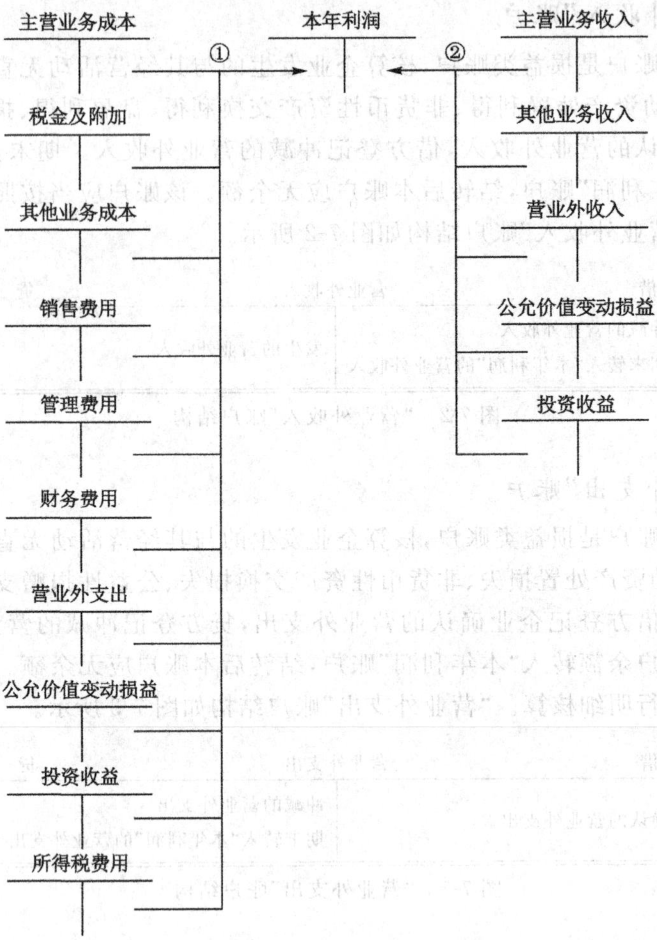

图 7-5　利润形成业务核算示意图

其他业务成本
销售费用
管理费用
财务费用
营业外支出
公允价值变动损益
投资收益
所得税费用

② 期末结转本期各项收入。

借：主营业务收入
其他业务收入
营业外收入
公允价值变动损益
投资收益

贷:本年利润

四、利润形成业务的账务处理

以下举例说明利润形成业务的主要账务处理。

山海公司 2023 年 12 月发生的部分业务如下:

【例 7-1】 31 日,经批准,将没收出租包装物的押金 2 300 元转作营业外收入。

这项经济业务的发生,一方面使其他应付款减少了 2 300 元,另一方面使营业外收入增加了 2 300 元,因此涉及"其他应付款""营业外收入"两个账户。其他应付款减少,借记"其他应付款"账户;营业外收入增加,贷记"营业外收入"账户。此项经济业务的会计分录如下:

借:其他应付款　　2 300

　贷:营业外收入　　2 300

【例 7-2】 31 日,以现金支付税收滞纳金 300 元。

这项经济业务的发生,一方面使现金减少了 300 元,另一方面使营业外支出增加了 300 元,因此涉及"库存现金""营业外支出"两个账户。库存现金减少,贷记"库存现金"账户;营业外支出增加,借记"营业外支出"账户。此项经济业务的会计分录如下:

借:营业外支出　　300

　贷:库存现金　　300

【例 7-3】 31 日,将各项损益类账户结转至"本年利润"账户。

假设结转前,"主营业务收入"账户、"其他业务收入"账户、"营业外收入"账户、"投资收益"账户贷方余额分别为 170 000 元、50 000 元、10 230 元、19 000 元。各项收入账户的贷方余额应从其借方转入"本年利润"账户的贷方,借记"主营业务收入"账户、"其他业务收入"账户、"营业外收入"账户、"投资收益"账户,贷记"本年利润"账户。"主营业务成本"账户、"其他业务成本"账户、"营业外支出"账户、"税金及附加"账户、"管理费用"账户、"财务费用"账户、"销售费用"账户借方余额分别为 78 000 元、35 000 元、6 700 元、4 100 元、12 000 元、3 400 元、8 900 元。各成本费用账户的借方余额应从其贷方转入"本年利润"账户的借方,借记"本年利润"账户,贷记"主营业务成本"账户、"其他业务成本"账户、"营业外支出"账户、"税金及附加"账户、"管理费用"账户、"财务费用"账户、"销售费用"账户。因此,此项经济业务的会计分录如下:

借:主营业务收入　　170 000

　其他业务收入　　50 000

　营业外收入　　10 230

　投资收益　　19 000

　贷:本年利润　　249 230

借:本年利润　　148 100

　贷:主营业务成本　　78 000

　　其他业务成本　　35 000

　　税金及附加　　4 100

　　管理费用　　12 000

　　财务费用　　3 400

销售费用 8 900

营业外支出 6 700

本期实现的税前利润为101 130元(249 230－148 100)。

【例7-4】 31日,计算并结转本期应交企业所得税,企业所得税税率为25%。

本期应交所得税为25 282.50元(101 130×25%)。所得税的计算,一方面使应交而未交的所得税款增加了25 282.50元,另一方面使作为费用的所得税费用增加了25 282.50元,因此涉及"应交税费""所得税费用"两个账户。计算出应交企业所得税时,作为费用的所得税增加,借记"所得税费用"账户;应交而未交的所得税款增加,贷记"应交税费"账户。同时,所得税作为费用,期末也应转入"本年利润"账户。此项经济业务的会计分录如下:

借:所得税费用 25 282.50

　贷:应交税费 25 282.50

借:本年利润 25 282.50

　贷:所得税费用 25 282.50

此时,税后利润为75 847.50元(101 130－25 282.50)。

第二节 利润分配的会计处理

一、利润分配业务的核算内容

利润形成以后,要按规定进行分配。一部分以公积金的形式留归企业,作为扩大生产经营的资金;一部分以利润形式分配给投资者,作为投资者的收益;一部分以未分配利润形式保留在账面上,作为增强企业抵御风险能力的资金。

二、利润分配业务的账户设置

(一)"利润分配"账户

"利润分配"账户是所有者权益类账户,核算企业利润的分配(或亏损的弥补)和历年分配(或弥补亏损)后的余额。该账户借方登记利润的分配过程,如提取盈余公积金、宣告向股东或投资者分配利润,借方还登记由"本年利润"账户转入的当期亏损;贷方登记由"本年利润"账户转入的当期盈利和盈余公积补亏。其期末余额,反映企业历年积存的未分配利润(或未弥补亏损)。该账户应当分别"提取法定盈余公积""提取任意盈余公积""应付股利或利润"等进行明细核算。"利润分配"账户结构如图7-6所示。

借　　　　利润分配	贷
按规定提取的盈余公积;经股东大会或类似机构决议,分配给股东或投资者的股利或利润;自"本年利润"转入的当期亏损	自"本年利润"转入的当期盈利;盈余公积补亏
未弥补亏损	未分配利润

图7-6 "利润分配"账户结构

（二）“盈余公积”账户

“盈余公积”账户是权益类账户，核算企业从净利润中提取的盈余公积，盈余公积可用于弥补亏损或转增资本。借方登记弥补亏损或转增资本的盈余公积，贷方登记按规定从净利润中提取的盈余公积。余额一般在贷方，表示企业尚未动用的盈余公积。该账户应当分别按“法定盈余公积”“任意盈余公积”进行明细核算。“盈余公积”账户结构如图 7-7 所示。

借　　盈余公积	贷
弥补亏损或转增资本的盈余公积	按规定从净利润中提取的盈余公积
	企业尚未动用的盈余公积

图 7-7　“盈余公积”账户结构

（三）“应付股利”账户

“应付股利”账户是负债类账户，核算企业分配给投资者的现金股利。该账户借方登记实际支付的现金股利，贷方登记根据股东大会审议批准的利润分配方案应支付未支付的现金股利；期末余额在贷方，表示应付而未付的现金股利。“应付股利”账户结构如图 7-8 所示。

借　　应付股利	贷
实际支付的现金股利	应支付未支付的现金股利
	应付而未付的现金股利

图 7-8　“应付股利”账户结构

三、利润分配业务核算中的账户关系图

利润分配的主要业务核算，可用账户关系图 7-9 表示。

图 7-9　利润分配业务核算示意图

业务说明及主要会计分录：

① 本年利润结转到利润分配。

借：本年利润

　贷：利润分配

② 提取盈余公积。

借：利润分配

　贷：盈余公积

③ 宣告分配现金股利。

借：利润分配

　贷：应付股利

【例 7-5】 接例 7-4，31 日，将税后净利润转入“利润分配”账户。

这项经济业务的发生，涉及“本年利润”“利润分配”两个账户。税后净利润是计算并结转所得税后“本年利润”账户的贷方余额。税后净利润的转出，是从“本年利润”账户的借方转入“利润分配”账户的贷方，所以应借记“本年利润”账户，贷记“利润分配”账户。结转完毕，“本年利润”账户没有余额。此项业务的会计分录如下：

借：本年利润　　75 847.50

　贷：利润分配　　75 847.50

【例 7-6】 接例 7-4，31 日，提取盈余公积 7 500 元。

这项经济业务的发生，涉及“盈余公积”“利润分配”两个账户。提取盈余公积属于利润分配行为，一方面，盈余公积增加 7 500 元，记入“盈余公积”账户的贷方；另一方面，利润分配掉 7 500 元，记入“利润分配”账户的借方。此项业务的会计分录如下：

借：利润分配　　7 500

　贷：盈余公积　　7 500

【例 7-7】 接例 7-4，31 日，宣告分派现金股利 17 000 元。

借：利润分配　　17 000

　贷：应付股利　　17 000

本章小结

利润主要包括营业利润和营业外收支净额，此外，投资净收益也应该计入利润。

期末结转利润时，应将“主营业务收入”等收入类账户分别转入“本年利润”账户，贷记“本年利润”账户；将“主营业务成本”等费用类账户分别转入本账户，借记“本年利润”账户。收入和费用类账户期末结转后无期末余额。

期末，应将收入和费用相抵后结出的税后净利润转入“利润分配”账户，借记“本年利润”账户，贷记“利润分配”账户。利润形成以后，要按规定进行分配。分配利润行为发生时，应借记“利润分配”账户，贷记“盈余公积”“应付股利”等会计账户。

【案例讨论】

世界上的第一个亿万富翁，世界公认的石油大王——洛克菲勒在给儿子写的信中谈到了借款问题。以下书信内容选自《洛克菲勒写给儿子的 38 封信》。

亲爱的约翰：

我能够理解，为什么你用借我的钱去股市闯荡总让你感觉有些不安。因为你想赢，却又怕在那个冒险的世界里输，而输掉的钱不是你的，是借来的，还得支付利息。

这种输不起的感受，在我创业之初，乃至较有成就之后，似乎一直都在统治着我，以致每次借款前，我都会在谨慎与冒险之间徘徊，苦苦挣扎，甚至夜不能眠，躺在床上就开始算计如何偿还欠款。

常有人说，冒险的人经常失败。但白痴又何尝不是如此？在我恐惧失败过后，我总能打起精神，决定去再次借钱。事实上，为了进步我没有其他道路可寻，我不得不去银行贷款。

儿子，呈现在我们眼前的，经常是巧妙化解棘手问题的大好良机。借钱不是件坏事，它不会让你破产，只要你不把它看成像救生圈一样，只在危机的时候使用，而把它看成是一种有力的工具，你就可以用它来开创机会。否则，你就会掉入恐惧失败的泥潭，让恐惧束缚住你本可大展宏图的双臂，而终无大成。

我所熟知或认识的富翁中间，只靠自己一点一滴、日积月累挣钱发达的人少之又少，更多的人是因借钱而发财，这其中的道理并不深奥，一块钱的买卖远远比不上一百块钱的买卖赚得多。

不论是要赢得财富，还是要赢得人生，优秀的人在竞技中想的都不是输了我会怎样，而是要成为胜利者我应该做什么。

借钱是为了创造好运。如果抵押一块土地就能借得足够的现金，让我独占一块更大的地方，那么我会毫不迟疑地抓住这个机会。在科利佛兰时，我为扩张实力、夺得科利佛兰炼油界头把交椅地位，我曾多次欠下巨债，甚至不惜把我的企业抵押给银行，结果是我成功了，我创造了令人震惊的成就。

儿子，人生就是不断抵押的过程，为前途我们抵押青春，为幸福我们抵押生命。因为如果你不敢逼近底线，你就输了。为成功我们抵押冒险不值得吗？

谈到抵押，我想告诉你，在我从银行家手里接过巨款时，我抵押出去的不光是我的企业，还有我的诚实。我视合同、契约为神圣的东西，我严格遵守合同，从不拖欠债务。我对投资人、银行家、客户，包括竞争对手，从不忘以诚相待，在同他们讨论问题时我都坚持讲真话，从不捏造或含糊其词，我坚信谎言在阳光下就会显形。

付出诚实的回报是巨大的，在我没有走出科利佛兰前，那些了解我品行的银行家们，曾一次次把我从难以摆脱的危机中拯救出来。

我清楚地记得，有一天，我的一个炼油厂突然失火，损失惨重。由于保险公司迟迟不能赔付保险金，而我又急需一笔钱重建瓦砾中的企业，我只得向银行追加贷款。现在一想起那天银行贷款的情景就让我激动不已。本来在那些缺乏远见的银行家眼里，炼油业早已是高风险行业，向这个行业提供资金不亚于是在赌博，再加上我的炼油厂刚刚被毁于一炬，所以有些银行董事对我追加贷款犹豫不决，不肯立即放贷。

就在这时，他们中的一个善良的人，斯蒂尔曼先生，让一名职员提来他自己的保险箱，向着其他几位董事大手一挥说："听我说，先生们，洛克菲勒先生和他的合伙人都是非常优秀的年轻人。如果他们想借更多的钱，我恳请诸位要毫不犹豫地借给他们。如果你希望更保险一些，这里就有，想拿多少就拿多少。"

我用诚实征服了银行家。

儿子，诚实是一种方法，一种策略。因为我支付诚实，所以我赢得了银行家乃至更多人的信任，也因为它渡过一道道难关，踏上了快速的成功之路。

今天，我无须再求助于任何一家银行，我就是我自己的银行，但我永远都在感激那些曾鼎力帮助过我的银行家们。

你的未来可能是管理企业，你需要知道，经营企业的目的是要赚钱。扩大企业能够赚钱，但是把企业拿出去抵押也是管理和运用金钱的重要事项。如果你只注重一种功能，而忽视另一种功能，就会招致失败；在最糟糕的情形下，可能会造成财务崩溃，在较好的情形下，也许会错失很多机会。

管理和运用金钱跟决心赚钱不同，需要有不同的信念。要管理和运用金钱，你必须乐于亲自动手、亲自管理数字，不能只是空谈管理和策略。

上帝表现在细节之中。如果你忽视这些细节，或是超脱细节，把这种“杂事”授权给别人去做，就等于至少忽视了你事业经营的一半重要责任。细节永远不应该妨碍热情，成功的做法是你要记住两点：一个是战术，另一个是战略。儿子，你正朝着赢得一场伟大人生的位置前进，这是你一直以来的目标，你需要勇敢，再勇敢。

爱你的父亲

洛克菲勒

通过阅读洛克菲勒给儿子写的这封信，请思考回答：

1. 你从洛克菲勒给儿子写的信里学到了什么？

2. 有人说“借得越多，赚得越多”，这句话对吗？借钱真的会赚钱吗？是否借的钱越多赚的钱就会越多？请结合本章学习的内容，从利润形成的会计过程对你所持观点进行分析。

思考与练习

1. 下列经济业务中，引起会计等式两边同时减少的业务有（　　）。

A. 将管理费用转至本年利润借方　　B. 将主营业务收入转至本年利润贷方

C. 用银行存款支付应付未付的所得税　　D. 将主营业务成本转至本年利润借方

2. 企业年终结转后，（　　）账户应无余额。

A. 利润分配　　B. 本年利润

C. 盈余公积　　D. 应交税费

3. 某企业本月发生管理费用开支合计 580 000 元，月末结平“管理费用”账户，则“管理费用”账户（　　）。

A. 月末贷方余额 580 000 元　　B. 月末借方余额 580 000 元

C. 本月期末无余额　　D. 以上都不对

4. 某企业本月主营业务收入为 1000 000 元，其他业务收入为 80 000 元，营业外收入为 90 000 元，主营业务成本为 760 000 元，其他业务成本为 50 000 元，税金及附加为 30 000 元，营业外支出为 75 000 元，管理费用为 40 000 元，销售费用为 30 000 元，财务费用为 15 000 元，所得税费用为 75 000 元，则该企业本月营业利润为（　　）元。

A. 170 000　　B. 155 000

C. 25 000　　D. 80 000

第三篇

财务报告与会计规范

第八章　编制财务报告前的准备工作

【学习目标】

(1) 明确对账的内容、结账前的准备工作和方法。

(2) 正确理解财产清查的意义,了解财产清查的种类和范围。

(3) 掌握存货的两种盘存制度及会计处理方法,以及财产清查的方法。

(4) 掌握财产清查结果的账务处理。

【学习重点与难点】

(1) 期末账项调整的账务处理。

(2) 财产清查的含义和意义、货币资金的清查方法、存货的盘存制度。

(3) 财产清查结果的账务处理。

【引导案例】

小王是山海公司的出纳,由于刚参加工作不久,对于货币资金业务管理和核算的相关规定不甚了解,在第一个月的工作中出现了两次错误。第一次是在现金业务结束后例行的现金清查中发现现金短款 100 元,他反复清点现金并检查现金日记账的登记情况也没找出原因所在。为了保全自己的面子和息事宁人,同时考虑到现金长款的金额不大,他决定自掏腰包补齐。第二次是在现金业务结束后例行的现金清查中发现现金长款50元,他同样反复清点现金并检查现金日记账的登记情况也没找出原因所在。考虑到上次短款自己替公司弥补损失100元,这次多出来的现金就当补偿自己了,所以他就把这50元装进了自己的钱包。

小王对上述现金清查中发现的账实不符的处理错在哪里?为什么?如果你是小王,你会怎样处理?

第一节 对账与结账

一、对账

对账是指对账簿记录进行的核对工作，是会计核算的一项重要内容，也是审计常用的一种查账方法。对账的目的是及时发现并纠正账簿记录的错误，以达到账证相符、账账相符、账实相符，为编制会计报表提供真实可靠的数据资料。

对账的主要内容包括账证核对、账账核对和账实核对。

（一）账证核对

账证核对是指将账簿记录同会计凭证之间进行相互核对，包括总账、明细账以及现金和银行存款日记账等与有关记账凭证及其所附的原始凭证相核对。账簿与记账凭证核对，主要是检查账簿记录是否按照记账凭证所确认的账户、方向和金额进行登记；账簿与原始凭证核对，主要是对账簿记录经济业务的真实性、合法性进行检查。财务会计中的账证核对核对主要是在平时记账过程中进行的。审计中的账证核对按照核对的方向可以分为顺查和逆查。顺查是指根据原始凭证和记账凭证的登记内容检查账簿记录是否正确。逆查是指根据账簿记录检查是否有相对应的记账凭证和符合经济业务实质的原始凭证作为依据。

（二）账账核对

账账核对是指将各种账簿之间的有关内容相互核对。

1. 总分类账户之间的核对

检查全部总分类账户本期借方发生额合计是否等于本期贷方发生额合计，期末所有总分类账户借方余额合计是否等于贷方余额合计。此项核对一般通过期末编制“总分类账户发生额及余额试算平衡表”进行。

2. 总分类账户与所属各明细分类账户之间的核对

检查总分类账户本期借、贷方发生额合计及期末余额与所属各明细分类账户相对应数字的合计是否相等，此项核对一般通过期末编制“总分类账户与明细分类账户对照表”进行核对。

3. 总分类账户与现金、银行存款日记账之间的核对

检查总分类账户中“现金”账户、“银行存款”账户本期借、贷方发生额及期末余额与日记账中相对应数字是否相等。此项核对一般通过期末编制“总分类账户发生额及余额试算平衡表”进行。

4. 会计部门的财产物资明细账与财产物资保管、使用部门明细账的核对

检查各方期末结存数是否相等。此项核对一般在期末盘点时进行。

（三）账实核对

账实核对是指将各种账簿的记录与有关财产物资实有数额进行相互核对，也就是财产清查。这部分的具体内容在本章第二节展开阐述。

二、结账

结账是指在将本期发生的经济业务全部登记入账的基础上，结算出每个账户的本期发生额和期末余额，并将期末余额结转至下期的一种会计核算方法。通过结账，能够全面、系统地反映一定时期内发生的经济活动所引起的各个会计要素的增减变动情况及其结果，可以合理确定各期间的经营成果，并且为期末编制会计报表提供数据支持。

（一）结账前的准备

结账前，需要完成两项准备工作，一是先要按照权责发生制原则进行期末账项调整；二是按照配比原则结转有关成本费用。

1. 期末账项调整

从权责发生制的角度分析，企业账簿中的日常记录还不能完整地反映本期的收入和费用，因此，需要将属于本期的收入和费用全部调整入账。这样，本期内发生的全部经济业务在账簿中才算登记完整。期末账项调整主要包括以下几类。

（1）本期已经实现但尚未收到的收入款项

企业在本期已向其他单位或个人提供商品或劳务或财产物资使用权，理应获得属于本期的收入，但由于尚未完成结算过程或延期付款等原因，致使本期的收入款项尚未收到，例如应收金融机构的存款利息。根据权责发生制的原理，属于本期的收入，不管其款项是否收到，都应作为本期的收入，因此需要在期末将尚未收到的款项调整入账。

【例 8-1】 山海公司 1 月末根据其在银行存款的金额和该类存款的利息率估算 1 月份银行存款利息收入为 1 800 元。理论上，为了系统反映利息收入的变动情况，可以单独设置一个“利息收入”账户予以核算，但在会计实务中，由于银行存款的利息收入不多，因此，可以将其并入“财务费用”账户进行核算。与此同时，这笔属于本期的利息收入所对应的款项尚未收到，因而形成了一项应收利息的债权。

借：应收利息	1 800	
贷：财务费用		1 800

（2）本期已经发生但尚未支付的费用款项

企业在本期已经耗用或本期已经受益的耗费，理应确认为本期发生的费用，由于这些费用尚未实际支付，故在日常的账簿记录中尚未登记入账，如应付银行借款利息支出。凡属于本期的费用，不管其款项是否支付都应作为本期费用处理，因此，期末应将那些属于本期费用而尚未支付的费用调整入账。

【例 8-2】 山海公司 1 月末根据其在银行借款的金额和借款合同约定的利息率估算 1 月份银行借款利息费用为 10 000 元。这笔利息费用应确认为 1 月份的财务费用，与此同时，由于这笔财务费用所对应的款项尚未支付，因而形成了一项应付利息的负债。

借：财务费用	10 000	
贷：应付利息		10 000

（3）本期已经收款，但不属于或不完全属于本期收入的款项

本期已经收到款项，但是尚未向付款单位提供商品、劳务或财产物资的使用权，这笔款项只是一种负债性质的预收款项，期末需要根据已经提供的商品、劳务或财产物资的使用

权的部分确认为本期的收入。例如本书第六章第三节预收款销售方式下收入的确认就属于这种账项调整。

【例 8-3】 山海公司 1 月 3 日签署合同将其一台设备出租，租期 12 个月，租金 24 000 元，在签署合同时一次性收取。这份租赁合同的履行使山海公司 1 月 3 日增加了一笔银行存款 24 000 元，但是这笔款项不完全属于 1 月份，而是属于从 1 月开始的 12 个月。因此，需要在每个月月末调整确认这笔租金收入 2 000 元。

1 月 3 日签署合同时的账务处理：

借：银行存款　　24 000

　贷：其他应收款　　24 000

1—12 月每个月的月末的账务处理：

借：其他应收款　　2 000

　贷：其他业务收入　　2 000

(4) 本期已经付款，但不属于或不完全属于本期费用的款项

本期已经付款入账，但应由本期和以后各期共同承担的费用，在确认本期费用时，应将这部分费用进行调整。

【例 8-4】 山海公司 1 月 3 日支付本年度财产保险费 36 000 元。这笔 36 000 元不完全属于 1 月份，而是属于从 1 月开始的 12 个月。因此，需要在每个月月末调整确认这笔保险费 3 000 元。

1 月 3 日支付全年保险费时的账务处理：

借：其他应收款　　36 000

　贷：银行存款　　36 000

1—12 月每个月的月末的账务处理：

借：管理费用　　3 000

　贷：其他应收款　　3 000

2. 期末分配结转有关成本费用

期末分配结转有关成本费用。按照配比原则对有关费用进行分配，并结转损益。如期末将“制造费用”账户分配记入“生产成本”账户，将各损益类账户转入“本年利润”账户等。

(二) 结账方法

结账工作一般在会计期末进行，主要采用画线法，即期末结出每个账户的本期发生额和期末余额后，加下划线标记，并将期末余额结转下期。按照结算时期的不同，可以有月结、季结和年结，具体方法如下：

1. 月结

每月结账时，首先在各账户本月份最后一笔记录下面画一条通栏红线，表示本月发生的业务至此结束。然后，在红线下结算出本月借、贷方发生额和月末余额，如果没有余额，则在余额栏内注明“平”字或“0”符号。同时，在摘要栏内注明“本月合计”或“×月份发生额和月末余额”字样。最后，再在下面画一条通栏红线，表示完成月结工作。

2. 季结

季末的结账方法与月结基本相同。季结时，首先在各账户本季度最后一个月的月结下

面(需按月结出累计发生额的,应在“本季累计”下面)画一条通栏红线,表示本季结束。然后,在红线下结算出本季借、贷方发生额和季末余额。同时,在摘要栏内注明“本季合计”或“×季度发生额及余额”字样。最后,再在下面画一条通栏红线,表示完成季结工作。

3. 年结

办理年结时,首先在 12 月份月结下面(办理季结的,应在第四季度的季结下面)画一条通栏红线,表示年度终了。然后,在红线下结算出全年 12 个月份的月结发生额合计或 4 个季度季结发生额合计和年末余额,如果没有余额,则在余额栏内注明“平”字或“0”符号。同时,在摘要栏内注明“本年合计”或“×年度发生额及余额”字样。为使借贷双方合计数平衡,应将上年结转过来的年初借(贷)方余额抄至“年度发生额”或“本年合计”下一行的借(贷)方栏内,并在摘要栏内注明“年初余额”字样,再将年末借(贷)方余额抄至下一行的贷(借)方栏内,并在摘要栏内注明“结转下年”字样。最后,计算出借贷双方合计数(应该相等),并在摘要栏内注明“合计”字样,再在合计数下面划通栏双红线,表示封账,完成年结工作。结账方法示例如表 8-1 所示。

表 8-1　应收账款总分类账　　　　第　页

年		凭证号数	摘　要	借方	贷方	借或贷	余额
月	日						
1	1	略	年初余额			借	1 800 000
	6				300 000	借	1 500 000
	12				400 000	借	1 100 000
	22			600 000		借	1 700 000
1	31		1 月份发生额及余额	600 000	700 000	借	1 700 000
2	1		月初余额			借	1 700 000
	4			200 000		借	1 900 000
	8			100 000		借	2 000 000
	22				400 000	借	1 600 000
2	28		2 月份发生额及余额	300 000	400000	借	1600 000
3	1		月初余额			借	1 600 000
			略	略	略		略
	31		略	略	略		略
3	31		3 月份发生额及余额	450 000	550 000	借	1 500 000
3	31		第一季度发生额及余额	1 350 000	1 650 000	借	1 500 000
	略		略	略	略	借	略
12	31		略	略	略	借	略
12	31		第四季度发生额及余额	略	略	借	略
12	31		年度发生额及余额	7 900 000	7 800 000	借	1 900 000
12	31		年初余额	1800 000			
			结转下年		1 900 000		
			合计	9 700 000	9 700 000		

注:……表示单红线;═══表示双红线。

第二节 财产清查

一、财产清查的概念及意义

财产清查，是指对各项财产物资（包括货币资金、实物资产、债权债务等）进行盘点和核对，确定其实存数，查明账面结存数和实际结存数是否相符的一种会计核算方法。财产清查也就是本章第一节对账中的账实核对。财产清查不仅是会计账务处理的重要组成部分，也是企业内部控制度的主要内容。我国《会计法》第十七条规定："各单位应当定期将会计账簿记录与实物、款项及有关资料相互核对，保证会计账簿记录与实物及款项的实有数额相符"。

（一）账实不符的原因

财产清查的目的是确定账实是否相符。由于各种主客观原因，往往会导致某些财产物资实存数和账存数不符。归纳起来有如下几种情况：

① 会计人员在编制原始凭证、记账凭证、登记账簿、编制报表的过程中发生漏记、错记、重记或计算错误而造成记账错误。

② 计量和检验人员在收发各项财产物资的过程中，由于工作疏忽或计量器具失灵而发生品种、数量或质量记账错误。

③ 保管人员失职导致财产物资丢失、被盗、残损、变质而造成账实不符。

④ 因不法分子营私舞弊、贪污盗窃等活动而造成的财产损失。

⑤ 财产物资在保管过程中，受到气候等自然因素影响而发生的数量和质量上的变化而造成账实不符，如钢铁锈蚀、布匹发霉、盐吸潮等。

⑥ 因结算中存在未达账项和外单位拒付等行为而引起银行存款、往来款项结算双方的账实不符。

⑦ 发生意外灾害等。

造成账实不符的原因不同，其会计处理也有所差异。财产清查的账务处理将在下文中详细介绍。

（二）财产清查的意义

作为会计核算的一种专门方法，财产清查可以保证会计资料的真实正确，这对于会计核算具有十分重要的意义。

1. 保证会计核算资料的客观真实性

通过财产清查发现账实不符的情况，要及时调整账簿记录以使其符合实际情况，从而保证会计账簿记录真实反映企业实际，为经济管理提供真实的数据资料。

2. 促进财产物资安全完整及有效使用

通过财产清查可以发现并追究不法分子挪用、贪污、盗窃财产物资的行为，挽回经济损失，从而保证财产物资的安全完整。此外，通过财产清查，可以发现各项财产物资的储备和利用情况，对于储备不足、超储积压或呆滞等问题，及时做出处理，促进财产物资有效使用，避免损失浪费及延误生产。

3. 健全财产物资管理制度

除了前述意外灾害导致的账实不符外，其余的原因一定程度上都反映了企业财产物资管理制度的设计或执行存在问题。通过财产清查可以明确问题所在，进而有针对性地改进财产物资管理制度，提高经济效益。

4. 维护结算纪律和商业信用

通过对于各种应收、应付往来款项的清查，可以发现超期挂账和拖欠款项，及时办理结算可以使各企业共同维护结算纪律和商业信用。同时，可以查明企业有无非法挪用资金、偷税、漏税等违法和违反财经纪律的行为，有无不合理的债权、债务关系，促进企业自觉遵守结算制度，促进企业遵守财经纪律。

二、财产清查的分类

财产清查的种类很多，可以根据清查的对象、范围、时间等不同标志进行分类。

（一）按清查范围不同，分为全面清查和局部清查

1. 全面清查

全面清查是对属于本企业或存放在本企业的所有财产物资、货币资金和债权债务进行全面盘点和核对。对资产负债表内所列项目，都要一一盘点、核对。

全面清查的内容多、范围广、时间长、工作量大、涉及部门和人员多，在以下几种情况下才需要进行全面清查：

① 年底决算之前；

② 单位撤销、合并、改制、改变隶属关系或发生破产清算；

③ 按规定开展全面的资产评估或清产核资；

④ 单位主要负责人调离工作单位等。

2. 局部清查

局部清查是指依据有关规定或根据管理的需要对部分财产物资、货币资金和债权债务进行盘点和核对。与全面清查相比，局部清查涉及内容少、范围小、时间短、工作量小，但专业性较强。一般情况下，局部清查的内容包括：

① 库存现金由出纳人员在当日业务终了时清查核对，做到日清月结；

② 银行存款每月要同银行核对一次；

③ 债权债务，每年至少核对一至二次；

④ 对流动性较大的各项存货，除年终进行全面清查外，年内还要有计划地轮流盘点或重点抽查；

⑤ 各种贵重物资，每月至少清查盘点一次。

在财产物资遭受非正常损失和更换有关管理人员时，也要对有关财产物资进行局部清查，以确保账实相符，保护财产物资的安全完整及顺利交接。

（二）按清查时间是否有计划，分为定期清查和不定期清查

1. 定期清查

定期清查是指按预先计划安排的时间对财产物资、货币资金和债权债务进行清查。通

常在每日、月末、季末、年终结账时进行。如库存现金每天都要清查,银行存款每月都要对账等。定期清查既可以是全面清查,如企业在编制年度财务会计报告前的清查,也可以是局部清查,如每日结账时的现金清查。

2. 不定期清查

不定期清查是指时间不固定,根据实际需要对财产物资进行的临时性清查。同样,不定期清查既可以是全面清查,如单位撤销、合并、改制、改变隶属关系、发生破产清算或主要领导调离岗位时的清查,也可以是局部清查,如更换财产物资和现金保管人员、发生意外灾害等情况时的清查。

三、财产清查的程序

财产清查工作涉及各项财产物资,涉及面广,工作量大、既复杂又细致。为保证财产清查工作顺利、有序、高效地进行,需要遵循一定的程序。一般而言,财产清查的程序包括以下几个步骤:

(一) 成立财产清查组织

清查组织成员一般由单位领导、会计、出纳、业务及仓库等有关部门的人员组成。其主要任务是制定财产清查方案,确定财产清查范围,安排财产清查工作步骤,检查督促财产清查工作,提出财产清查结果处理意见,写出财产清查总结报告等。

(二) 清查前的准备工作

① 账簿记录的准备。财产清查前要完成结账工作,此外还要完成账证核对和账账核对。只有账账相符、账证相符,才能进行账实核对。

② 清查实物的准备。财产物资保管部门和保管人员应该在进行财产清查之前,将准备清查的财产物资按类别存放整齐、挂上标签。

③ 度量衡器的准备。财产清查前要准备各种必要的度量衡器,并校正准确。此外,还要准备有关清查的登记表册,例如,“盘存表”“实存账存对比表”等。进行银行存款和有关结算款项的清查时,还应取得对账所需的有关资料。

(三) 实施财产清查

采用恰当的清查方法清查财产物资数量,核对有关账簿记录,做好盘点记录,填制盘存清单,列明所查财产物资的实存数量,根据盘存清单填制实物、往来账项清查结果报告表等,对发现的账实不符做出相应的账务处理。

四、财产清查的基本方法

(一) 清查财产物资实存数的方法

对于固定资产、原材料、库存商品、在产品、半成品、低值易耗品等实物资产,主要使用实地盘点法和技术推算法来确定其实存数。

1. 实地盘点法

实地盘点法是通过实地逐一清点或用磅、量尺等计量器具确定财产物资实存数量的一种方法。这种方法适用范围较广,要求严格,数字准确可靠,清查质量高,但工作量较大。

该法适用于现金、机器设备、包装好的原材料和库存商品等的清查。实地盘点时编制的盘存表如表 8-2 所示。

表 8-2　盘存单

单位名称：　　　　盘点时间：　　　　财产类别：　　　　存放地点：　　　　编号：

编号	类别	规格或型号	计量单位	账存			实际盘点			备注
				数量	单价	金额	数量	单价	金额	

盘点人(签章)：　　　　　　　　　　　　　　实物保管人(签章)：

盘点结束后，再根据"盘存表"填制"实存账存对比表"，如表 8-3 所示。

表 8-3　实存账存对比表

单位名称：　　　　　　＿＿年＿＿月＿＿日　　　　　　编号：

编号	类别及名称	计量单位	单价	实存		账存		对比结果				备注
								盘盈		盘亏		
				数量	金额	数量	金额	数量	金额	数量	金额	

报告人(签章)：

2. 技术推算法

技术推算法是利用技术推算方法确定财产物资实存数量的一种方法。此种方法适用于大量成堆、难以逐一清点的、散装的、价值较低的、数量巨大的财产物资，如对一些大量堆放的生产用煤、沙石、土方等物资的清查。严格来说，技术推算法是实地盘点法的一种补充。

(二) 清查财产物资金额的方法

对于各项财产物资实存金额的清查，一般采用账面价值法、评估确认法、协商议价法和查询核实法等。

① 账面价值法：根据各种财产物资的实有数量和账面价值来确定财产物资的实际入账价值。

② 评估确认法：由专门的评估机构，依据特定的资产评估方法，对有关财产物资进行评估，并以评估确认的价值作为财产物资入账价值的方法。

③ 协商议价法：涉及资产利益的有关各方，按照互利互惠原则，参考目前市场价格，协商确定财产物资实存金额的方法。这种方法根据协商价格作为财产物资的价值，适用于企业联营投资或者以资产对外投资时使用。

④ 查询核实法：是根据账簿记录，以一定的查询方式，清查核对财产物资、往来款项及

其价值的方法。该法主要用于银行存款、其他货币资金、债权债务、出租出借、委托加工的财产物资以及抵押质押物的查询核实。查询核实往来款项的对账单格式如下。

往来款项对账单(对账联)

××单位：

你单位20××年×月×日购入我单位×产品×台，已付货款×××元，尚有×××元货款未付，请核对后将回单联寄回。

核查单位：(盖章)

20××年×月×日

沿此虚线裁开，将以下回单寄回！

往来款项对账单(回执联)

×××核查单位：

你单位寄来的“往来款项对账单”已经收到，经核对相符无误(或不符，应注明具体内容)。

××单位(盖章)

20××年×月×日

对各项财产物资实存金额清查后，编制“往来款项清查表”，如表8-4所示。

表8-4　往来款项清查表

单位名称：　　　　　　　　　　　____年__月__日

总分类账户		明细账户		对方结存额	对比结果及差异额	差异原因及金额			备注
名称	金额	名称	金额			未达账项	争议款项	无法收回款项	

清查人员(签章)：　　　　　　　　　　　　　　　　记账人员(签章)：

(三) 清查财产物资账存数的方法

货币资金、债权债务的账面结存数可以直接从账簿的期末余额中获得，此处主要指存货等实物资产账存数的确定方法。确定实物资产账存数的方法一般有两种：永续盘存制和实地盘存制。

1. 永续盘存制

永续盘存制又称账面盘存制，是根据账簿记录计算账面结存数量的方法。以原材料为例，收入某项原材料时，根据有关会计凭证将收入的数量和金额分别登记在该材料明细账的收入栏；发出某项原材料时，根据有关会计凭证将发出的数量和金额登记在该材料明细账的发出栏，并及时计算出该项原材料在明细账上结存的数量和金额。用公式表示：

账面结存数量＝期初账面结存数量＋本期增加数量－本期减少数量

永续盘存制要求逐日逐笔登记财产物资的增减变化，并随时结出账面结存数。采用这种方法能及时掌握存货的收发、结存动态情况，以确定存货量是否不足或过多，并及时做出处理，为管理提供决策有用信息。采用永续盘存制，仍然需要对存货进行定期或不定期的实地盘点。通过账实核对，可以加强对财产物资的管理。因此，大多数的存货都采用永续盘存制。和实地盘存制相比，永续盘存制由于要随时登记各项财产物资的增减变动及结存情况，记账的工作量相对较大，但是随着数据处理的智能化程度的逐渐提高，这个不足将变得微不足道。

2. 实地盘存制

实地盘存制又称定期盘存制或以存计耗制，是期末根据实物盘点来确定账面结存数量的方法。采用这种方法，平时只根据会计凭证在各存货明细账中登记增加数量和金额，不登记减少的数量和金额，期末以实际盘点的数量作为账面结存数量，然后倒算出本期各项存货的减少数，即：

本期减少数量＝期初账面结存数量＋本期增加数量－期末实际结存数量

实地盘存制下平时只登记存货的增加数量，不登记减少的数量，因此相应减少了各种明细账的登记工作，简化了存货的日常核算工作，但是不利于随时掌握存货的动态变化。此外，采取“以存计耗”，存货管理过程中存在的人为和自然等因素造成的减少数也计入本期成本，不便于施行实物控制。因此，仅对于那些大批量、低价值、进出频繁的存货采用实地盘存制，如各种鲜活商品。

五、财产清查结果的账务处理

财产清查结果无非账实相符和账实不符两种结果，账实相符无须账务处理。账实不符包括三种情形：实存数多于账存数称为盘盈；实存数少于账存数称为盘亏；实存数虽与账存数一致，但实存的财产物资有质量问题，不能正常使用，称为毁损。无论盘盈、盘亏还是毁损，都需要首先进行账务处理，也就是要根据实存账存对比表编制记账凭证，然后登记有关账簿，盘盈则调增账户记录，盘亏或毁损则调减账簿记录，使其与实存数相符，以保证会计信息的真实可靠性。其次，待查清原因明确责任以后，再根据审批后的处理决定文件填制记账凭证，分别将处理结果记入有关的账户。

（一）账户设置

为了核算和监督企业在财产清查中查明的各项财产物资的盘盈、盘亏或毁损情况，需设置“待处理财产损溢”账户。该账户用来核算企业在财产清查过程中查明的各种财产物资盘盈、盘亏和毁损的金额。该账户借方登记发生的待处理财产的盘亏、毁损数额和已批准处理的盘盈转销数额，贷方登记发生的待处理财产的盘盈数额和已批准处理的盘亏及毁损转销数额。企业清查的各种财产物资损溢，应在期末结账前处理完毕，期末处理后，“待处理财产损溢”科目应无余额。该账户下设“待处理流动资产损溢”和“待处理固定资产损溢”两个明细分类账户，分别对流动资产和固定资产损溢进行明细核算。“待处理财产损溢”账户结构如图 8-1 所示。

借	待处理财产损溢	贷
发生的财产的盘亏或毁损额 盘盈的转销额		发生的财产的盘盈额 盘亏及毁损的转销额

图 8-1 “待处理财产损溢”账户结构

此外,还需注意:① “待处理财产损溢”账户只核算货币资金和实物资产的盘盈、盘亏及毁损情况,各项债权债务的盈亏不在“待处理财产损溢”账户中核算,当批准核销企业无法收回的应收款项时,应作坏账损失,冲减坏账准备;② 核销企业无法偿还的应付款项,直接转入营业外收入;③ “待处理财产损溢”账户的运用要区分尚未处理和已批准处理两种情况;④ 盘盈、盘亏或毁损的实物资产原则上应在资产负债表日前处理完毕,特殊情况下如果清查结果未完成审批,应在对外提供财务报告时先按有关规定进行处理,并在会计报表附注中做出说明,如果其后批准处理的金额与已处理的金额不一致,应按其差额调整会计报表相关项目的年初数。

(二) 财产清查结果的账务处理

财产清查的对象不同,所采取的处理方法也不同。一般处理原则是:① 责任事故造成的盘亏和毁损,应由责任人负责赔偿;② 定额内的盘亏和毁损,应增加费用;③ 自然灾害或意外事故造成的非常损失,在扣除保险公司赔偿和残余材料价款后,经批准列入营业外支出;④ 盘盈则一般冲减费用或计入营业外收入。

1. 现金清查的账务处理

现金清查一般采用实地盘点法,清查结果要编制“库存现金盘点报告表”。如果有挪用现金、白条抵库的情况,应及时予以纠正;对于超额留存的现金应及时送存银行。如果发现账实不符,应先通过“待处理财产损溢”账户处理。报经上级部门批准后,分情况处理:

① 若为现金溢余(现金长款),属于应支付给有关人员或单位的,记入“其他应付款”账户;属于无法查明原因的,记入“营业外收入”账户。

② 若为现金短缺(现金短款),属于应由有关责任人或保险公司赔偿的,记入“其他应收款”账户;属于无法查明原因的,记入“管理费用”账户。

【例 8-5】 山海公司 2023 年 3 月 31 日对库存现金进行盘点,根据盘点结果填制“库存现金盘点报告表”,发现库存现金溢余 200 元,如表 8-5 所示。

表 8-5 库存现金盘点报告表

单位名称:山海公司　　　　2023 年 3 月 31 日　　　　单位:元

实存金额	账面金额	实存数与账存数的差异		备注
		现金盈余	现金短缺	
4 800	4 600	200		

盘点人:(签章)　　　　出纳:(签章)

报经批准前,根据“库存现金盘点报告表”,进行会计处理如下:

借:库存现金　　　　200

贷:待处理财产损溢——待处理流动资产损溢　　200

经核查,上述现金溢余中的100元为出纳少支付给采购部小张报销差旅费,而小张当时并未发现,这100元应该补付给小张。另外100元现金长款原因不明,报上级部门批准后,转作营业外收入。编制会计分录:

借:待处理财产损溢——待处理流动资产损溢　　200

贷:营业外收入——盘盈利得　　100

其他应付款——采购部小张　　100

【例8-6】 山海公司2023年6月30日在财产清查中发现库存现金短缺100元。

报经批准前,根据"库存现金盘点报告表",编制记账凭证并登记账簿。

借:待处理财产损溢——待处理流动资产损溢　　100

贷:库存现金　　100

经查实,库存现金短缺是由于出纳差错所致,由出纳个人赔偿。账务处理如下:

借:其他应收款——出纳　　100

贷:待处理财产损溢——待处理流动资产损溢　　100

2. 银行存款清查的账务处理

银行存款的清查采用银行存款日记账与开户银行提供的对账单进行逐笔核对的方法,即查询核对法。在核对时,如果出现银行存款日记账与银行对账单余额不一致的情况,原因可能有两方面:一是银行与企业一方或双方记账出现错误,这需要按照会计差错更正的方法进行更正;二是存在未达账项,对此需要编制银行存款余额调节表对这部分差额进行调节。

(1) 未达账项

所谓未达账项是指对于同一项业务,由于企业与银行之间凭证传递时间的不同,导致双方记账的会计期间不一致,即一方已取得结算凭证并登记入账,另一方由于尚未取得结算凭证而尚未入账的款项。未达账项有两大类型:一是企业已经入账而银行尚未入账的款项,称为未达企业账项;二是银行已经入账而企业尚未入账的款项,称为未达银行账项。具体又分为四种情况:

① 企业已收银行未收的款项。如企业将收到的支票送存银行并已登入企业银行存款日记账,而银行尚未记账。

② 企业已付银行未付的款项。企业开出支票或其他支款凭证后作为本单位存款减少记入企业银行存款日记账支出栏,但持票人尚未到银行办理转账,故银行未记录企业银行存款的减少。

③ 银行已收企业未收的款项。企业采用委托收款方式结算货款时,银行首先代企业收取款项,并记录企业银行存款增加,但企业未接到银行发来的收款通知单因而未在企业银行存款日记账中记录这笔收款。

④ 银行已付企业未付的款项。企业的水电费往往由银行代扣代缴,对此,银行代企业付款后已经记录企业银行存款减少,但企业尚未收到银行转来的付款通知单,尚未在企业银行存款日记账中记录这笔减少。

(2) 银行存款余额调节表的编制

为消除未达账项的影响,企业需要编制银行存款余额调节表,据以调节未达账项。银行存款余额调节表的编制方法包括余额调节法和差额调节法。

余额调节法是指在编制银行存款余额调节表时，在双方现有银行存款余额的基础上，各自加减未达账项进行调节的方法。调节的方式也有两种，一种是补记式，即在双方原有余额的基础上各自补记对方已入账而本单位尚未入账的款项，然后检查经过调节后的账面余额是否相等。一种是还原式，又称冲销式，即双方在原有余额的基础上，各自将本单位已入账而对方未入账的款项从本单位原有账面余额中冲销，然后检查经过调节后的账面余额是否相等。

差额调节法是根据未达账项对双方银行存款余额差额的影响数额进行调整的方法。在上述方法中最为常用的是补记式，因而本章详细阐述补记式银行存款余额调节表的编制。补记式的调节公式如下：

企业银行存款日记账调整后的余额＝银行存款日记账余额＋银行已收企业未收的款项－银行已付企业未付的款项

银行对账单调整后的余额＝银行对账单余额＋企业已收银行未收的款项－企业已付银行未付的款项

如果调节后双方存款余额相等，则说明企业银行存款日记账和银行对账单之间的差额都是由于未达账项导致的，而且这个调节后的余额是企业当时可以实际动用的银行存款的限额。如果调节后双方的余额仍不相等，则可能一方或双方账簿记录中有错，应进一步查明原因，予以更正。

【例 8-7】 2023 年 5 月 31 日，山海公司接到开户银行的对账单，银行对账单余额为 15 000 元，企业银行存款日记账余额为 13 000 元，经核对找到以下未达账项：

① 企业将销售收入的银行支票送存开户银行 2 000 元，银行尚未入账；

② 银行代企业支付水电费 2 000 元，企业尚未入账；

③ 银行代企业收到一笔应收账款 6 000 元，企业尚未入账；

④ 银行收取企业办理结算的手续费 1 000 元，企业尚未入账；

⑤ 企业因支付劳务费用签发支票总额 1 000 元，持票人尚未到银行兑付，银行尚未入账。

根据以上资料，编制“银行存款余额调节表”，如表 8-6 所示：

表 8-6 银行存款余额调节表 单位：元

项 目	金额	项 目	金额
银行存款日记账余额	13 000	银行对账单余额	15 000
加：银行已收，企业尚未入账	6 000	加：企业已收，银行尚未入账	2 000
减：银行已付，企业尚未入账	2 000 1 000	减：企业已付，银行尚未入账	1 000
调节后余额	16 000	调节后余额	16 000

从表 8-7 可以看出，表中左右两方调节后的金额相等，这说明该企业银行存款日记账记账过程基本正确。同时，说明企业银行存款实有数既不是 13 000 元，也不是 15 000 元，而是 16 000 元。如果调节后的余额仍然不等，则应进一步查明原因，采取相应的方法进行更正。

按照我国会计法规的规定，银行存款余额调节表不能作为原始凭证来调节或纠正总账或银行存款日记账的账面记录，对于银行已经记账而企业尚未记账的未达账项，应该在实际收到有关收、付款结算凭证后再进行相关账务处理。

3. 存货盘盈、盘亏和毁损的账务处理

（1）存货盘盈的账务处理

企业发生存货盘盈时，借记“原材料”“库存商品”等账户，贷记“待处理财产损溢”账户；报经上级部门批准后，借记“待处理财产损溢”账户，贷记“管理费用”账户。

【例 8-8】 山海公司在 2023 年年末财产清查中，盘盈甲材料 1 000 千克，实际单位成本 20 元。根据“实存账存对比表”，编制会计分录：

借：原材料——甲材料　　20 000

　贷：待处理财产损溢——待处理流动资产损溢　　20 000

经查，该项盘盈系计量仪器不准出现计量误差累计所致，报批后，作为冲减管理费用处理。应编制如下记账凭证并登记账簿：

借：待处理财产损溢——待处理流动资产损溢　　20 000

　贷：管理费用　　20 000

（2）存货盘亏或毁损的账务处理

企业发生存货盘亏或毁损时，借记“待处理财产损溢”账户，贷记“原材料”“库存商品”等账户；报经上级部门批准后，应由保险公司或过失人赔偿的，记入“其他应收款”账户；扣除残料价值和应由保险公司或过失人赔偿后的净损失，属于一般经营损失的部分，记入“管理费用”账户，属于非正常损失的部分，记入“营业外支出”账户。

【例 8-9】 山海公司在 2023 年年末财产清查中发现乙材料短缺 300 千克，实际单位成本 10 元。根据“实存账存对比表”，编制会计分录：

借：待处理财产损溢——待处理流动资产损溢　　3 000

　贷：原材料——乙材料　　3 000

经查，属于定额内损耗，经批准后做出账务处理：

借：管理费用　　3 000

　贷：待处理财产损溢——待处理流动资产损溢　　3 000

【例 8-10】 山海公司在 2023 年年末财产清查中发现库存丙材料毁损 20 千克，实际单位成本 50 元。根据“实存账存对比表”，编制会计分录：

借：待处理财产损溢——待处理流动资产损溢　　1 000

　贷：原材料——丙材料　　1000

经查，属于材料保管员的工作失误造成。按照规定，由其个人赔偿 700 元，残料价值 200 元，已办理入库手续，未弥补的净损失 100 元经批准计入管理费用。会计处理如下：

① 由过失人赔偿部分。

借：其他应收款　　700

　贷：待处理财产损溢——待处理流动资产损溢　　700

② 残料入库。

借：原材料——丙材料　　200

　贷：待处理财产损溢——待处理流动资产损溢　　200

③ 丙材料毁损净损失。

借:管理费用　　100

　贷:待处理财产损溢——待处理流动资产损溢　　100

【例 8-11】 山海公司在 2023 年 8 月 20 日因仓库电路老化导致火灾,造成一批库存商品毁损,实际成本 10 000 元。由保险公司理赔 6 000 元,其余报批后计入营业外支出。账务处理如下:

借:待处理财产损溢——待处理流动资产损溢　　10 000

　贷:库存商品　　10 000

借:其他应收款　　6 000

　营业外支出　　4 000

　贷:待处理财产损溢——待处理流动资产损溢　　10 000

(3) 固定资产盘盈和盘亏的账务处理

企业在财产清查中对于盘盈的固定资产不通过"待处理财产损溢"账户处理,而应作为前期差错记入"以前年度损益调整"账户,如果同类或类似固定资产存在活跃市场的,按同类或类似固定资产的市场价格,减去按该项固定资产新旧程度估计的价值损耗后的余额,作为入账价值;如果同类或类似固定资产不存在活跃市场的,按该项固定资产的预计未来现金流量现值作为入账价值。按同类或类似固定资产的重置成本,减去按新旧程度估计的价值损耗后的余额,作为入账价值,借记"固定资产"账户,贷记"以前年度损益调整"账户,期末将"以前年度损益调整"账户余额转入"利润分配——未分配利润"账户。

在清查中发现的盘亏和毁损的固定资产,在报经批准前,应按照账面净值借记"待处理财产损溢——待处理固定资产损溢"账户;按已计提折旧额借记"累计折旧"账户;按账面价值贷记"固定资产"账户。经批准后属于过失人和保险公司应赔偿的部分,借记"其他应收款"账户,其余部分借记"营业外支出——固定资产盘亏"账户,贷记"待处理财产损溢——待处理固定资产损溢"账户。

【例 8-12】 山海公司在 2023 年 12 月 31 日对企业全部固定资产进行清查,盘盈一台八成新的机器设备,该设备同类产品市场价格 200 000 元,企业所得税税率为 25%,盈余公积提取比例为 10%。有关账务处理如下:

① 盘盈固定资产时。

借:固定资产　　160 000

　贷:以前年度损益调整　　160 000

② 确定应缴纳的所得税时。

借:以前年度损益调整　　40 000

　贷:应交税费——应交所得税　　40 000

③ 结转为留存收益时。

借:以前年度损益调整　　120 000

　贷:盈余公积　　12 000

　　利润分配——未分配利润　　108 000

【例 8-13】 山海公司在 2023 年 12 月 31 日对企业全部固定资产进行清查,盘亏办公设备一台,其账面原值为 30 000 元,已提折旧 20 000 元。

借：待处理财产损溢——待处理固定资产损溢　　10 000

　　累计折旧　　20 000

　贷：固定资产　　30 000

报批后，上述盘亏固定资产列作营业外支出，账务处理如下：

借：营业外支出——盘亏损失　　10 000

　贷：待处理财产损溢——待处理固定资产损溢　　10 000

上述各项财产物资清查结果的账务处理总结如表 8-7 所示。

表 8-7　财产清查结果的账务处理

财产清查对象	盘盈、盘亏或毁损的原因	转入账户
库存现金	无法查明原因的现金溢余	营业外收入(贷方)
	应支付给个人及单位的现金溢余	其他应付款(贷方)
	应由过失人赔偿的现金短缺	其他应收款(借方)
	无法查明原因的现金短缺	管理费用(借方)
存货	自然损溢导致的存货损失	管理费用(贷方)
	责任者过失造成的损失	其他应收款(借方)
	应由保险公司赔偿的损失	其他应收款(借方)
	管理不善造成的存货损失 或流动资产在保管过程中的自然损耗	管理费用(借方)
	自然灾害或意外事故造成的非常损失	营业外支出(借方)
固定资产	固定资产盘亏可收回的赔偿	其他应收款(借方)
	固定资产盘亏净损失	营业外支出(借方)
	固定资产盘盈	利润分配——未分配利润(贷方) 应交税费——应交所得税(贷方) 盈余公积(贷方)

本章小结

本章的重点是结账前的期末账项调整、存货盘存制度、财产清查方法以及财产清查结果的账务处理等；难点是银行存款的清查和财产清查结果的账务处理。

为了保证会计报表所提供的信息能够满足报表使用者的要求，保证会计报表编制的正确性，在编制报表前应当做好下列准备工作：对账（账证核对、账账核对和账实核对）、结账（结算出本期发生额合计和期末余额，为财产清查做好准备）和财产清查。通过财产清查，可以及时发现问题、查明原因、解决问题，一旦查明账实不符，即应采取相应的方法进行处理，从而做到账实相符。

财产清查有不同的分类方式。按清查范围不同，可分为全面清查和局部清查；按清查时间不同，可分为定期清查和不定期清查。财产清查工作涉及面广、工作量大，必须遵循一定的程序有序、高效地进行。因各种财产物资的形态和性质不同，其清查的具体方法也不同。常用的清查财产物资实存数量的方法是实地盘点法和技术推算法。清查财产物资账存数量的方法有永续盘存制和实地盘存制两种。财产清查对象的种类不同,对清查结果的账务处理也不同。

财产清查后,若实存数与账存数一致,即账实相符,不必进行账务处理;若出现盘盈、盘亏或毁损,报请有关部门审批,设置"待处理财产损溢"账户进行核算。

【案例讨论】

2020 年,济南某人民法院发布了一封刑事判决书:某地产集团有限公司一名"90 后"出纳李某,利用职务便利,采用虚假申请、上报、篡改等手法,在 2018 年 12 月 26 日至 2020 年 5 月 9 日不到一年半的时间内,疯狂盗刷公司两个账户资金 4 800 余万元。案发时,这天文数字的钱,竟然被他挥霍一空!其中:主播打赏 2 303 万元,游戏充值 1 511 万元,娱乐消费、借款给他人等 961 万元,日常小额支出 49 万元。

这个案件里,该地产公司有两个银行账户,每个银行账户又分别有两个网银 U 盾。一般公司为避免贪污发生,U 盾均为分开管理,只有每个 U 盾都能通过了,才能完成转账的全部流程。而这个地产公司的 4 个 U 盾都在李某手里。李某表示,这些 U 盾是上任出纳交接工作时给他的,李某没有上交复核 U 盾,相关领导部门也没有向他索要复核盾。

2019 年 5 月之前,李某发现使用这两个网银 U 盾通过公司的 SAP 企业管理系统向集团资金池申请资金,系统自动审批,没有金额限制,也不需要领导的审批。于是他通过把钱转到公司齐鲁银行账号,再转到自己名下建设银行账户的方式,开始了疯狂转账。2019 年 5 月流程变更后,李某将原本应转入公司名下浦发银行账户的资金,私自更改为公司齐鲁银行账户,并手握 U 盾将齐鲁账户的钱偷梁换柱,私改到自己的收款账户。4 800 多万元不翼而飞,整个集团未能发现,根据李某的描述,领导检查财务情况的时候,只看截图,他稍微 P 一下即过关了,后续也没有人提出异议。

直至 2020 年 4 月 30 日,李某用公司渤海银行账户的网银 U 盾在财务系统里面申请了 61 万元资金,银行规定大于 50 万的支出需进行核实。5 月 6 日,渤海银行打电话给公司财务负责人核实,他们才发现这笔钱转向了李某的建设银行账户。

最终,法院判决李某犯职务侵占罪,判处有期徒刑 12 年,并处没收个人财产 80 万元。同时,冻结的李某账户中的资金,随案移送的赃款发还给被害单位。对公安机关冻结的多个直播平台的 2 180 余万元涉案资金,发还被害单位。上述资金仍不足以偿还被害单位损失的,责令被告人李某在判决生效后 10 日内退赔。

请结合本案例进行讨论:

1. 案例公司的资金管理中存在哪些问题导致了巨款被挪用而未能及时发现?
2. 公司和财务人员分别应该如何防范挪用资金等财务造假问题?

思考与练习

一、单项选择题

1. 清查库存现金采用的方法是( )。

A. 技术测算法　　B. 实地盘点法
C. 外调核对法　　D. 与银行对账单核对

2. 实地盘存制与永续盘存制的主要区别是(　　)不同。
A. 盘点方法　　B. 盘点目标
C. 盘点工具　　D. 盘亏时点

3. 一般而言,单位撤销、合并时,要进行(　　)。
A. 定期检查　　B. 局部清查
C. 全面清查　　D. 实地清查

4. "待处理财产损溢"账户未转销的借方余额表示(　　)。
A. 尚待处理的盘盈数　　B. 尚待处理的盘亏和毁损数
C. 已处理的盘盈数　　D. 已处理的盘亏和毁损数

5. 对债权债务的清查应采用的方法是(　　)。
A. 函证核对法　　B. 实地盘点法
C. 技术推算盘点法　　D. 抽样盘存法

6. 无法查明原因的现金短款应计入(　　)。
A. 管理费用　　B. 营业外支出
C. 销售费用　　D. 其他应收款

7. 机器设备等固定资产采用的清查方法一般是(　　)。
A. 技术推算法　　B. 丈量计算法
C. 逐一盘点法　　D. 抽样盘点法

8. 以下(　　)财产物资盘盈的结果不需要通过"待处理财产损溢"科目核算。
A. 库存现金　　B. 原材料
C. 库存商品　　D. 固定资产

9. 企业现金出纳人员发生变动时,应对其保管的现金进行清查。下列关于该清查类别的表述中,正确的是(　　)
A. 全面清查和不定期清查　　B. 局部清查和定期清查
C. 局部清查和不定期清查　　D. 全面清查和定期清查

10. 某企业仓库本期期末盘亏原材料原因已经查明,属于定额内损耗,经批准后,会计人员应编制的会计分录为(　　)。
A. 借记待处理财产损溢,贷记原材料
B. 借记待处理财产损溢,贷记管理费用
C. 借记管理费用,贷记待处理财产损溢
D. 借记营业外支出,贷记待处理财产损溢

二、多项选择题

1. 对于盘盈的现金,经批准后进行账务处理时,可能涉及的贷方科目有(　　)。
A. 管理费用　　B. 营业外收入
C. 其他应付款　　D. 财务费用

2. 全面清查是指对企业的全部财产进行盘点和核对,包括属于本单位和存放在本单位

的所有财产物资、货币资金和各项债权债务。其中,财产物资包括(　　)。

A. 在本单位的所有固定资产、库存商品、原材料、包装物、低值易耗品、在产品、未完工程等

B. 属于本单位但在途中的各种在途物资

C. 委托其他单位加工、保管的材料物资

D. 存放在本单位的代销商品、材料物资等

3. 对于盘亏、毁损的存货,经批准后进行账务处理时,可能涉及的借方账户有(　　)。

A. 其他应收款　　B. 营业外支出

C. 管理费用　　D. 原材料

4. 应在"待处理财产损溢"贷方登记的内容有(　　)。

A. 发现的盘盈数　　B. 发现的盘亏和毁损数

C. 已处理的盘盈数　　D. 已处理的盘亏和毁损数

5. 以下情况中,可能造成账实不符的有(　　)。

A. 财产收发计量或检验不准　　B. 管理不善

C. 账簿记录发生差错　　D. 保管人员偷窃、挪用

6. 财产清查按清查范围,可分为(　　)。

A. 定期清查　　B. 不定期清查

C. 全面清查　　D. 局部清查

7. 使企业银行存款日记账的余额小于银行对账单余额的未达账项有(　　)。

A. 企业已收款记账而银行尚未收款记账

B. 企业已付款记账而银行尚未付款记账

C. 银行已收款记账而企业尚未收款记账

D. 银行已付款记账而企业尚未付款记账

8. 下列业务中,需要通过"待处理财产损溢"账户核算的有(　　)。

A. 库存现金长款　　B. 原材料盘亏

C. 发现账外固定资产　　D. 应收账款无法收回

9. 由于仓库保管员变动对其保管的全部存货进行盘点,这属于(　　)。

A. 定期清查　　B. 不定期清查

C. 全面清查　　D. 局部清查

10. 下列记录中,可以作为调整账面数字的原始凭证有(　　)。

A. 盘存单　　B. 实存账存对比表

C. 银行存款余额调节表　　D. 库存现金盘点报告表

第九章　财务会计报告编制

【学习目标】

(1) 掌握财务报表的分类及列报的基本要求。

(2) 理解资产负债表和利润表的定义、结构和编制方法。

(3) 了解现金流量表、所有者权益变动表与报表附注的定义、结构和编制方法。

【学习重点与难点】

(1) 资产负债表的结构和编制方法。

(2) 利润表的结构和编制方法。

【引导案例】

王明同学在学习了财务会计报告章节后，看了某上市公司的年报，产生了困惑：公司年末资产负债表上列示的资产总价值为3亿元、负债为1亿元，可公司在外发行的股份为1亿股，当日每股市价为3元，总价值也为3亿元，发行的股份即为所有者权益。

该公司资产＝所有者权益，负债应该等于零，这不是有问题吗？

你能解答小明同学的困惑吗？

第一节　财务报告概述

一、财务报告的概念与组成

（一）财务报告的概念

财务报告，又称为财务会计报告，是指企业对外提供的反映企业在某一特定日期财务状况和某一会计期间经营成果、现金流量等会计信息的文件。财务报告是以日常会计核算资料为主要依据编制的，是会计核算工作的总结，也是企业对外披露会计信息最重要的手段。

（二）财务报告的组成

财务报告包括财务报表和其他应当在财务报告中披露的相关信息和资料。

财务报表是对企业财务状况、经营成果和现金流量的结构性表述。一套完整的财务报表至少应当包括“四表一注”:① 资产负债表;② 利润表;③ 现金流量表;④ 所有者权益(或股东权益,下同)变动表;⑤ 附注。财务报表上述组成部分具有同等的重要程度。

其他应当在财务报告中披露的相关信息和资料包括:公司基本情况简介;会计数据和业务数据简介;股东变动及股东情况;股东大会简介;董事会报告;监事会报告;重要事项;注册会计师报告;公司其他有关资料;备查文件目录。

二、编制财务报告的意义

编制财务报告是为了满足投资者、债权人、政府及其机构以及企业自身经营管理对财务信息的需求。财务报告作为其使用者进行经济决策的重要依据,具有十分重要的意义。

(一) 投资者和债权人进行决策的依据

债权人、部分投资者一般不直接参与企业的生产经营活动,不能直接从中获得其所需的信息。他们需要通过对企业财务报告的分析,了解企业财务状况及生产经营情况,分析企业偿债能力,并对企业财务状况做出准确判断,作为投资、信贷、融资、筹资决策的依据。同时,一些投资者还需要通过财务报告提供的信息,了解企业情况,监督企业生产经营管理,以保护自身合法权益。

(二) 企业加强和改善经营管理的重要依据

企业内部经营管理部门通过财务报告可以全面、系统、总括地了解企业生产经营活动、财务状况和经营成果,检查、分析财务成本计划和有关方针政策的执行情况,能够及时地发现经营活动中存在的问题,迅速做出决策,采取有效措施,改善生产经营管理;同时,也可利用财务报告提供的信息,为未来经营计划和经营方针提供准确的依据,促使企业计划和经营方针更为科学合理。

(三) 国家经济管理部门进行宏观调控和管理的依据

政府部门可以利用财务报告所提供的财务信息,及时掌握各企业的经济情况和管理情况,便于对企业生产经营情况进行检查分析。国家宏观经济管理部门还可以通过对企业财务报告提供的资料,进行汇总分析和考核国民经济总体运行情况,从而发现国民经济运行中存在的问题,对宏观经济运行做出准确的决策,为政府进行国民经济宏观调节和控制提供依据。国家有关部门还可以通过财务报告所提供的信息,检查和评价各项政策的制定是否科学合理,为有关部门制定和修订政策提供依据。

三、财务报表的分类

(一) 按编报期间分类

按编报期间的不同,财务报表可以分为中期财务报表和年度财务报表。

中期财务报表,是指以中期为基础编制的财务报表,包括月报、季报和半年报等。中期,是指短于一个完整的会计年度的报告期间。中期财务报表至少应当包括资产负债表、利润表、现金流量表和附注,其中,中期资产负债表、利润表和现金流量表应当是完整报表,其格式和内容应当与年度财务报表相一致。与年度财务报表相比,中期财务报表中的附注披露可适当简略。

（二）按编报主体分类

按编报主体的不同，财务报表可以分为个别财务报表和合并财务报表。

个别财务报表是由企业在自身会计核算基础上对账簿记录进行加工而编制的财务报表，它主要用以反映企业自身的财务状况、经营成果和现金流量情况。合并财务报表是以母公司和子公司组成的企业集团为会计主体，根据母公司和所属子公司的财务报表，由母公司编制的综合反映企业集团财务状况、经营成果及现金流量的财务报表。

四、财务报表列报的基本要求

① 企业应当以持续经营为基础，根据实际发生的交易和事项，按照《企业会计准则——基本准则》和其他各项会计准则的规定进行确认和计量，在此基础上编制财务报表。企业不应以附注披露代替确认和计量，不恰当的确认和计量也不能通过充分披露相关会计政策而纠正。如果按照各项会计准则规定披露的信息不足以让报表使用者了解特定交易或事项对企业财务状况和经营成果的影响，企业还应当披露其他的必要信息。

② 在编制财务报表的过程中，企业管理层应当利用所有可获得信息来评价企业自报告期末起至少 12 个月的持续经营能力。

评价时需要考虑宏观政策风险、市场经营风险、企业目前或长期的盈利能力、偿债能力、财务弹性以及企业管理层改变经营政策的意向等因素。

评价结果表明对持续经营能力产生重大怀疑的，企业应当在附注中披露导致对持续经营能力产生重大怀疑的因素以及企业拟采取的改善措施。

③ 企业如有近期获利经营的历史且有财务资源支持，则通常表明以持续经营为基础编制财务报表是合理的。

企业正式决定或被迫在当期或将在下一个会计期间进行清算或停止营业的，则表明以持续经营为基础编制财务报表不再合理。在这种情况下，企业应当采用其他基础编制财务报表，并在附注中声明财务报表未以持续经营为基础编制的事实、披露未以持续经营为基础编制的原因和财务报表的编制基础。

④ 除现金流量表按照收付实现制原则编制外，企业应当按照权责发生制原则编制财务报表。

⑤ 财务报表项目的列报应当在各个会计期间保持一致，不得随意变更，但下列情况除外：会计准则要求改变财务报表项目的列报；企业经营业务的性质发生重大变化或对企业经营影响较大的交易或事项发生后，变更财务报表项目的列报能够提供更可靠、更相关的会计信息。

⑥ 性质或功能不同的项目，应当在财务报表中单独列报，但不具有重要性的项目除外。

性质或功能类似的项目，其所属类别具有重要性的，应当按其类别在财务报表中单独列报。

某些项目的重要性程度不足以在资产负债表、利润表、现金流量表或所有者权益变动表中单独列示，但对附注却具有重要性，则应当在附注中单独披露。

⑦ 重要性，是指在合理预期下，财务报表某项目的省略或错报会影响使用者据此做出

经济决策的,该项目具有重要性。

重要性应当根据企业所处的具体环境,从项目的性质和金额两方面予以判断,且对各项目重要性的判断标准一经确定,不得随意变更。判断项目性质的重要性,应当考虑该项目在性质上是否属于企业日常活动、是否显著影响企业的财务状况、经营成果和现金流量等因素;判断项目金额大小的重要性,应当考虑该项目金额占资产总额、负债总额、所有者权益总额、营业收入总额、营业成本总额、净利润、综合收益总额等直接相关项目金额的比重或所属报表单列项目金额的比重。

⑧ 财务报表中的资产项目和负债项目的金额、收入项目和费用项目的金额、直接计入当期利润的利得项目和损失项目的金额不得相互抵销,但其他会计准则另有规定的除外。

一组类似交易形成的利得和损失应当以净额列示,但具有重要性的除外。

资产或负债项目按扣除备抵项目后的净额列示,不属于抵销。

非日常活动产生的利得和损失,以同一交易形成的收益扣减相关费用后的净额列示更能反映交易实质的,不属于抵销。

⑨ 当期财务报表的列报,至少应当提供所有列报项目上一个可比会计期间的比较数据,以及与理解当期财务报表相关的说明,但其他会计准则另有规定的除外。

财务报表的列报项目发生变更的,应当至少对可比期间的数据按照当期的列报要求进行调整,并在附注中披露调整的原因和性质,以及调整的各项目金额。对可比数据进行调整不切实可行的,应当在附注中披露不能调整的原因。不切实可行,是指企业在做出所有合理努力后仍然无法采用某项会计准则规定。

⑩ 企业应当在财务报表的显著位置至少披露下列各项:编报企业的名称;资产负债表日或财务报表涵盖的会计期间;人民币金额单位;财务报表是合并财务报表的,应当予以标明。

⑪ 企业至少应当按年编制财务报表。年度财务报表涵盖的期间短于一年的,应当披露年度财务报表的涵盖期间、短于一年的原因以及报表数据不具可比性的事实。

⑫ 按照企业会计准则规定在财务报表中单独列报的项目,应当单独列报。其他会计准则规定单独列报的项目,应当增加单独列报项目。

五、财务报告审核与报送

(一)财务报告的复核

复核是保证会计报告质量的一项重要措施。企业财务报告编制完成后,在报送之前,必须由单位会计主管人和单位负责人进行复核。其中,财务报告复核的内容主要包括:

① 报表所列金额与账簿记录是否一致;

② 报表项目是否填列齐全;

③ 报表各项数字计算是否正确;

④ 内容是否完整,相关报表之间有关数字的钩稽关系是否正确与衔接一致;

⑤ 财务报表附注是否符合有关要求。

经审查无误后,对财务报告应依次编定页数、加具封面、装订成册、加盖公章。封面应注明企业的名称、地址、主管部门、开业年份、报表所属年度和月份、送出日期等。

（二）财务报告的报送

企业财务报告必须由企业领导、总会计师、会计主管人员和制表人员签名盖章后才能报出。单位负责人对财务报告的合法性、真实性负法律责任。

应向哪些单位报送财务报告，与各单位的隶属关系、经济管理和经济监督的需要有关。国有企业一般要向上级主管部门、开户银行、财政、税务和审计机关报送财务报告，同时应向投资者、债权人以及其他与企业有关的报告使用者提供财务报告。股份有限公司还应向证券交易和证券监督管理机构提供财务报告。根据法律和国家有关规定，对股份有限公司会计报表必须进行审计的单位应先委托会计师事务所进行审计，并将注册会计师出具的审计报告随同财务报告按照规定期限报送有关部门。

（三）财务报告的审批

上级主管部门或总公司、财政、税务和金融部门，对各企业报送的财务报告应当认真审核。主要审核会计报表的编制是否符合会计准则和会计制度的有关规定，审查和分析财务报告的指标内容，以便对报送单位的财务活动情况进行监督。在审核过程中，如果发现报告编制有错误或不符合要求，应及时通知原单位进行更正，错误较多的应当重新编报。如果发现有违反法律和财经纪律、弄虚作假的现象，应查明原因，及时纠正，严肃处理。

第二节 资产负债表

一、资产负债表的定义及编制意义

资产负债表是反映企业在某一特定日期财务状况的会计报表，某一特定日期是指编制报表这一天，如月末、季末、年末，因此资产负债表又称为静态报表。财务状况主要是指企业资产、负债和所有者权益的总额、构成以及各项目之间的合理组合。资产负债表根据“资产＝负债＋所有者权益”平衡式，依照一定的分类标准和一定的次序，把企业在某一特定日期的资产、负债和所有者权益项目予以适当排列编制而成。

资产负债表能提供企业在某一特定日期所掌握的经济资源、应偿付的债务、所有者在企业中所拥有的权益、企业的偿债能力、财务前景等重要资料。资产负债表提供的会计信息，对于企业投资者、债权人以及企业管理人员进行决策具有重要作用。通过对当期资产负债表与前期的比较，或通过期初与期末数的比较，可以对公司的资本结构、负债结构、所有者权益及公司偿债能力、资产管理能力进行有效分析。

二、资产负债表的格式与项目列示

资产负债表由表首和正表两个部分构成。

（一）表首

表首部分包括资产负债表的名称、编号、编制单位、编表时间和金额单位等内容。

（二）正表

正表是资产负债表的主体部分，包括用以说明企业财务状况的资产、负债和所有者权益三个会计要素。资产负债表正表的格式一般有两种：报告式资产负债表和账户式资产负债表。

报告式资产负债表是上下结构，上半部列示资产，下半部列示负债和所有者权益，示例如表 9-1 所示。具体排列形式又有两种：一是按“资产＝负债＋所有者权益”的原理排列；二是按“资产－负债＝所有者权益”的原理排列。

表 9-1　报告式资产负债表(报告式简表)

资产负债表　　会企 01 表

编制单位：××公司　　××年××月××日　　单位：元

项　目	期末余额	年初余额
资产：		
流动资产		
非流动资产		
资产合计		
负债：		
流动负债		
非流动负债		
负债合计		
所有者权益：		
实收资本		
资本公积		
盈余公积		
未分配利润		
所有者权益合计		

法定代表人：　　主管会计工作负责人：　　会计机构负责人：

账户式资产负债表是左右结构，左边列示资产，右边列示负债和所有者权益，示例如表 9-2 所示。

表 9-2　账户式资产负债表(账户式)

资产负债表　　会企 01 表

编制单位：××公司　　××年××月××日　　单位：元

资　产	期末余额	年初余额	负债和所有者权益	期末余额	年初余额
流动资产：			流动负债：		
货币资金			短期借款		
交易性金融资产			交易性金融负债		
应收票据			应付票据		
应收账款			应付账款		
预付款项			预收款项		
应收利息			应付职工薪酬		
应收股利			应交税费		

表 9-2(续)

资 产	期末余额	年初余额	负债和所有者权益	期末余额	年初余额
其他应收款			应付利息		
存货			应付股利		
持有待售资产			其他应付款		
一年内到期的非流动资产			划持有待售的负债		
流动资产合计			一年内到期的非流动负债		
非流动资产:			流动负债合计		
债权投资			非流动负债:		
其他债权投资			长期借款		
长期应收款			应付债券		
长期股权投资			非流动负债合计		
其他权益工具投资			负债合计		
投资性房地产			所有者权益:		
固定资产			实收资本		
无形资产			其他权益工具		
开发支出			资本公积		
商誉			其他综合收益		
长期待摊费用			盈余公积		
其他非流动资产			未分配利润		
非流动资产合计			所有者权益合计		
资产总计			负债和所有者权益总计		

法定代表人: 主管会计工作负责人: 会计机构负责人:

资产负债表不管采取什么格式,“资产各项目的合计=负债与所有者权益各项目的合计”这一等式不变。各要素按一定的标准进行分类,并按一定的顺序加以排列。资产项目按照其流动性的大小(即变现能力的强弱)排列,分为流动资产和非流动资产两类,并分项列示;负债项目按照其到期日的远近排列,分为流动负债和长期负债两类,并分项列示;所有者权益项目按其永久程度高低排列,一般分为实收资本、资本公积、盈余公积和未分配利润等项目。

账户式资产负债表中,每个项目又分为“年初数”和“期末数”两栏分别填列,以便报表使用者通过比较不同时点资产负债表的数据,掌握企业财务状况的变动情况及发展趋势。

三、资产负债表的编制方法

资产负债表上各项目均须同时填列年初数和期末数。

（一）年初数的填列

资产负债表年初数栏内各项数字，应当根据上年末资产负债表“期末余额”栏有关项目填列本年度资产负债表“年初余额”栏。如果企业发生了会计政策变更、前期差错更正，应当对“年初余额”栏中的有关项目进行相应调整；如果企业上年度资产负债表规定的项目名称和内容与本年度不一致，应当对上年年末资产负债表相关项目的名称和金额按照本年度的规定进行调整，填入“年初余额”栏。

（二）期末数的填列

资产负债表“期末数”栏内的各项数字，应以总分类账或有关明细分类账的期末余额为依据填列。有的可以直接填列，但也有一些项目不能直接填列，需要对有关账户资料进行加工、调整计算后填列。具体填列方法主要有以下几种。

1. 根据总账账户期末余额直接填列

当资产负债表上所列项目与总分类账户的名称及核算内容完全一致时，可直接根据有关总账账户的余额直接填列，如“交易性金融资产”“短期借款”“交易性金融负债”“应交税费”“实收资本（或股本）”“库存股”“资本公积”“其他综合收益”“盈余公积”等项目，应根据有关总账账户的余额填列。

2. 根据若干同类总账账户期末余额合并计算填列

当资产负债表上所列项目包括几个总分类账户的核算内容时，有些项目应根据几个总账账户的余额计算填列，如“货币资金”项目需根据“库存现金”“银行存款”“其他货币资金”三个总账账户余额的合计数填列。

3. 根据有关总账账户余额减去其备抵账户余额后的净额填列

资产负债表上有些项目在会计核算上要通过设置主体账户和备抵账户加以反映，这时就需要根据有关总分类账户的期末余额减去其备抵账户期末余额后的净额进行列示。例如，“在建工程”应根据相关账户的期末余额填列，已计提减值准备的，还应扣减相应的减值准备；“固定资产”“无形资产”等项目，应根据相关账户的期末余额扣减相关的累计折旧或累计摊销填列，已计提减值准备的，还应扣减相应的减值准备。

4. 根据明细账账户的余额计算填列

资产负债表上有些项目需要根据明细账账户余额计算填列。例如，“开发支出”项目，应根据“研发支出”账户中所属的“资本化支出”明细账账户期末余额填列；“应付账款”项目，应根据“应付账款”和“预付账款”账户所属的相关明细账账户的期末贷方余额合计数填列；“一年内到期的非流动资产”“一年内到期的非流动负债”项目，应根据有关非流动资产或负债项目的明细账账户余额分析填列；“应付职工薪酬”项目，应根据“应付职工薪酬”账户的明细账账户期末余额分析填列；“未分配利润”项目，应根据“利润分配”账户中所属的“未分配利润”明细账账户期末余额填列。

5. 根据总账账户和明细账账户的余额分析计算填列

例如，“长期借款”项目，应根据“长期借款”总账账户余额扣除“长期借款”账户所属的明细账账户中将在资产负债表日起一年内到期、且企业不能自主地将清偿义务展期的长期借款后的金额计算填列；“长期待摊费用”项目，应根据“长期待摊费用”账户的期末余额减去将于一年内(含一年)摊销的数额后的金额填列。

6. 综合运用上述填列方法分析填列

资产负债表中有些项目需要综合运用上述填列方法进行分析填列。主要包括:"应收票据""应收利息""应收股利""其他应收款"项目,应根据相关账户的期末余额,减去"坏账准备"账户中有关坏账准备期末余额后的金额填列;"应收账款"项目,应根据"应收账款"和"预收账款"账户所属各明细账账户的期末借方余额合计数,减去"坏账准备"账户中有关应收账款计提的坏账准备期末余额后的金额填列;"存货"项目,应根据"材料采购""原材料""发出商品""库存商品""周转材料""生产成本""材料成本差异"等账户的期末余额合计,减去"存货跌价准备"账户期末余额后的金额填列,材料采用计划成本核算的企业,还应按加或减材料成本差异后的金额填列;"划分为持有待售的资产""划分为持有待售的负债"项目,应根据相关账户的期末余额分析填列等。

第三节　利　润　表

一、利润表的定义及编制意义

利润表是反映企业在一定会计期间经营成果和综合收益的报表,一定会计期间可以是一个月、一个季度、半年,或者是一年,因此利润表又称为动态报表。经营成果是指企业进行经营活动产生的结果,主要由利润及其构成表示。利润表根据"收入－费用＝利润"的平衡关系,依照一定的标准和顺序,把企业在一定会计期间内的收入、费用和利润项目予以适当排列编制而成。

利润表把一定会计期间的收入与同一会计期间相关的费用进行配比,以计算出企业一定时期的净利润。通过利润表反映的收入和费用情况,能够分析企业生产经营的收入、费用耗费情况,表明企业一定时期的生产经营成果;同时,利润表提供的不同时期比较数字(本月数、本年累计数、上年数),有助于使用者分析评价企业的盈利能力及其构成与质量。

二、利润表的格式与结构

利润表一般有表首和正表两部分。

(一) 表首

表首部分包括利润表名称、编制单位、编制日期、报表编号、货币名称、计量单位等。

(二) 正表

利润表的格式主要有单步式利润表和多步式利润表两种。

单步式利润表是先将当期所有收入列在一起,再将所有费用列在一起,两者相减得出当期净损益的利润表,其示例如表 9-3 所示。优点是结构简单、直观,易于编制,但这种形式的利润表所提供的资料无法直接揭示企业在报告期内收入与费用、支出的配比关系,以及利润的构成情况。

表 9-3 单步式利润表

利润表(单步式)　　会企 02 表

编制单位:××公司　　××年××月　　单位:元

项　目	金　额
收入	
营业收入	
投资收益	
营业外收入	
费用	
营业成本	
税金及附加	
销售费用	
管理费用	
财务费用	
营业外支出	
所得税费用	
净利润	

法定代表人:　　主管会计工作负责人:　　会计机构负责人:

多步式利润表是通过对当期收入、费用、支出项目按性质加以归类,按利润形成的主要环节列示一些中间性利润指标,如营业利润、利润总额、净利润,分步计算当期净损益的利润表,其示例如表表 9-4 所示。其优点在于,便于对企业生产经营情况进行分析,有利于不同企业之间进行比较,更重要的是有利于预测企业以后的盈利能力。

表 9-4 多步式利润表

利润表(多步式)　　会企 02 表

编制单位:××公司　　××年××月　　单位:元

项　目	本期金额	上期金额
一、营业收入		
减:营业成本		
税金及附加		
销售费用		
管理费用		
研发费用		
财务费用		
其中:利息费用		
利息收入		
加:其他收益		
投资收益(损失以"—"号填列)		

表 9-4 续

项　目	本期金额	上期金额
公允价值变动收益(损失以“一”号填列)		
信用减值损失(损失以“—”号填列)		
资产减值损失(损失以“—”号填列)		
资产处置收益(损失以“—”号填列)		
二、营业利润(亏损以“—”号填列)		
加:营业外收入		
减:营业外支出		
三、利润总额(亏损总额以“—”号填列)		
减:所得税费用		
四、净利润(净亏损以“—”号填列)		
五、其他综合收益的税后净额		
(一) 以后不能重分类进损益的其他综合收益		
(二) 以后将重分类进损益的其他综合收益		
六、综合收益总额		
七、每股收益		
(一) 基本每股收益		
(二) 稀释每股收益		

法定代表人：　　　　　　　　主管会计工作负责人：　　　　　　　　会计机构负责人：

我国企业采用多步式利润表,而且利润表还就各项目再分为“本期金额”和“上期金额”两栏分别填列。

三、利润表的编制方法

我国《企业会计准则》规定,当期财务报表的列报,至少应当提供所有列报项目上一个可比会计期间的比较数据。因此,企业要提供比较利润表,以便报表使用者通过比较不同期间利润表的数据,判断企业经营成果的未来发展趋势。所以,利润表中的各项目分为“本期金额”和“上期金额”两栏分别填列。

(一) 上期金额的填列

企业提供的利润表“上期金额”栏内各项数字,应根据上年同期利润表“本期金额”栏内所列数字填列。如果企业上年该期利润表规定的项目名称和内容与本期不一致,应当对上年该期利润表相关项目的名称和金额按照本期的规定进行调整,填入“上期金额”栏。

(二) 本期金额的填列

利润表中“本期金额”栏反映各项目的本期实际发生数;在编报半年度中期财务报告时,填列上年同期累计实际发生数;在编报年度财务报告时,填列上年全年累计实际发生数。

利润表内的“本期金额”栏各项数字,应以有关总分类账户本期发生额为依据填列。具体填列方法主要有以下几种：

1. 根据当期有关损益类账户的发生额直接填列

利润表中大部分项目的填列都是采用这种方法，如“税金及附加”“销售费用”“管理费用”“财务费用”“营业外收入”“营业外支出”“所得税费用”等。通常，收入类项目根据账户的贷方发生额填列，费用类项目根据账户的借方发生额填列。

2. 根据有关账户发生额加计汇总填列

利润表中有些项目的设计是将同一类别收入内容或费用内容合并在一起，与账户的设置并非完全一致，应将反映该项目内容的有关账户发生额相加，求得该项目应填列金额的合计数之后再填列。如，“营业收入”项目填列的金额为“主营业务收入”和“其他业务收入”账户的贷方发生额之和，“营业成本”项目填列的金额为“主营业务成本”和“其他业务成本”账户的借方发生额之和。

3. 根据利润表中有关数据计算填列

利润表中的某些项目需要根据项目之间的关系计算填列，如营业利润、利润总额、净利润。当计算结果为盈利时直接填列，不必加任何标志；当计算结果为亏损时，应以“－”号填列。

报表编制完成后，可利用报表之间的钩稽关系进行核对，以检查报表编制的正确性。如，利润表中的净利润以及利润分配表中的未分配利润与资产负债表中的未分配利润项目相互核对。

第四节　现金流量表

一、现金流量表的定义及编制意义

现金流量表是反映企业一定会计期间现金和现金等价物流入和流出的报表。现金流量表按照收付实现制原则，根据“现金流入－现金流出＝现金流量净额”的平衡关系，以现金的流入和流出反映企业在一定期间内的经营活动、投资活动和筹资活动的动态情况。

编制现金流量表的主要意义表现在：能够说明企业在一定期间内现金流入和流出的原因；能够说明企业的偿债能力和支付应付股利的能力；能够分析企业未来获取现金的能力；能够分析企业投资和理财活动对经营成果和财务状况的影响；通过补充资料能够提供不涉及现金的投资和筹资活动的信息。

现金流量表的编制是一个较为复杂的会计问题，本书只对其格式和填列方法作简单介绍，具体编制方法的掌握需通过中级财务会计的学习来完成。

二、现金流量表的结构

在现金流量表中，现金及现金等价物被视为一个整体。现金流量，是指企业现金和现金等价物的流入和流出。企业从银行提取现金、用现金购买短期到期的国库券等现金和现金等价物之间的转换不属于现金流量。现金，是指企业库存现金以及可以随时用于支付的存款。不能随时用于支取的存款不属于现金。现金等价物，是指企业持有的期限短、流动性强、易于转换为已知金额现金、价值变动风险很小的投资。企业应当根据具体情况，确定现金等价物的范围，一经确定不得随意变更。

从内容上看，现金流量表被划分为经营活动、投资活动和筹资活动三个部分。经营活动是指企业投资活动和筹资活动以外的所有交易和事项；投资活动是指企业长期资产的购建和不包括在现金等价物范围内的投资及其处置活动；筹资活动是指导致企业资本及债务规模和构成发生变化的活动。

从结构上看，现金流量表将企业一定期间产生的现金流量分为三类：一是经营活动产生的现金流量，如购买和销售商品产生的现金流量；二是投资活动产生的现金流量，如购建和处置固定资产产生的现金流量；三是筹资活动产生的现金流量，如发行债券和偿还债务产生的现金流量。

现金流量表的具体格式如表 9-5 所示。

表 9-5 现金流量表

现金流量表

会企 03 表

编制单位：××公司　　××年××月　　单位：元

项　目	本期金额	上期金额
一、经营活动产生的现金流量		
销售商品、提供劳务收到的现金		
收到的税费返还		
收到的其他与经营活动有关的现金		
经营活动现金流入小计		
购买商品、接受劳务支付的现金		
支付给职工以及为职工支付的现金		
支付的各项税费		
支付的其他与经营活动有关的现金		
经营活动现金流出小计		
经营活动产生的现金流量净额		
二、投资活动产生的现金流量		
收回投资所收到的现金		
取得投资收益所收到的现金		
处置固定资产、无形资产和其他长期资产所收回的现金净额		
收到的其他与投资活动有关的现金		
投资活动现金流入小计		
购建固定资产、无形资产和其他长期投资所支付的现金		
投资所支付的现金		
支付的其他与投资活动有关的现金		
投资活动现金流出小计		
投资活动产生的现金流量净额		

表 9-5(续)

项　目	本期金额	上期金额
三、筹资活动产生的现金流量		
吸收投资所收到的现金		
借款所收到的现金		
收到的其他与筹资活动有关的现金		
筹资活动现金流入小计		
偿还债务所支付的现金		
分配股利、利润或偿付利息所支付的现金		
支付的其他与筹资活动有关的现金		
筹资活动现金流出小计		
筹资活动产生的现金流量净额		
四、汇率变动对现金及现金等价物的影响		
五、现金及现金等价物净增加额		
加:期初现金及现金等价物余额		
六、期末现金及现金等价物余额		

法定代表人:　　　　　　　　主管会计工作负责人:　　　　　　　　会计机构负责人:

三、现金流量表的编制方法及程序

(一) 工作底稿法和T形账户法

具体编制现金流量表时可以采用工作底稿法和T形账户法,两者的编制程序基本一致,区别在于验算平衡方式不一样。工作底稿法是通过现金流量表工作底稿,来验算调整分录是否平衡;T形账户法是通过开设“现金及现金等价物”T形账户,来验算调整分录是否平衡。

其中,工作底稿法的编制程序是:

第一步,将资产负债表期初数和期末数过入工作底稿期初数栏和期末数栏,将利润表本年发生数过入工作底稿本期数栏。

第二步,对当期业务进行分析并编制调整分录。

第三步,将调整分录过入工作底稿相应部分。

第四步,核对调整分录,借贷合计应当相等。资产负债表期初数加减调整分录中的借贷金额以后,应当等于期末数;利润表项目中调整分录借贷金额应当等于本期数。

第五步,根据工作底稿中的现金流量表项目编制正式的现金流量表。

(二) 经营活动现金流量反映的直接法和间接法

在现金流量表中,经营活动产生的现金流量可以采用直接法和间接法两种方法反映。其中,直接法是以营业收入为起算点去计算调整经营活动产生的现金流量,在现金流量表主表中反映;间接法是指以净利润为起算点,调整不涉及现金的收入、费用、营业外收支等有关项目,剔除投资活动、筹资活动对现金流量的影响,据此计算出经营活动产生的现金流量。

直接法的主要优点是显示了经营活动现金流量的各项目流入流出的具体内容，与间接法相比较，更能全面地反映企业一定时期的现金收支全貌，其所提供的信息有助于预测企业未来现金流量，有助于揭示企业的偿债能力、投资能力和支付股利的能力。间接法的优点是通过对企业净利润与现金净流量差异的揭示，有助于分析影响现金流量的原因，进而从现金流量角度分析企业净利润的质量。所以，我国一方面要求企业按直接法编制现金流量表，另一方面又要求在现金流量表"补充资料"中提供按间接法（见表 9-6）将净利润调节为经营活动现金流量的信息，从而兼顾了两种方法的优点。

表 9-6　现金流量表补充资料

补充资料	本期金额	上期金额
1. 将净利润调节为经营活动现金流量：		
净利润		
加：资产减值准备		
固定资产折旧		
无形资产摊销		
长期待摊费用摊销		
处置固定资产、无形资产和其他长期资产的损失（收益以"—"号填列）		
固定资产报废损失（收益以"—"号填列）		
公允价值变动损失（收益以"—"号填列）		
财务费用（收益以"—"号填列）		
投资损失（收益以"—"号填列）		
递延所得税资产减少（增加以"—"号填列）		
存货的减少（增加以"—"号填列）		
经营性应收项目的减少（增加以"—"号填列）		
经营性应付项目的增加（减少以"—"号填列）		
其他		
经营活动产生的现金流量净额		
2. 不涉及现金收支的投资和筹资活动：		
债务转为资本		
一年内到期的可转换公司债券		
融资租入固定资产		
3. 现金及现金等价物净增加情况：		
现金的期末余额		
减：现金的期初余额		
加：现金等价物的期末余额		
减：现金等价物的期初余额		
现金及现金等价物净增加额		

第五节　所有者权益变动表与报表附注

一、所有者权益变动表的定义及编制意义

所有者权益变动表是反映构成所有者权益各组成部分当期增减变动情况的报表。所有者权益是指企业资产扣除负债后由所有者享有的剩余权益。所有者权益的来源包括所有者投入的资本(包括实收资本和资本溢价等资本公积)、其他综合收益、留存收益(包括盈余公积和未分配利润)等。

所有者权益变动表应当全面反映一定时期所有者权益变动的情况,不仅包括所有者权益总量的增减变动,还包括综合收益和与所有者(或股东)的资本交易导致的所有者权益变动。对所有者权益增减变动的重要结构性信息的披露,有助于报表使用者理解所有者权益增减变动的根源。

二、所有者权益变动表的结构

所有者权益变动表以矩阵的形式列示:一方面,列示导致所有者权益变动的交易或事项,按所有者权益变动的来源对一定时期所有者权益变动情况进行全面反映;另一方面,按照所有者权益各组成部分(包括实收资本、资本公积、其他综合收益、盈余公积、未分配利润、库存股等)及其总额列示相关交易或事项对所有者权益的影响。

我国企业需要提供比较所有者权益变动表,而且所有者权益变动表还就各项目再分为"本年金额"和"上年金额"两栏分别填列,以反映所有者权益各组成部分的期初和期末余额及其调节情况。所有者权益变动表具体格式示例如表 9-7 所示。

表 9-7　所有者权益变动表

所有者权益变动表　　会企 04 表

编制单位:××公司　　××年××月　　单位:元

项　目	本年金额								上年金额							
	实收资本	其他权益工具	资本公积	减:库存股	其他综合收益	盈余公积	未分配利润	所有者权益合计	实收资本	其他权益工具	资本公积	减:库存股	其他综合收益	盈余公积	未分配利润	所有者权益合计
一、上年年末余额																
加:会计政策变更																
前期差错更正																
二、本年年初余额																
三、本年增减变动金额(减少以"-"号填列)																
(一) 综合收益总额																
(二) 所有者投入和减少资本																
1. 股东投入的普通股																
2. 其他权益工具持有者投入资本																

表 9-7(续)

项　目	本年金额								上年金额							
	实收资本	其他权益工具	资本公积	减：库存股	其他综合收益	盈余公积	未分配利润	所有者权益合计	实收资本	其他权益工具	资本公积	减：库存股	其他综合收益	盈余公积	未分配利润	所有者权益合计
3. 股份支付计入所有者权益的金额																
4. 其他																
(三) 利润分配																
1. 提取盈余公积																
2. 对所有者(或股东)的分配																
3. 其他																
(四) 所有者权益内部结转																
1. 资本公积转增资本(或股本)																
2. 盈余公积转增资本(或股本)																
3. 盈余公积弥补亏损																
4. 其他																
四、本年年末余额																

法定代表人：　　　　　　主管会计工作负责人：　　　　　　会计机构负责人：

三、所有者权益变动表的编制方法

(一)“上年金额”栏的填列方法

所有者权益变动表“上年金额”栏内各项数字，应根据上年度所有者权益变动表“本年金额”栏内所列示数字填列。如果上年度所有者权益变动表规定的各个项目名称和内容与本年度不一致，应对上年度所有者权益变动表各项目的名称和内容按本年度规定进行调整，填入所有者权益变动表“上年金额”栏内。

(二)“本年金额”栏的填列方法

企业应当根据所有者权益类账户和损益类有关账户的发生额分析填列所有者权益变动表“本年金额”栏，具体包括如下情况：

①“上年年末余额”项目，应根据上年资产负债表中“实收资本(或股本)”“资本公积”“其他综合收益”“盈余公积”“未分配利润”等项目的年末余额填列。

②“会计政策变更”和“前期差错更正”项目，应根据“盈余公积”“利润分配”“以前年度损益调整”等账户的发生额分析填列，并在“上年年末余额”的基础上调整得出“本年年初金额”项目。

③“本年增减变动额”项目分别反映如下内容：

——“综合收益总额”项目，反映企业当年的综合收益总额，应根据当年利润表中“其他综合收益的税后净额”和“净利润”项目填列，并对应列在“其他综合收益”和“未分配利润”栏。

——“所有者投入和减少资本”项目，反映企业当年所有者投入的资本和减少的资本。

其中:“所有者投入资本”项目,反映企业接受投资者投入形成的实收资本(或股本)和资本公积,应根据“实收资本”“资本公积”等账户的发生额分析填列,并对应列在“实收资本”和“资本公积”栏。“股份支付计入所有者权益的金额”项目,反映企业处于等待期中的权益结算的股份支付当年计入资本公积的金额,应根据“资本公积”账户所属的“其他资本公积”二级账户的发生额分析填列,并对应列在“资本公积”栏。

——“利润分配”下各项目,反映当年对所有者(或股东)分配的利润(或股利)金额和按照规定提取的盈余公积金额,并对应列在“未分配利润”和“盈余公积”栏。其中,“提取盈余公积”项目,反映企业按照规定提取的盈余公积,应根据“盈余公积”“利润分配”账户的发生额分析填列。“对所有者(或股东)的分配”项目,反映对所有者(或股东)分配的利润(或股利)金额,应根据“利润分配”账户的发生额分析填列。

——“所有者权益内部结转”下各项目,反映不影响当年所有者权益总额的所有者权益各组成部分之间当年的增减变动,包括资本公积转增资本(或股本)、盈余公积转增资本(或股本)、盈余公积弥补亏损等。其中,“资本公积转增资本(或股本)”项目,反映企业以资本公积转增资本或股本的金额,应根据“实收资本”“资本公积”等账户的发生额分析填列。“盈余公积转增资本(或股本)”项目,反映企业以盈余公积转增资本或股本的金额,应根据“实收资本”“盈余公积”等账户的发生额分析填列。“盈余公积弥补亏损”项目,反映企业以盈余公积弥补亏损的金额,应根据“盈余公积”“利润分配”等账户的发生额分析填列。

四、财务报表附注

附注是对在资产负债表、利润表、现金流量表和所有者权益变动表等报表中列示项目的文字描述或明细资料,以及对未能在这些报表中列示项目的说明等。

(一) 附注披露的总体要求

附注应当披露财务报表的编制基础,相关信息应当与资产负债表、利润表、现金流量表和所有者权益变动表等报表中列示的项目相互参照,以有助于使用者联系相关联的信息,并由此从整体上更好地理解财务报表。

(二) 附注披露的主要内容

附注一般应当按照下列顺序披露:

① 企业的基本情况:企业注册地、组织形式和总部地址;企业的业务性质和主要经营活动;母公司以及集团最终母公司的名称;财务报告的批准报出者和财务报告批准报出日,或者以签字人及其签字日期为准;营业期限有限的企业,还应当披露有关其营业期限的信息。

② 财务报表的编制基础。

③ 遵循企业会计准则的声明。企业应当声明编制的财务报表符合企业会计准则的要求,真实、完整地反映了企业的财务状况、经营成果和现金流量等有关信息。

④ 重要会计政策和会计估计。重要会计政策的说明,包括财务报表项目的计量基础和在运用会计政策过程中所作的重要判断等。重要会计估计的说明,包括可能导致下一个会计期间内资产、负债账面价值重大调整的会计估计的确定依据等。

企业应当披露采用的重要会计政策和会计估计,并结合企业的具体实际披露其重要会计政策的确定依据和财务报表项目的计量基础,及其会计估计所采用的关键假设和不确定因素。

⑤ 会计政策和会计估计变更以及差错更正的说明。企业应当按照《企业会计准则第28号——会计政策、会计估计变更和差错更正》的规定，披露会计政策和会计估计变更以及差错更正的情况。

⑥ 报表重要项目的说明。企业应当按照资产负债表、利润表、现金流量表、所有者权益变动表及其项目列示的顺序，对报表重要项目的说明采用文字和数字描述相结合的方式进行披露。报表重要项目的明细金额合计，应当与报表项目金额相衔接。

企业应当在附注中披露费用按照性质分类的利润表补充资料，可将费用分为耗用的原材料、职工薪酬费用、折旧费用、摊销费用等。

⑦ 或有和承诺事项、资产负债表日后非调整事项、关联方关系及其交易等需要说明的事项。

⑧ 有助于财务报表使用者评价企业管理资本的目标、政策及程序的信息。

⑨ 企业应当在附注中披露下列关于其他综合收益各项目的信息：其他综合收益各项目及其所得税影响；其他综合收益各项目原计入其他综合收益、当期转出计入当期损益的金额；其他综合收益各项目的期初和期末余额及其调节情况。

⑩ 企业应当在附注中披露终止经营的收入、费用、利润总额、所得税费用和净利润，以及归属于母公司所有者的终止经营利润。

⑪ 企业应当在附注中披露在资产负债表日后、财务报告批准报出日前提议或宣布发放的股利总额和每股股利金额（或向投资者分配的利润总额）。

本章小结

财务报告，又称为财务会计报告，是指企业对外提供的反映企业在某一特定日期财务状况和某一会计期间经营成果、现金流量等会计信息的文件。

财务报告包括财务报表和其他应当在财务报告中披露的相关信息和资料。一套完整的财务报表至少应当包括“四表一注”：① 资产负债表；② 利润表；③ 现金流量表；④ 所有者权益（或股东权益）变动表；⑤ 附注。财务报表上述组成部分具有同等的重要程度。

资产负债表是反映企业在某一特定日期财务状况的会计报表，某一特定日期是指编制报表这一天，如月末、季末、年末，因此资产负债表又称为静态报表，资产负债表由表首和正表两个部分构成。表首部分包括资产负债表的名称、编号、编制单位、编表时间和金额单位等内容。正表是资产负债表的主体部分，包括用以说明企业财务状况的资产、负债和所有者权益三个会计要素。资产负债表正表的格式一般有两种：报告式资产负债表和账户式资产负债表。

利润表是反映企业在一定会计期间经营成果和综合收益的报表，一定会计期间可以是一个月、一个季度、半年，或者是一年，因此利润表又称为动态报表。利润表一般有表首和正表两部分。表首部分包括利润表名称、编制单位、编制日期、报表编号、货币名称、计量单位等。利润表的格式主要有单步式利润表和多步式利润表两种。利润表内的“本期金额”栏各项数字，应以有关总分类账户本期发生额为依据填列。利润表本期金额具体填列方法主要有：① 根据当期有关损益类账户的发生额直接填列；② 根据有关账户发生额加计汇总填列；③ 根据利润表中有关数据计算填列。

现金流量表是反映企业一定会计期间现金和现金等价物流入和流出的报表。现金流量表按照收付实现制原则，根据“现金流入－现金流出＝现金流量净额”的平衡关系，以现金的流入和流出反映企业在一定期间内的经营活动、投资活动和筹资活动的动态情况。

所有者权益变动表是反映构成所有者权益各组成部分当期增减变动情况的报表。

附注是对在资产负债表、利润表、现金流量表和所有者权益变动表等报表中列示项目的文字描述或明细资料，以及对未能在这些报表中列示项目的说明等。

【案例讨论】

盈余管理(earnings management)是企业管理当局在遵循会计准则的基础上，通过对企业对外报告的会计收益信息进行控制或调整，以达到主体自身利益最大化的行为。上市公司为了达到增发股票、扭亏为盈或平滑利润等目的，可能会通过盈余管理行为调节利润。

据《中国经营报》报道，2019 年末，或为扭亏为盈或为增厚业绩，部分 A 股公司频频出招，上演资产售卖大戏。根据 Wind 数据不完全统计，2019 年 12 月以来不到半个月时间，已有至少 9 家 A 股公司公告拟出售房产，涉及面积近 3 万平方米，预估价超 6 亿元，合计测算能够为上市公司增加近 2 亿元净利润。

《华夏时报》报道，“大额计提减值准备”成为相当一部分 A 股上市公司 2022 年度业绩预亏的原因，“少计提资产减值”也成为部分 A 股上市公司扭亏为盈的原因。监管高度关注上市公司减值计提。截至 2023 年 2 月 6 日，深交所发出的业绩预告关注函多达 39 封，其中 26 封关注函都提到了计提减值。

仅简单通过年报中的净利润指标是无法判断这家公司实际经营好坏的，除了看“净利润”外，更需要分析利润的构成，才能更好地预测公司的未来发展前景。

请通过自主学习，探究以下问题：

1. 盈余管理有几种类型？具体的盈余管理手段有哪些？

2. 如何通过上市公司年报识别盈余管理行为？

3. 下载并阅读一家或者多家上市公司的年报，判断其是否可能存在盈余管理行为，并对其具体盈余管理手段进行识别分析。

思考与练习

一、单项选择题

1. 在资产负债表中，所有者权益按照(　　)的顺序排列。

A. 流动性程度的高低　　B. 到期日由近至远

C. 永久性递减　　D. 金额的大小

2. 利润表是主要的会计报表，它反映企业一定会计期间的(　　)。

A. 所有者权益变动　　B. 经营成果

C. 现金流量　　D. 财务状况

3. 现金流量表是以(　　)为基础编制的会计报表。

A. 权责发生制　　　　B. 收付实现制
C. 应收应付制　　　　D. 费用配比制

二、多项选择题

1. 财务报表至少应当包括(　　)。
A. 资产负债表　　　　B. 利润表
C. 现金流量表　　　　D. 所有者权益(或股东权益)变动表
E. 附注

2. 能计入利润表中“营业利润”的项目有(　　)。
A. 主营业务收入　　　　B. 管理费用
C. 主营业务成本　　　　D. 所得税费用
E. 营业外收入

第十章 财务报表分析

【学习目标】

（1）掌握财务报表分析的基本内涵。
（2）理解财务分析的内涵与目标。
（3）理解财务报表之间的钩稽关系。
（4）了解审计报告与内部控制报告的内容及其与财务报告的关系。
（5）理解财务效率评价中常用财务指标的计算。
（6）了解财务报表附注的内容及其与财务报表之间的关系。

【学习重点与难点】

（1）财务报表分析的基本内涵与目标。
（2）财务报表之间的钩稽关系。
（3）财务效率评价中四方面财务能力的常用评价指标。

【引导案例】

东芝公司成立于1875年7月，1984年4月更名为东芝株式会社，业务领域涵盖数码产品、电子元器件、家电等。20世纪90年代，公司在数字技术、移动通信技术和网络技术领域得到快速发展，成功实现从家电行业转变为IT行业的目标。2014年的报表显示，公司收入高达66 559亿日元（约合555亿美元）。2015年2月15日，公司收到来自日本证券交易监督委员会（SESC）的通知，要求东芝针对员工举报的会计问题展开调查，尤其是某些工程项目中采用完工百分比法的合理性进行审视。此后，公司进行了自查，并于2015年4月3日成立特别调查委员会，就通知所涉问题展开调查，结果发现合同成本的总金额低估、合同损失（包括合同损失准备金）没有及时记录，错报金额约44亿日元。具体情况包括利用完工百分比法，推迟计提损失。在收购美国西屋公司之际，因发电站追加工程造成成本上升，但东芝却以不认可西屋公司3.85亿美元准备金为理由而处理了6 900万美元。其他舞弊手段还有填塞分销渠道，提升“盈利”。东芝PC业务在季度末时将大量零部件以高价卖给代工厂商，以提升该季度的盈利。控制开票时间，调增“利润”。东芝电视机业务曾要求对方晚开发票，将广告费和物流费计入下个季度而实现本季度“盈利”。夸大存货价值，实现“营收”。东芝半导体事业部曾夸大库存价值增收营业利润360亿日元。调查委员会认定包括前三任社长和两任CFO在内的5位高管未能履行应有的“注意义务”，忽视可疑的会计行为，从而给公司造成损失。2015年11月18日，日本证券交易监督委员会建议对东芝公司处以约70亿日元（约5 700万美元）的罚款。此次会计造假事件是继2011年奥林巴斯以来又一重大财务造假行为，使东芝多年积累的信誉轰然倒塌，半数董事高管及总裁撤职。东芝公司此次陷于财务造假旋涡，对东芝公司的负面影响将是长期性的。

东芝公司的财务舞弊行为并不是个例。公司财务造假会影响哪些利益相关者？财务报告中哪些信息有助于判断公司财务状况？如何评价公司财务报表信息质量？通过本章学习来寻求答案吧。

第一节　财务报表分析概述

一、财务报表分析

（一）财务报表分析的内涵和目标

1. 财务报表分析的内涵

所谓财务报表分析，是指以财务报表资料为主，以其他相关资料为辅，采用一系列专门的分析技术和方法，对企业等经济组织过去和现在有关财务活动的盈利能力、营运能力、偿债能力和发展能力等状况进行分析与评价，为企业的投资者、债权人、经营者及其他关心企业的组织或个人了解企业的过去、评价企业的现状、评估企业的未来、做出正确决策提供准确的信息或依据的一门经济应用型学科。要正确理解财务报表分析的内涵，需要明确以下几个问题。

（1）财务报表分析有完整的理论体系

随着财务报表分析的产生与发展，财务报表分析的理论体系不断完善。从财务报表分析的内涵、财务报表分析的目的、财务报表分析的作用、财务报表分析的内容，到财务报表分析的原则、财务报表分析的形式及财务报表分析的组织等，都日趋成熟。

（2）财务报表分析有健全的方法论体系

财务报表分析的实践使财务报表分析的方法不断发展和完善，它既有适应财务报表分析一般需求的分析程序或一般分析方法，又有适应具体分析目的的财务报表分析专门技术方法，如水平分析法、垂直分析法、趋势分析法、比率分析法等都是财务报表分析的专门而有效的方法。

（3）财务报表分析有系统、客观的资料依据

财务报表分析的最基本资料是财务会计报表，财务会计报表体系和财务报表结构及内容的科学性、系统性、客观性为财务报表分析的系统性与客观性奠定了坚实的基础。另外，财务报表分析不仅以财务报表资料为依据，还参考管理会计报表、市场信息及其他有关资料，使财务报表分析资料更加真实、完整。

2. 财务报表分析的目的

财务报表分析的目的受财务报表分析主体和财务报表分析服务对象的制约，不同的财务报表分析主体进行财务报表分析的目的是不同的，不同的财务报表分析服务对象所关心

的问题也是不同的。

(1) 从企业投资者角度看财务报表分析的目的

企业的投资者包括企业的所有者和潜在投资者，他们进行财务报表分析最根本的目的是考察企业的盈利能力状况，因为盈利能力是投资者资本保值和增值的关键。同时，为了确保资本保值与增值，他们还应研究企业的权益结构、支付能力及营运状况。企业所有者还通过财务报表分析评价企业经营者的经营业绩，通过行使股东权利为企业未来发展指明方向。

(2) 从企业债权人角度看财务报表分析的目的

企业债权人包括企业取得借款的银行及一些金融机构，以及购买企业债券的单位与个人等。从债权人角度进行财务报表分析的主要目的，一是看其对企业的借款或其他债权是否能及时、足额收回，即研究企业偿债能力的大小；二是看债权人的收益状况与风险程度是否相适应，为此，还应将偿债能力分析与盈利能力分析相结合。

(3) 从企业经营者角度看财务报表分析的目的

企业经营者主要是指企业的经理以及各分厂、部门、车间等的管理人员。他们进行财务报表分析的目的是综合的和多方面的。他们不仅仅关心盈利的结果，更关心盈利的原因及过程，其目的是及时发现生产经营中存在的问题与不足，并采取有效措施解决这些问题。

(4) 从其他利益相关者角度看财务报表分析的目的

其他利益相关者主要是指与企业经营有关的企业单位和国家行政管理与监督部门。与企业经营有关的企业单位主要指材料供应者、产品购买者等，他们进行财务报表分析的主要目的在于弄清往来企业的信用状况。国家行政管理与监督部门主要是指工商、物价、财政、税务以及审计等部门。它们进行财务报表分析的目的一是监督、检查党和国家的各项经济政策、法规、制度在企业单位的执行情况；二是保证企业财务会计信息和财务报表分析报告的真实性、准确性，为宏观决策提供可靠信息。

(二) 财务报表分析的内容

1. 盈利能力分析

获取利润是企业的主要经营目标之一，它也反映了企业的综合素质。企业要生存和发展，必须争取获得较高的利润，这样才能在竞争中立于不败之地。投资者和债权人都十分关心企业的盈利能力，盈利能力强可以提高企业偿还债务的能力，提升企业的信誉。对企业盈利能力的分析不能仅看其获取利润的绝对数，还应分析其相对指标，这些都可以通过财务分析来实现。

2. 营运能力分析

营运能力反映了企业对资产的利用和管理能力。企业的生产经营过程就是利用资产取得收益的过程。资产是企业生产经营活动的经济资源，对资产的利用和管理能力直接影响企业的收益，它体现了企业的经营能力。对营运能力进行分析，可以了解企业资产的保值和增值情况，分析企业资产的利用效率、管理水平、资金周转状况、现金流量状况等，为评价企业的经营管理水平提供依据。

3. 偿债能力分析

偿债能力是指企业偿还到期债务的能力。通过对企业的财务报告等会计资料进行分析，可以了解企业资产的流动性、负债水平以及偿还债务的能力，从而评价企业的财务状况和财务风险，为管理者、投资者和债权人提供企业偿债能力的财务信息。

4. 发展能力分析

无论是企业的管理者还是投资者、债权人，都十分关注企业的发展能力，因为这关系到他们的切身利益。通过对企业发展能力进行分析，可以判断企业的发展潜力，预测企业的经营前景，从而为企业管理者和投资者进行经营决策和投资决策提供重要依据，避免决策失误带来的重大经济损失。

5. 财务趋势分析

财务趋势分析是指通过对企业连续若干期的会计信息和财务指标进行分析，判断企业未来发展趋势，了解企业的经营活动和财务活动存在的问题，为企业未来决策提供依据。

6. 财务综合分析

财务综合分析是指全面分析和评价企业各方面的财务状况，对企业风险、收益、成本和现金流量等进行分析和判断，为提高企业财务管理水平、改善经营业绩提供信息。

（三）财务报表分析的方法

1. 比较分析方法

比较分析方法是在阅读会计报告的基础上，对会计报表进行比较分析的方法，包括水平分析法、垂直分析法和趋势分析法。

水平分析法，是将反映企业报告期财务状况的信息与反映企业前期或历史某一时期财务状况的信息进行对比，研究企业各项经营业绩或财务状况的发展变动情况的一种财务分析方法。

垂直分析法与水平分析不同，它的基本点不是将企业报告期的分析数据直接与基期进行对比，而是通过计算报表中各项目占总体的比重或结构，反映报表中的项目与总体关系情况及其变动情况。

趋势分析法是根据企业连续几年或几个时期的分析资料，运用指数或完成率的计算，确定分析期各有关项目的变动情况和趋势的一种财务分析方法。

2. 比率分析方法

比率分析方法是财务分析最基本、最重要的方法，是将影响财务状况的两个相关因素联系起来，通过计算比率，反映它们之间的关系，借以评价企业财务状况和经营状况的一种财务分析方法。

比率分析方法中的比率指标，通常是反映企业经济效率的指标。基于企业目标和财务目标角度，比率指标通常包括盈利能力指标、营运能力指标、偿债能力指标和发展能力指标四类。

3. 因素分析方法

因素分析方法，是依据分析指标与其影响因素之间的关系，按照一定的程序和方法，确定各因素对分析指标差异影响程度的一种财务报表分析方法。根据分析特点，因素分析方法可分为连环替代法和差额计算法两种。

二、财务报表间钩稽关系

财务报表由四张主表构成，这四张主表之间并不是孤立存在的，而是可以在某一时点或一段时间内联系在一起的。资产负债表是存量报表，它报告的是在某一时点上的价值存量。利润表、现金流量表和所有者权益变动表是流量报表，它们反映在两个时点的存量变化。利润表是对资产负债表中未分配利润的补充，现金流量表是对资产负债表中货币资金期初、期末差额变动的具体反映，所有者权益变动表是对资产负债表中所有者权益期初、期末差额变动原因的解释。这就是四张主表之间主要的内在联系。

（一）资产负债表与利润表的钩稽关系

企业的盈利状况会影响资产的规模，利润表中的净利润会通过“利润分配——未分配利润”科目结转至资产负债表。在不分配股利、不计提盈余公积的情况下，净利润对应资产负债表中所有者权益部分的“未分配利润”项目，即在不分配股利、不计提盈余公积的情况下，资产负债表与利润表之间存在如下逻辑关系：

资产负债表期末未分配利润－期初未分配利润＝本年净利润

（二）资产负债表与现金流量表的钩稽关系

现金流量表可以说是对资产负债表中“货币资金”项目的解释和说明。在企业不存在现金等价物的前提下，资产负债表“货币资金”项目期末和期初的差额，与现金流量表“现金及现金等价物净增加”项目存在一定的钩稽关系。

具体来说，一般企业的“现金及现金等价物”所包括的内容大多与“货币资金”口径一致。投资活动中“购建固定资产、长期资产所支付的现金”与资产负债表中的“固定资产”“在建工程”“无形资产”等项目的增加相对应；筹资活动中“取得借款收到的现金、发行债券所收到的现金”与资产负债表中的“短期借款”“长期借款”“应付债券”的增加相对应。由此可见，现金流量表是对资产负债表的补充说明。

（三）现金流量表与利润表的钩稽关系

利润表是按照权责发生制编制的，现金流量表是按照收付实现制编制的。在长期范围内，二者反映的累计结果应该趋于一致，即净利润和经营活动产生的净现金流量在一段很长时间内的累计结果应该趋于一致。然而，在某个会计期间内，净利润与经营活动产生的现金流量净额往往不一致。其实，在净利润的基础上进行调整，即可求得经营活动产生的现金流量净额，两者的关系如下：

经营活动产生的现金流量净额＝本期净利润＋不减少现金的经营性费用＋非经常性活动损益－非经常性活动收入＋非现金流动资产的减少额－非现金流动资产的增加额＋流动负债的增加额－流动负债的减少额

由此可见，现金流量表是对利润表的补充说明。

（四）资产负债表与所有者权益变动表的钩稽关系

资产负债表与所有者权益变动表之间的关系非常紧密。所有者权益变动表相当于是对资产负债表的一个详细说明，它是对资产负债表中所有者权益项目的具体解释。企业的所有者权益是股东实际拥有的财产，其增减变动会影响企业每一个股东的利益。资产负债表中“所有者权益”项目期末余额大于期初余额，说明本期股东权益增加，而增加的原因则需要所有者权益变动表来解释。资产负债表与所有者权益变动表之间存在如下逻辑关系：

资产负债表期末所有者权益－期初所有者权益＝所有者权益变动表中的本年增减变动金额

（五）利润表与所有者权益变动表的钩稽关系

利润表中的净利润是所有者权益变动表中未分配利润的来源，其通过利润分配最终反映在所有者权益变动表中，是所有者权益变动表本年增减变动金额的主要影响因素。

综上所述，资产负债表给企业提供了生产经营活动的基础，管理者必须对企业的资产进行有效的运营，激活盘存的资产，合理组织投放的资金，才能使利润表充盈起来。如果把财务报表综合在一起进而分析企业的综合财务状况和经营成果，例如资产运营情况、收入费用多少、经济效益质量、企业现金的筹集、运用方式和股东价值增值等，即分析四张主表之间的内在逻辑性和各项目之间的钩稽关系，就会发现利润表和所有者权益变动表其实都是对资产负债表中某一项目的解释和说明。现金流量表则是从企业财务活动角度说明现金流量的状况，是资产负债表和利润表之间的桥梁。对财务报表的过程分析至关重要，并且要将各种分析方法融入其中。因此，在对各主表每一部分的分析中都必须注意各主表之间的钩稽关系，这样才能全面客观地掌握财务报表带给我们的企业经营管理信息，以便对企业未来进行决策和建议。

三、审计报告与内部控制信息

（一）审计报告意见

注册会计师审计报告是进行财务分析的重要信息。有人将审阅注册会计师审计报告作为财务报表分析的首要步骤，足以说明审计报告的重要性。审计报告可向财务分析者提供有关财务报告是否公正表述的独立性、权威性意见。

注册会计师在审计报告中对所审计的财务报告可提出以下五种意见中的一种：① 标准无保留意见；② 带强调事项段的无保留意见；③ 保留意见；④ 否定意见；⑤ 无法（拒绝）表示意见。

在上述五种意见中，第一种属于标准审计报告；后四种属于非标准审计报告，其中保留意见、否定意见和无法表示意见又被称为非无保留意见。注册会计师在审计报告中如果提出后四种意见，必须做出必要的说明。

（二）内部控制信息

根据财政部 2008 年颁发的《企业内部控制基本规范》，内部控制是由企业董事会、监事会、经理层和全体员工实施的、旨在实现控制目标的过程。内部控制的目标是合理保证企业经营管理合法合规、资产安全、财务报告及相关真实完整，提高经营效率和效果，促进企业实现发展战略。

根据《企业内部控制基本规范》的要求，企业建立与实施有效的内部控制，应当包括企业内部环境、风险评估、控制活动、信息与沟通、内部监督等五方面要素。企业应当由董事会或者类似机构围绕内部控制五要素，对内部控制设计和执行的有效性进行全面评价；上市公司还应当编制内部控制自我评价报告，在年度报告披露的同时，披露年度内部控制自我评估报告,以及会计师事务所对内部控制自我评估报告的核实评价意见。

四、报表附注

附注是财务报告不可或缺的组成部分。报表使用者要了解企业的财务状况、经营成果和现金流量,应当全面阅读附注。附注相对于报表而言,同样具有重要性。附注提供会计报表信息生成的依据,并提供无法在报表上列示的定性信息和定量信息,从而使得报表中数据的信息更加完整,为财务分析奠定良好的信息基础。根据会计准则的规定,附注应当按照一定的结构进行系统合理的排列和分类,有序地披露信息。

(一)财务报表附注的基本内容

财务报表附注主要包括企业的基本情况、财务报表的编制基础、遵循企业会计准则的声明、重要会计政策和会计估计、会计政策和会计估计变更以及差错更正的说明、合并财务报表的合并范围、重要报表项目的说明以及重要事项的揭示等内容。

1. 企业的基本情况

企业的基本情况主要简述企业注册地、组织形式和总部地址,企业的业务性质和主要经营活动,母公司以及集团最终母公司的名称,财务报告的批准报出者和财务报告批准报出日。

2. 财务报表的编制基础

财务报表的编制基础简述企业会计核算和会计报表编制所依据的基本会计假设,对于未以公认的基本会计假设为前提的业务处理和报表编制,应予以披露,并说明其理由。

3. 遵循企业会计准则的声明

遵循企业会计准则的声明要求明确说明编制的财务报表符合企业会计准则体系的要求,真实、完整地反映了企业的财务状况、经营成果和现金流量。

4. 重要会计政策和会计估计

企业报表附注提供重要会计政策和会计估计的信息,不重要的会计政策和会计估计可以不披露。在披露重要会计政策和会计估计时,报表附注提供重要会计政策的确定依据和财务报表项目的计量基础,以及会计估计中所采用的关键假设和不确定因素。

报表附注提供的重要会计政策信息包括存货、长期股权投资、投资性房地产、固定资产、生物资产、无形资产、非货币性资产交换、资产减值、职工薪酬、企业年金基金、股份支付、债务重组、或有事项、收入、建造合同、政府补助、借款费用、所得税、外币折算、企业合并、租赁、金融工具确认和计量、金融资产转移、合并财务报表、每股收益、分部报告、金融工具列报等。

5. 会计政策和会计估计变更以及差错更正的说明

企业报表附注应提供会计政策变更的信息。比如,会计政策变更的性质、内容和原因;当期和各个列报前期财务报表中受影响的项目名称和调整金额;无法进行追溯调整的,说明该事实和原因以及开始应用变更后的会计政策的时点、具体应用情况。

报表附注应提供会计估计变更的信息。比如,会计估计变更的内容和原因;会计估计变更对当期和未来期间的影响数;会计估计变更的影响数不能确定的,披露其事实和原因。

报表附注应提供前期差错更正的信息。比如,前期差错的性质;各个列报前期财务报表中受影响的项目名称和更正金额；无法进行追溯重述的，说明该事实和原因以及对前期差错开始进行更正的时点、具体更正情况。

6. 合并财务报表的合并范围

合并财务报表的合并范围主要介绍纳入合并范围的重要子公司名称、注册地、业务性质、注册资本、本集团投资额、直接和间接持股比例和表决权比例。

7. 重要报表项目的说明

企业应当尽可能以列表形式披露重要报表项目的构成或当期增减变动情况。对重要报表项目的明细说明，应当按照资产负债表、利润表、现金流量表、所有者权益变动表的顺序和报表项目列示的顺序，采用文字和数字描述相结合的方式进行披露，并与报表项目相互参照。

8. 重要事项的揭示

重要事项的揭示，主要包括以下三种。

(1) 或有事项

企业应当披露预计负债的种类、形成原因以及经济利益流出不确定性的说明；与预计负债有关的预期补偿金额和本期已确认的预期补偿金额；或有负债的种类、形成原因及经济利益流出不确定性的说明；或有负债预计产生的财务影响，以及获得补偿的可能性；无法预计的，应当说明原因；或有资产很可能会给企业带来经济利益的，其形成的原因、预计产生的财务影响等；在涉及未决诉讼、未决仲裁的情况下，披露全部或部分信息预期对企业造成重大不利影响的，披露该未决诉讼、未决仲裁的性质以及没有披露这些信息的事实和原因。

(2) 资产负债表日后事项的说明

其包括每项重要的资产负债表日后非调整事项的性质、内容，及其对财务状况和经营成果的影响。无法做出估计的，应当说明原因。

(3) 关联方关系及其交易的说明

企业应当披露母公司和子公司的名称。如果母公司不是该企业的最终控制方，说明最终控制方名称。母公司和最终控制方均不对外提供财务报表的，说明母公司之上与其最相近的对外提供财务报表的母公司名称。企业还应当披露母公司和子公司的业务性质、注册地、注册资本（或实收资本、股本）及其当期发生的变化；披露母公司对该企业或者该企业对子公司的持股比例和表决权比例；企业与关联方发生交易的，披露该关联方关系的性质、交易类型及交易要素。

（二）财务报表和报表附注的关系

在财务报告中，会计报表以确认和计量的方式，采用量化的方法对企业的经营成果、财务状况和现金流量情况加以反映；而报表附注以披露的方式，为会计报表中高度概括的数字提供进一步的解释，从而增加财务报告使用者能够获取的信息。

1. 为会计报表提供详细信息

会计报表中的数字是对企业经营活动、财务状况和现金流量情况的高度概括。报表数字具有很高的信息含量，但是如果缺少必要的报表附注对报表数字加以解释，这些信息很难为处于企业外部的财务分析人员所获取。比如，利润表中的“财务费用”是对企业财务活动产生的各种费用进行汇总，并仅以单一数字列示，这使财务分析人员难以获取充分信息对企业财务活动进行有效的分析。利润表附注提供的财务费用明细表，将财务费用分解为利息收入、利息支出、汇兑损失、现金折扣及贴息和银行手续费等部分，为分析企业的财务活动提供了更为详细的信息。

2. 为会计报表提供定性信息

受计量属性的限制，会计报表只能以数字的方式进行量化计量。因此，关于企业经营活动、财务状况和现金流量的定性信息，无法在报表中加以反映。这会直接影响对定量信息的使用和解读。相比之下，报表附注可以采用非量化的方式提供定性信息。比如，企业资产负债表中资产的担保情况无法在报表中加以反映，但是可以用报表附注的方式加以披露。资产担保行为虽然没有改变资产的数额，却会影响资产未来收益是否能够流入企业，进而影响企业的财务状况和经营业绩。因此，只有将报表附注和会计报表相结合，才能获取准确、全面的财务分析信息。

第二节　财务能力分析

一、企业盈利能力分析

盈利能力通常是指企业在一定时期内赚取利润的能力。盈利能力的大小可以用利润率来衡量，利润率越高，盈利能力越强。常用的评价盈利能力的财务比率包括净资产收益率、总资产收益率、销售净利率等。对于上市公司而言，还可以计算其每股收益。

（一）净资产收益率

净资产收益率（return on equity，ROE），是企业在一定时期内的净利润与净资产平均余额的比率。其计算公式为：

$$净资产收益率=\frac{净利润}{净资产平均余额}\times 100\%$$

其中，净利润是指企业当期税后利润；净资产是指企业总资产减去总负债后的余额，即资产负债表中的所有者权益总额；净资产平均余额，一般取期初与期末的平均值。

净资产收益率是反映盈利能力的核心指标。因为企业的根本目标是所有者权益价值最大化，而净资产收益率既可以直接反映所有者权益的增值能力，又影响着股东价值的大小。该指标越高，说明企业盈利能力越好。

（二）总资产收益率

总资产收益率（return on assets，ROA），是企业在一定时期内净利润与平均资产总额的比率。其计算公式为：

$$总资产收益率=\frac{净利润}{总资产平均余额}\times 100\%$$

总资产收益率越高，说明企业资产的运用效率越好，也意味着企业的资产盈利能力越强，一般情况下，这个比率越高越好。

（三）销售净利率

销售净利率（profit margin），是企业净利润与营业收入的比率。其计算公式为：

$$销售净利率=\frac{净利润}{营业收入}\times 100\%$$

销售净利率越高，说明企业通过扩大销售获取利润的能力越强。

二、企业营运能力分析

营运能力是指企业在经营过程中使用资产获取回报的效率。企业的营运资产，主体是流动资产和固定资产，无形资产的作用多数情况下需要通过依附于有形资产才能发挥出来。从这个意义上说，流动资产和固定资产构成了企业营运资产的主体，其营运情况将从根本上决定企业经营状况和经济效益。

企业营运能力通常使用资产周转率来衡量。资产周转率指标包括资产周转率（周转次数）和资产周转期（周转一次的天数）。其计算公式分别为：

$$资产周转率=\frac{资产周转额}{资产平均余额}$$

$$资产周转期=\frac{计算期天数}{资产周转率}=\frac{资产平均余额\times 计算期天数}{资产周转额}$$

（一）总资产周转率

总资产周转率（total asset turnover ratio），是企业营业收入与总资产平均余额的比率。其计算公式为：

$$总资产周转率=\frac{总周转额（营业收入）}{总资产平均余额}$$

$$总资产周转期=\frac{360}{总资产周转率}$$

对于同样经营规模的企业而言，总资产周转率越高，说明企业利用资产进行经营的效率越高。

【例 10-1】 山海公司与黄河公司 2023 年均实现主营业务收入 36 000 000 元。前者总资产平均余额为 6 000 000 元，后者总资产平均余额为 9 000 000 元，试评价二者的总资产管理效率。

解：

山海公司的总资产周转率$=\frac{36\ 000\ 000}{6\ 000\ 000}=6$。

黄河公司的总资产周转率$=\frac{36\ 000\ 000}{9\ 000\ 000}=4$。

就上述指标计算结果而言，山海公司的总资产管理效率高于黄河公司。

（二）存货周转率

存货周转率（inventory turnover ratio），通常用营业成本与存货平均余额之比来表示，以反映企业存货规模是否合适、周转速度如何。其计算公式为：

$$存货周转率=\frac{总周转额（营业成本）}{存货平均余额}$$

$$存货周转期=\frac{360}{存货周转率}$$

存货周转率越高，说明存货周转得越快，营运资金占用在存货上的金额也越少。但是，存货周转率过高，也可能说明企业管理方面存在一些问题，如存货数量过少，甚至经常缺货，或采购次数过于频繁，批量太小等；存货周转率过低，常常意味着企业在产品销售方面存在一定问题，但也有可能是企业增大库存的结果。具体分析时，需结合产品竞争态势等实际情况做出判断。

【例 10-2】 山海公司与黄河公司 2023 年的销售成本均为 24 000 000 元。前者存货平均余额为 3 000 000 元，后者存货平均余额为 4 000 000 元，试评价二者的存货管理效率。

解：

山海公司的存货周转率$=\frac{24\ 000\ 000}{3\ 000\ 000}=8$。

黄河公司的存货周转率$=\frac{24\ 000\ 000}{4\ 000\ 000}=6$。

就上述指标计算结果而言，山海公司的存货管理效率高于黄河公司。

（三）应收账款周转率

应收账款周转率（receivable turnover ratio），是企业一定时期的赊销营业收入净额与应收账款平均余额的比率，用以反映应收账款的收款速度。赊销净额作为企业商业秘密不对外公布，所以一般用营业收入代替。应收账款周转率计算公式为：

$$应收账款周转率=\frac{总周转额（营业收入）}{应收账款平均余额}$$

$$应收账款周转期=\frac{360}{应收账款周转率}$$

应收账款周转率越高，说明企业催收账款的速度越快。

【例 10-3】 山海公司与黄河公司 2023 年均实现主营业务收入 36 000 000 元。前者应收账款平均余额为 3 000 000 元，后者应收账款平均余额为 2 000 000 元，试评价二者的应收账款管理效率。

解：

山海公司的应收账款周转率$=\frac{36\ 000\ 000}{3\ 000\ 000}=12$。

黄河公司的应收账款周转率$=\frac{36\ 000\ 000}{2\ 000\ 000}=18$。

就上述指标计算结果而言，黄河公司的应收账款管理效率高于山海公司。

三、企业偿债能力分析

偿债能力是指企业偿还各种债务的能力。企业的负债按偿还期的长短，可以分为流动负债和非流动负债两大类。其中，反映企业偿付流动负债能力的是短期偿债能力；反映企业偿付全部负债能力的是长期偿债能力。

（一）企业短期偿债能力分析

在评价企业的短期偿债能力时，常用的财务比率包括流动比率、速动比率和现金比率。

1. 流动比率

流动比率（current ratio），是指流动资产与流动负债的比率。其计算公式为：

$$流动比率=\frac{流动资产}{流动负债}$$

流动资产主要包括货币资金、短期投资、应收及预付款项、存货和一年内到期的非流动资产等，即资产负债表中的期末流动资产合计。流动负债主要包括短期借款、应付及预收款项、各种应交款项、一年内到期的非流动负债等，即资产负债表中的期末流动负债合计。

流动比率究竟多高才算合适，并无放之四海而皆准的具体数值标准，实践中需要结合企业的行业特性、信用等级等因素进行具体分析。一般地，这个比率越高，说明企业偿还流动负债的能力越强，流动负债得到偿还的保障越大。但是，过高的流动比率可能意味着企业的流动资产比重偏高，未能有效地利用资金，而此类情形可能会影响企业的获利能力。可见，计算出来的流动比率是偏高还是偏低，只有结合行业平均水平、企业的历史水平进行比较才能知道。

通常认为，对于制造业企业而言，流动比率以不低于 2 为宜，因为通常假定存货这一流动性欠佳的项目占这类企业的流动资产的一半。但这没有什么理论依据，仅为经验之谈。

2．速动比率

速动比率(quick ratio)，是指速动资产与流动负债的比率。有的教材中把这一指标称作酸性测试比率(acid test ratio)。其中：

$$速动资产=流动资产-存货$$

速动比率的计算公式为：

$$速动比率=\frac{速动资产}{流动负债}=\frac{流动资产-存货}{流动负债}$$

由于速动资产中已经剔除了存货这一流动性欠佳的项目，因此，速动资产与流动负债的比率更能够体现出企业偿付短期债务的能力。一般地，速动比率越高，说明企业的短期偿债能力越强。

通常认为，对于制造业企业而言，速动比率以不低于 1 为佳，也是因为通常假定存货这一流动性欠佳的项目占这类企业的流动资产的一半。当然，这也没有什么理论依据，仅是经验之谈。

在使用速动比率分析企业的偿债能力时，要注意分析应收账款的可回收性对该指标的影响。如果应收账款中有较大部分不易收回，那么再高的速动比率也无法证明企业具有较强的偿付短期债务的能力。

3．现金比率

有的企业干脆就用现金比率来测度短期偿债能力。现金比率是现金类资产与流动负债的比率。此处的“现金”为金融分析意义上的用语，与惯常的理解不同，在实践中其计算口径因人而异，缺乏共识。其计算公式为：

$$现金比率=\frac{现金+现金等价物}{流动负债}$$

(二) 企业长期偿债能力分析

所谓长期偿债能力，是指企业偿还全部负债的能力，或许称作总体偿债能力更为妥当。在评价长期偿债能力时，常用的财务比率是资产负债率(或权益乘数)、利息保障倍数。

1. 资产负债率

资产负债率(debt asset ratio),是负债总额与资产总额的比率,它反映企业的资产总额中有多少是通过举债而得到的。其计算公式为:

$$资产负债率=\frac{负债总额}{资产总额}\times 100\%$$

一般地,资产负债率越低,偿债越有保证,融资的空间越大。

资产负债率有一个变体权益乘数(equity multiplier),公式如下:

$$权益乘数=\frac{资产总额}{所有者权益总额}\times 100\%$$

资产负债率越大,权益乘数也就越大。二者都反映了企业积极举借债务、以小搏大的程度,因此,常常统称此类指标为财务杠杆比率。

2. 利息保障倍数

利息保障倍数是指息税前利润(earnings before interest and tax,EBIT),相对于利息费用的倍数。这个指标是从欧美教材中翻译过来的。由于我国的会计报表格式中并未单列息税前利润,因此,就需要间接地用“净利润+利息费用+所得税费用”计算得到。利息保障倍数的计算公式如下:

$$利息保障倍数=\frac{息税前利润}{利息费用}=\frac{净利润+利息费用+所得税费用}{利息费用}$$

从数字上来看,利息保障倍数越大,公司拥有的偿还利息的缓冲资金越多,利息支付越有保障。反之,如果利息保障倍数小于1,表明自身产生的经营效益不能支持现有的债务规模。

在分析企业的偿债能力时,应注意表外因素(如长期经营租赁合同、或有事项等)的影响。

四、财务综合分析

前述分析指标都有所侧重,而管理层常常需要对企业进行总体的财务分析。那么,有没有可能构建出一个相互联系的指标分析体系呢?对此,美国杜邦公司的财务经理们给出了肯定的回答,这就是杜邦分析体系(DuPont system of analysis)。

我们注意到,净资产收益率可以拆分为资产收益率与权益乘数的乘积,即

$$净资产收益率=总资产收益率\times 权益乘数$$

而总资产收益率又可以拆分为总资产周转率与销售净利率的乘积,即

$$总资产收益率=总资产周转率\times 销售净利率$$

所以,可以把净资产报酬率表示为三个指标的连乘积

$$净资产收益率=\frac{净利润}{销售收入}\times\frac{营业收入}{总资产平均余额}\times\frac{总资产平均余额}{所有者权益平均余额}$$

$$=销售净利率\times 总资产周转率\times 权益乘数$$

由上式可见,净资产收益率的因素被归纳为三点:一是经营项目的盈利性,由销售净利率来代表;二是企业管理的效率,由总资产周转率来代表;三是企业的举债经营能力,由权益乘数来代表。需要说明的是,此处采用总资产平均余额与所有者权益平均余额,

是由于在拆分净资产收益率的过程中，总资产周转率的分子为时期数据，分母却为时点数据，导致指标分子分母在期间上不匹配。为了解决这一问题，故将资产负债表中数据（总资产和所有者权益）更换为近似反映期间平均水平的项目平均余额。因此，要想获得较高的净资产收益率就应从寻找好的经营项目、提高管理质量和加强财务运作等方面人手。对上述三点进一步展开分析，便可以有针对性地提出提升净资产收益率的改进意见。

【例 10-4】 市场分析人士发现，2023 年山海公司、黄河公司、长江公司三家公司的净资产收益率显示，山海公司的净资产收益率远远低于另外两家。采用杜邦分析方法所计算的主要财务指标如表 10-1 所示。

表 10-1　杜邦分析方法示例

项目	山海公司	黄河公司	长江公司
销售净利率	0.052	0.078	0.051
总资产周转率	1.300	1.680	2.170
总资产收益率	0.068	0.126	0.110
权益乘数	1.570	1.930	2.510
净资产收益率	0.106	0.242	0.275

根据表 10-1 可知，山海公司在资产管理质量（以总资产周转率为代表）和融资水平（以权益乘数为代表）方面明显落后，这是导致该公司的净资产收益率偏低的主要原因。

本章小结

财务报表分析是指以财务报表资料为主，以其他相关资料为辅，采用一系列专门的分析技术和方法，对企业等经济组织过去和现在有关财务活动的盈利能力、营运能力、偿债能力和发展能力等状况进行分析与评价，为企业的投资者、债权人、经营者及其他关心企业的组织或个人了解企业的过去、评价企业的现状、评估企业的未来、做出正确决策提供准确的信息或依据的一门经济应用型学科。

财务报表分析的目的受财务报表分析主体和财务报表分析服务对象的制约，不同的财务报表分析主体进行财务报表分析的目的是不同的，不同的财务报表分析服务对象所关心的问题也是不同的。

财务报表的四张主要报表（资产负债表、利润表、现金流量表与所有者权益变动表）的有关项目之间具有天然的逻辑上的钩稽关系，有助于分析者加深对财务报表的理解，找到企业财务状况变动的真实原因。

除了财务报表本身，还有其他方面信息可以辅助财务分析者做出更加准确和详细的判断，这些信息包括审计报告、内部控制信息和财务报表附注等。

财务报表的分析方法有多种，其中财务能力的财务比率分析是基于企业盈利能力、营运能力、偿债能力和发展能力四方面财务能力，构建财务比率进行分析的方法，也是财务报表分析中最为常用的方法。企业盈利能力评价企业赚取利润的能力；营运能力评价企业利用资产获取回报的效率；偿债能力评价企业偿还各种债务的能力。杜邦分析体系将营运能力、偿债能力和盈利能力的主要指标综合起来，可以对企业进行综合评价。

【案例讨论】

2018年10月16日，一篇财务分析《康美药业盘中跌停，疑似财务问题自爆：现金可疑，人参更可疑》揭开了康美药业财务造假的盖子。文章的作者是两位年轻的财务数据分析员。他们在分析康美药业的财报时发现，2015—2017年，公司账上分别有158亿元、273亿元和341亿元的货币资金，但这家公司却仍然在大量贷款，而且利息支出比利息收入要多很多。

2020年5月14日，中国证监会对康美药业下达了行政处罚决定书。2016—2018年，康美药业通过伪造和变造增值税发票、伪造银行回款凭证、伪造定期存单，累计虚增收入达到291.28亿元，虚增利润近40亿元。

2021年2月18日，中国证监会对负责康美药业财务审计的正中珠江会计师事务所责令改正，罚没5 700万元；对杨文蔚、张静璃、苏创升三人给予警告，并分别处以10万元罚款；对刘清给予警告，并处以3万元罚款。

经专业机构评估，投资者实际损失为24.59亿元。2021年11月12日，广州市中级人民法院对康美药业证券特别代表人诉讼做出一审判决，判决结果显示：康美药业作为上市公司，承担24.59亿元的赔偿责任；公司实际控制人马兴田夫妇及邱锡伟等4名原高管人员组织策划实施财务造假，属故意行为，承担100%（24.59亿元）的连带赔偿责任；另有13名高管人员按过错程度分别承担20%（折合4.918亿元）、10%（折合2.459亿元）、5%（折合1.229 5亿元）的连带赔偿责任。审计机构正中珠江会计师事务所未实施基本的审计程序，承担100%（24.59亿元）的连带赔偿责任，正中珠江合伙人和签字会计师杨文蔚在正中珠江承责范围内承担连带赔偿责任。

2021年11月17日，佛山市中级人民法院对马兴田等12人操纵证券市场案公开宣判。马兴田因操纵证券市场罪，违规披露、不披露重要信息罪，以及单位行贿罪数罪并罚，被判处有期徒刑12年，并处罚金人民币120万元；康美药业原副董事长、常务副总经理许冬瑾及其他责任人员11人，因参与相关证券犯罪被分别判处有期徒刑并处罚金。

康美药业一案是新证券法公布后首次审判的大案，赔偿数额巨大，堪称史无前例。新证券法指的是于2019年修订的最新版《中华人民共和国证券法》，于2020年3月1日起正式开始施行。随着新证券法颁布实施和资本市场改革的不断推进，财务造假等证券违法违规成本将大幅提升，对于上市公司信息披露违法行为，公司以及控股股东、实控人等相关人员可能面临最高1 000万元的惩罚，中介机构也将承担连带责任，处罚幅度由原来最高可处以业务收入5倍的罚款提高到10倍。

请结合康美造假判罚案，思考以下问题：

1. 新证券法实施对资本市场有哪些影响？

2. 财务造假的主要手段有哪些？

3. 如何通过财务分析发现财务舞弊的蛛丝马迹？

思考与练习

一、单项选择题

1. 下列各项中，最能体现企业经营目标的财务比率是（　　）。

A. 总资产周转率　　B. 净资产收益率

C. 销售利润率　　D. 成本利润率

2. 如果流动比率大于1，则下列结论成立的是（　　）。

A. 速动比率大于1　　B. 现金比率大于1

C. 营运资本大于0　　D. 短期偿债能力有绝对保障

3. 下列各项中，根据杜邦分析体系，不属于影响净资产收益率的因素有（　　）。

A. 权益乘数　　B. 总资产周转率

C. 销售净利率　　D. 成本利润率

二、判断题

1. 财务报表分析的主体只可能是企业经营者。（　　）

2. 一般来讲，企业生产经营规模越大，其管理也越规范，在进行财务分析时可以进行一些简化。（　　）

第十一章　会计规范与会计管理

【学习目标】

（1）要求理解和掌握我国会计规范体系的形成和内容构成。

（2）熟悉会计职业道德的本质、特征和内容。

（3）了解会计档案保管的具体规定和要求。

【学习重点与难点】

（1）会计规范体系的含义、层次和内容构成。

（2）会计职业道德基本规范的内容。

【引导案例】

2017 年 4 月，法制日报—法制网发布了一则案例。

成立于 2000 年 3 月的衢州市某公司（股份合作制企业），于 2008 年 6 月经股东会决议解散注销，并于当日成立新公司（普通合伙企业）。2010 年 2 月，担任公司合伙人兼财务科长的张某某，起草了一份关于销毁公司（改制前公司）账册的说明，经其他合伙人同意，与会计汪某某将公司 2000—2009 年间共计 810 余万元的会计凭证、账簿销毁。张某某、汪某某以为原先公司已经改制，烧毁倒闭公司的票据不会出什么事情，殊不知他们的行为触犯了刑律。

2017 年 3 月，法院以张某某犯销毁会计凭证、会计账簿罪，判处有期徒刑 10 个月，缓刑 1 年，并处罚金 2.5 万元；以汪某某犯销毁会计凭证、会计账簿罪，判处有期徒刑 8 个月，缓刑 1 年，并处罚金 2 万元。

请思考：为什么公司注销了账册不能销毁？会计凭证、会计账簿和会计报表的保管期限是多久？通过本章学习来寻求答案吧。

第一节 会计规范体系

一、会计规范体系及其作用

(一)会计规范的层次

1. 会计规范的含义

会计规范体系是指国家的权力机关或其他授权机构制定的,用于规范会计核算实务和会计基础工作、规定会计主体和相关人员会计责任等的规范性文件的总称。会计规范体系是经济规范体系的一个重要组成部分,是各单位组织和从事会计工作必须遵守的规范。我国经济规范体系中,除了会计规范外,其他有关法律法规对会计核算和组织工作也提出了要求,如公司法、税法、证券法等,对会计核算和组织工作、会计信息的披露都有规定。

从程序上讲,会计活动是对本单位所发生的经济业务事项进行确认、计量、记录和报告。会计在处理各项经济业务事项时所涉及和反映的经济利益关系,不仅包括本单位内部的企业与员工的经济利益关系,而且更多的是反映企业与国家、企业与投资者、企业与债权人、企业与消费者等的经济利益关系。因此,会计在处理各项经济利益关系时,必须有一个具有广泛约束力的会计规范,规范各个单位的会计活动,这是协调和维护各利益关系方利益的客观需要,也是维护市场经济秩序正常进行的需要。

2. 会计规范体系的层次

会计规范体系是关于会计工作的法律、行政法规、准则和制度的总称,是会计工作经验和会计理论研究成果的概括和总结,是会计行为的一系列标准。会计规范体系以一定的会计理论研究成果为基础,根据国家的财经方针、政策,将单位会计工作所应遵循的各项原则和方法,用法规的形式进行明确规定,以保证会计工作按照一定的目标正常进行。目前,我国会计规范体系主要包括三个层次:一是会计法律规范;二是会计准则和制度规范;三是会计职业道德规范。

(二)会计规范的基本作用

我国《会计法》是为了加强单位会计工作,保障会计人员依法履行会计工作的各项职责,维护社会经济的正常秩序,发挥单位会计工作在维护国家财经方针和制度的执行、加强单位经济管理、不断提高经济效益中的作用而颁布实施的。会计准则和基于会计准则规定的一系列会计政策,不仅可以在规范社会主义市场经济秩序、协调和维护企业利益关系者的利益中起到重要作用,而且能够促进企业可持续发展,有助于完善资本市场,并为我国企业走出去提供了国际商业语言。会计职业道德是对会计法律制度的重要补充,是规范会计行为的基础,是实现会计目标的重要保证,是会计人员提高素质的内在要求。

二、会计法律规范

《会计法》是会计工作中最高层次的法律规范,是指导我国会计工作的最高准则,是各个单位从事会计工作、办理会计事务必须遵循的基本法律规范。《会计法》是我国的一项重要经济法规，是会计工作必须遵循的法律规范，是政府制定其他会计法规、准则、指南、办法、程序等的法律依据，涉及各个单位会计工作的若干方面。我国《会计法》1985 年 1 月 21 日第六届全国人民代表大会常务委员会第九次会议通过，根据 1993 年 12 月 29 日第八届全国人民代表大会常务委员会第五次会议《关于修改〈中华人民共和国会计法〉的决定》第一次修正，1999 年 10 月 31 日第九届全国人民代表大会常务委员会第十二次会议修订，根据 2017 年 11 月 4 日第十二届全国人民代表大会常务委员会第三十次会议《关于修改〈中华人民共和国会计法〉等十一部法律的决定》第二次修正。

《会计法》包括以下几部分内容：

（一）总则部分

我国《会计法》总则部分规定的内容包括：

① 明确规定了我国《会计法》的立法宗旨是规范会计行为，保证会计资料真实、完整，加强经济管理和财务管理，提高经济效益，维护社会主义市场经济秩序。

② 明确规定了我国《会计法》的适用范围是国家机关、社会团体、企业、事业单位、个体工商户和其他组织。

③ 明确规定了单位负责人应对本单位会计工作和会计资料的真实性、完整性负责。

④ 明确了我国会计工作的管理体制，在总则中规定国务院财政部门主管全国的会计工作，地方各级人民政府的财政部门管理本地区的会计工作。

⑤ 国家实行统一会计规范制度，由国务院财政部门制定国家统一会计规范并具体公布实施。

（二）会计核算的内容和要求

我国《会计法》的会计核算部分规定了会计核算基本内容，如款项和有价证券的收付，财物的收发、增减和使用，债权债务的发生和结算，收入、费用、成本的计算等。为了保证会计信息的质量，《会计法》原则性地规定了对填制会计凭证、登记会计账簿、编制财务报表等会计核算全过程通用的基本要求。会计核算的内容和要求是保证会计信息符合国家宏观经济管理要求，满足有关利益关系方了解企业财务状况和经营成果的需要，满足加强单位企业内部经营管理需要的重要条件。

（三）公司、企业会计核算的特别规定

特别规定主要是针对公司、企业会计核算的特殊性和重要性，强调了公司、企业会计核算中对会计要素确认、计量、记录的基本要求以及公司、企业会计核算的禁止性规定。

（四）会计监督体系部分

我国《会计法》的会计监督部分规定了五个方面：① 单位内部会计监督制度；② 相关人员在单位内部会计监督中的各项职责；③ 对违法会计行为的检举；④ 对会计工作的社会监督；⑤ 对会计工作的国家监督。

会计监督部分旨在健全和完善我国适应市场经济发展与新形势要求的“三位一体”的会计监督体系。三位一体的会计监督体系是指通过建立单位内部会计监督制度进行的单位内部监督，通过注册会计师进行的社会监督和以财政部门为主的国家监督。

2017 年 11 月 4 日新修正的《会计法》，将“从事会计工作的人员是否具备从业资格”，改

为"从事会计工作的人员是否具备专业能力、遵守职业道德"。

（五）单位会计机构的设置和会计人员的配备

我国《会计法》的会计机构和会计人员部分全面规定了七个方面：会计机构的设置、总会计师的设置、会计机构内部稽核制度和内部牵制制度、会计人员从业能力、会计机构负责人的任职资格、会计人员业务培训与教育、会计人员工作交接等。会计人员调动工作或者离职，必须与接管人员办清交接手续。一般会计人员办理交接手续，由会计机构负责人（会计主管人员）监交；会计机构负责人（会计主管人员）办理交接手续，由单位负责人监交，必要时主管单位可以派人会同监交。

2017 年 11 月 4 日新修正的《会计法》，对会计人员的专业能力、会计机构负责人"不得再从事会计工作"的情形做出新的规定："会计人员应当具备从事会计工作所需要的专业能力"；"担任单位会计机构负责人（会计主管人员）的，应当具备会计师以上专业技术职务资格或者从事会计工作三年以上经历"；"因有提供虚假财务会计报告，做假账，隐匿或者故意销毁会计凭证、会计账簿、财务会计报告，贪污，挪用公款，职务侵占等与会计职务有关的违法行为被依法追究刑事责任的人员，不得再从事会计工作"。

（六）会计法律责任的规定

我国《会计法》的法律责任部分主要规定了会计机构、单位负责人、会计人员和其他有关人员违反《会计法》应当承担的法律责任。违反《会计法》应当承担的法律责任包括行政责任和刑事责任两种。2017 年 11 月 4 日新修正的《会计法》规定，不依法设置会计账簿的，私设会计账簿的，未按照规定填制、取得原始凭证或者填制、取得的原始凭证不符合规定的，以未经审核的会计凭证为依据登记会计账簿或者登记会计账簿不符合规定的，随意变更会计处理方法的，向不同的会计资料使用者提供的财务报告编制依据不一致的，未按照规定使用会计记录文字或者记账本位币的，未按照规定保管会计资料致使会计资料毁损、灭失的，未按照规定建立并实施单位内部会计监督制度或者拒绝依法实施的监督或者不如实提供有关会计资料及有关情况的，任用会计人员不符合本法规定的，以上所列行为之一，构成犯罪的，依法追究刑事责任，情节严重的，5 年内不得从事会计工作。

三、会计准则

会计准则是对会计要素进行会计确认、计量、记录和报告所应依据的标准和规则。我国企业会计准则强调了会计要素和主要经济业务事项的确认、计量和报告的标准和规则，同时兼顾了会计记录的要求。从会计准则体系的法律定位看，我国企业会计准则属于法规体系的一个组成部分，而国际财务报告准则虽在国际资本市场上具有广泛影响和较强约束力，但不是法规体系。国际财务报告准则不规范会计记录，而是由企业根据会计确认、计量和报告准则的要求，自行处理会计记录；各国会计准则的内容，由于社会和经济背景的不同，会计准则的制定机构不同，因而会计准则的内容也不同。我国企业会计准则的起始，是在计划经济向市场经济转变后，借鉴国际惯例，于 1992 年 11 月财政部第一次颁布了《企业会计准则——基本准则》。从 1997 年开始，陆续颁布和施行了 42 项具体会计准则及《企业会计制度》《金融企业会计制度》《小企业会计制度》《民间非营利组织会计制度》等规章制度。

伴随着世界经济的全球化趋势，我国改革开放的进一步深化以及知识经济的快速发展，国际上会计理论研究的成果也在不断增加和完善。世界范围内会计标准国际协调的步伐不断加快，会计标准趋同的趋势也日益扩大。为使我国会计信息更客观、完整、准确地反映经济业务的变化和发生情况，同时，也为了更好地适应经济全球化的趋势，使我国在更广的范围内获得市场经济国家地位的认同，我国会计准则的全面国际化趋同的步伐不断加快。2005 年，我国在基本准则和具体准则的征求意见稿完成后，就我国会计准则与国际财务报告准则的趋同问题，与国际会计准则理事会的理事和技术专家进行了数次深入的研讨并达成了共识。2005 年 11 月，我国与国际会计准则理事会签署了联合声明，确认中国会计准则与国际财务报告准则实现了实质性趋同。声明指出，建立和完善一套全球高质量的会计准则，是适应经济全球化发展趋势的必然要求。会计趋同是会计准则制定工作的基本目标之一，旨在使企业按照我国会计准则编制的财务报表与按照国际财务报告准则编制的财务报表相同，趋同的具体方式由中国确定。

2006 年 2 月 15 日，我国正式发布了企业会计准则体系。企业会计准则虽没有称为中国财务报告准则，但与国际财务报告准则的出发点和理念是一致的。这个企业会计准则体系不但实现了我国会计准则与国际财务报告准则内涵上的统一、与国际财务报告准则趋同，也与我国国情相适应。

我国企业会计准则体系，从 1 项基本准则和 42 项具体准则，到企业会计准则解释和企业会计准则应用指南，共包括四个层次，其核心内容是对会计确认、计量和报告加以规范，并在内容上充分涵盖了各类企业（小企业除外）的全部经济业务。

我国企业会计准则体系，于 2007 年 1 月 1 日起，在上市公司范围内全面实施，并鼓励其他企业实施。2008 年 1 月 1 日起，企业会计准则实施范围扩大到了所有中央企业、非上市银行、有关金融机构以及非上市的商业保险公司。2009 年 1 月 1 日起，企业会计准则的实施范围进一步扩大到农村信用社和相当部分省市的国有企业等。

（一）《企业会计准则——基本准则》

我国的《企业会计准则——基本准则》，类似于国际财务报告准则中编报财务报表的框架，是具体准则制定的基本依据，在企业会计准则体系中起着统驭作用，也为尚未有具体准则规范的会计实务问题提供处理原则。它主要规范了企业财务会计报告目标、会计基本假设、会计确认和计量的基础、会计信息质量要求、会计要素及其确认与计量原则、财务会计报告等内容。

《企业会计准则——基本准则》所规范的具体内容，包括 11 章共 50 条，主要章节包括：

① 总则（第一章，共 11 条）；

② 会计信息质量要求（第二章，共 8 条）；

③ 资产（第三章，共 3 条）；

④ 负债（第四章，共 3 条）；

⑤ 所有者权益（第五章，共 4 条）；

⑥ 收入（第六章，共 3 条）；

⑦ 费用（第七章，共 4 条）；

⑧ 利润（第八章，共 4 条；

⑨ 会计计量(第九章,共 3 条);

⑩ 财务会计报告准则(第十章,共 5 条);

⑪ 附则(第十一章,共 2 条)。

(二) 企业具体会计准则

我国企业具体会计准则涵盖了各种不同业务类型企业的各项经济交易或事项的会计处理,主要规范了各项具体经济业务事项的确认、计量和报告。我国 42 项具体会计准则,具体分为一般业务准则、特殊业务准则和报告类准则三个层次。

① 一般业务准则,即用于规范一般业务的准则主要规范了各类企业普遍适用的一般经济业务事项的确认和计量。这类准则主要包括:存货、长期股权投资、投资性房地产、固定资产、无形资产、资产减值、所得税、职工薪酬、股份支付等会计准则。

② 特殊业务准则,即用于规范特殊行业、特定业务的准则。特殊行业及特定业务,如保险行业、套期保值等。这类准则主要规范了特殊行业、特定业务确认和计量的过程和要求,主要包括:金融工具确认和计量、金融资产转移、套期会计、金融工具列报、原保险合同、再保险合同等会计准则。

③ 报告类会计准则,即用于规范财务会计报告的准则,主要规范了普遍适用于各类企业的报告类准则。这类准则主要包括:财务报表列报、现金流量表、合并财务报表、中期财务报告、分部报告、关联方披露等会计准则。

我国 42 项具体会计准则如下:

企业会计准则第 1 号——存货。

企业会计准则第 2 号——长期股权投资。

企业会计准则第 3 号——投资性房地产。

企业会计准则第 4 号——固定资产。

企业会计准则第 5 号——生物资产。

企业会计准则第 6 号——无形资产。

企业会计准则第 7 号——非货币性资产交换。

企业会计准则第 8 号——资产减值。

企业会计准则第 9 号——职工薪酬。

企业会计准则第 10 号——企业年金基金。

企业会计准则第 11 号——股份支付。

企业会计准则第 12 号——债务重组。

企业会计准则第 13 号——或有事项。

企业会计准则第 14 号——收入。

企业会计准则第 15 号——建造合同。

企业会计准则第 16 号——政府补助。

企业会计准则第 17 号——借款费用。

企业会计准则第 18 号——所得税。

企业会计准则第 19 号——外币折算。

企业会计准则第 20 号——企业合并。

企业会计准则第 21 号——租赁。

企业会计准则第 22 号——金融工具确认和计量。

企业会计准则第 23 号——金融资产转移。

企业会计准则第 24 号——套期会计。

企业会计准则第 25 号——原保险合同。

企业会计准则第 26 号——再保险合同。

企业会计准则第 27 号——石油天然气开采。

企业会计准则第 28 号——会计政策、会计估计变更和差错更正。

企业会计准则第 29 号——资产负债表日后事项。

企业会计准则第 30 号——财务报表列报。

企业会计准则第 31 号——现金流量表。

企业会计准则第 32 号——中期财务报告。

企业会计准则第 33 号——合并财务报表。

企业会计准则第 34 号——每股收益。

企业会计准则第 35 号——分部报告。

企业会计准则第 36 号——关联方披露。

企业会计准则第 37 号——金融工具列报。

企业会计准则第 38 号——首次执行企业会计准则。

企业会计准则第 39 号——公允价值计量。

企业会计准则第 40 号——合营安排。

企业会计准则第 41 号——在其他主体中权益的披露。

企业会计准则第 42 号——持有待售的非流动资产、处置组和终止经营。

（三）企业会计准则解释

我国企业会计准则实施后，一方面，随着逐步扩大企业会计准则实施范围，会计准则体系不能频繁修改，应保持相对稳定；另一方面，对不断涌现的新情况和新问题及实务中遇到的实施问题，客观上要求及时做出解释。综合各方面因素，财政部采取了发布“企业会计准则解释”的方式，以财政部规范性文件形式陆续印发解释公告，较好地解决了企业会计实务中遇到的实际问题。企业会计准则解释与具体会计准则具有同等效力，这与国际财务报告准则体系中的解释公告相互对应。财政部印发的企业会计准则解释如下：

2007 年，财政部印发了《企业会计准则解释第 1 号》。

2008 年，财政部印发了《企业会计准则解释第 2 号》。

2009 年，财政部印发了《企业会计准则解释第 3 号》，2010 年财政部印发了《企业会计准则解释第 4 号》。

2012 年 11 月，财政部印发了《企业会计准则解释第 5 号》，2014 年 1 月财政部印发了《企业会计准则解释第 6 号》。

2015 年 11 月，财政部印发了《企业会计准则解释第 7 号》。

2015 年 12 月，财政部印发了《企业会计准则解释第 8 号》。

2017 年 6 月，财政部同时印发了四个解释公告：《企业会计准则解释第 9 号——关于权益法下投资净损失的会计处理》《企业会计准则解释第 10 号——关于以使用固定资产产生的收入为基础的折旧方法》《企业会计准则解释第 11 号——关于以使用无形资产产生的收入为基础的摊销方法》《企业会计准则解释第 12 号——关于关键管理人员服务的提供方与接受方是否为关联方》。

2019 年 12 月，财政部印发了《企业会计准则解释第 13 号》，2021 年 1 月，财政部印发了《企业会计准则解释第 14 号》，2021 年 12 月，财政部印发了《企业会计准则解释第 15 号》，2022 年 11 月，财政部印发了《企业会计准则解释第 16 号》，2023 年 10 月，财政部印发了《企业会计准则解释第 17 号》。

（四）企业会计准则应用指南

企业会计准则应用指南对具体会计准则相关条款的细化以及重点和难点内容提供了具体解释性、操作性的规定，对具体指导会计实务有重要帮助。企业会计准则应用指南主要包括：具体准则解释、会计科目和主要账务处理等，为企业实际执行会计准则，提供了操作性的规范和指导。我国企业会计准则应用指南，涵盖了目前各种类型企业的各项经济交易或事项的会计处理。

第二节　会计职业道德

一、职业道德的概念和本质

（一）职业道德的概念

职业道德的提倡是由于社会分工的出现而形成的，与职业联系在一起。职业是指人们由于社会分工和生产经营活动的内部劳动分工，而长期连续从事的具体业务和特定职责。道德是以善恶评价标准为前提，依靠社会舆论和传统习俗以及人们的内心信念的力量，来调整人们之间相互关系的道德准则和行为规范。社会分工和协作、利益分配，要求做官要讲“官德”，从教要讲“师德”，经商要有“商德”，等等。各行各业都应有与本行业和岗位的社会地位、功能、权利和义务相一致的道德准则和行为规范。各行各业的从业人员，在一定职业活动中应当遵守行业的职业行为准则和行为规范。

职业道德的概念有广义和狭义之分。狭义的职业道德是指各行各业的从业人员在一定的职业活动中，应遵循的、体现一定职业特征的、调整一定职业关系的职业行为准则和行为规范。广义的职业道德是指各行各业从业人员在一定的职业活动中，应该遵循的职业行为准则和行为规范，涵盖了从业人员与服务对象、职业与职工、职业与职业之间的关系。

（二）职业道德的本质和特征

1. 职业道德的本质

各行各业的职业道德具有同样的本质。职业道德是由一定社会经济关系所决定的社会意识形态，职业道德是职业活动对职业行为的道德要求和规范，职业道德是调节职业活动所形成的各种职业关系、处理利益关系的手段。良好的职业道德，可以促进职业活动的健康、有序进行，也可以促进职业的健康发展；对正常社会道德风尚会产生积极的影响。

2. 职业道德的特征

职业道德具有以下三个特征：① 职业道德具有职业性，职业道德的具体内容与各个不同的职业实践活动紧密相连，特定职业活动对从业人员行为的道德要求不同；② 职业道德具有实践性，职业道德总是与具体的职业活动紧密联系、在具体的职业活动中体现，具有较强的实践性；③ 职业道德具有继承性，不同历史时期的职业道德具有继承或传承关系。

二、会计职业道德的特征和作用

（一）会计职业道德的概念

会计职业道德是指在会计职业活动中，应遵循的、体现会计职业特征的、调整会计职业关系的职业行为准则和行为规范的总和。会计职业道德概念中包括以下三个要点内容：

1. 调整会计职业活动中各种利益关系的准则和规范

在社会主义市场经济运行中，各经济主体的利益与国家利益、社会公众利益存在矛盾和冲突。会计职业活动中也存在复杂的经济关系，各种经济关系的实质是经济利益关系。通过会计职业准则和行为规范，可以配合国家相关法律制度，调整会计职业关系中的经济利益关系，维护正常的市场经济秩序。会计职业准则和行为规范道德允许各经济主体和个人获取合法的利益，而反对获取违法利益，使国家和社会公众利益受到损害。

2. 具有相对稳定性

会计是实用性强、技术性强的一门经济管理学科，其目标是加强单位的经营管理、提高经济效益、规范市场经济秩序。市场经济的运行是遵循价值规律等经济规律的。在认识客观经济规律的基础上，任何社会和个人都应当主动掌握和运用经济规律。会计作为对单位经济业务事项进行确认、计量、记录和报告的一门技术，会计规范体系的设计、会计程序的设计与选择、会计政策和方法的选择，都是遵循客观经济规律要求的结果，而且具有相对的稳定性。遵循相对稳定的会计规范，也是会计职业道德的内在要求，否则就有可能提供虚假会计信息。因此，会计职业道德具有历史继承性，具有相对稳定性。

3. 具有社会性和国际性

会计职业道德是全社会对会计职业行为的必然要求。会计因其服务对象涉及社会经济关系的各个方面，提供的会计报告是公共产品，因而会计职业道德的状况将会影响国家和社会公众利益，甚至引发利益冲突。会计要为政府机构、金融机构、投资者、企业管理层、债权人及社会公众等，提供符合质量要求的会计信息。因此，会计职业道德具有广泛的社会性，会计信息质量直接影响着社会经济的发展和社会经济秩序的运行。随着企业产权制度改革的不断深化，我国主板、中小企业板、创业板上市公司的数量不断增加，从受托责任观点出发，会计目标决定了会计所承担的社会责任。随着经济全球化的加快和我国国际融资能力的增强，会计还要为境外金融机构、投资者、债权人及公众等，提供符合质量要求的会计信息，使得会计职业道德的影响具有国际性。

（二）会计职业道德的特征

会计职业作为社会经济活动中的一种特殊职业，其职业道德与其他职业道德相比，具有自身的特征。

1. 会计职业道德的自学性与强制性相结合

一般说来，自我约束意识、主观能动性和自学意识强的人，会计职业道德容易得到较好的实现。如果会计人员具有良好的会计职业道德理想，就不会违反会计法规。一方面，一位能够恪守最高要求道德规范的会计人员，容易遵守会计法律规范。所以，遵守会计职业道德可以大大提高会计法律制度的作用。另一方面，大量会计活动实践证明，会计职业道德还必须与强制性相结合，会计职业道德的强制性是市场经济的必然选择。会计职业道德侧重于调整人们的行为动机和内心信念，通常对那些最低限度的要求赋予强制性。在日常会计活动中，会计从业人员的职业道德意识和会计法规需要同时发生约束作用。

2. 会计职业道德的履行涉及社会公众利益

会计活动的一个显著特征是会计活动与社会公众利益密切联系。会计职业道德既是会计职业活动中的规范，也是会计行业对社会所应负的道德责任与义务。当会计人员的个人利益、会计主体利益与国家利益、社会公众利益出现矛盾时，如果会计人员维护会计主体利益，而忽视国家利益、投资者利益、社会公众利益，便会产生会计职业道德缺失，产生信任危机，因此会计职业道德要求较多关注社会公众利益。会计人员在会计工作中，受到经济利益因素的驱动，在会计确认、计量、记录和报告的程序、会计政策的选择和运用等职业行为上的任何不良道德表现，都会使会计职业活动中的各利益关系方受到有利或不利的影响。另外，在审计业务活动中，注册会计师从事独立审计时，也容易受到经济利益因素的影响，产生会计职业道德缺失。会计职业活动的社会公众利益性，要求会计人员在会计职业活动中，坚持客观公正，发生利益道德冲突时，坚持会计职业规则，维护公众利益。

3. 会计职业活动的时效性与程序性相结合

会计工作产生的会计报告，具有时效性，强调效率是会计工作的内在要求。在会计工作中，对时效性的要求比较具体、严格，否则就会影响会计活动目标的实现，给会计活动涉及的各个利益关系方及社会公众的经济利益带来损失。遵守会计职业活动的时效性要求，也是会计职业道德履行的一个特征。但需要注意的是，会计工作绝不能因追求时效性而忽视其他质量要求，必须按照会计活动的程序，规范地进行会计处理核算，办理经济业务，提供的会计信息要可靠、相关和有用。因为会计工作程序的合理化，一方面可以保证工作过程的合法化、规范化，另一方面还有利于避免会计工作中差错的出现。

（三）会计职业道德的作用

会计工作的专业性、技术性强，需要具有会计专业知识的人才从事会计工作。会计工作和信息质量的好坏，不仅决定于会计人员的专业水平，也决定于会计职业道德状况。会计职业道德的作用，主要体现在以下几个方面：

1. 会计职业道德是会计法律制度的重要补充

在市场经济发展中，存在部分会计人员职业道德观念，法律意识淡薄，违背会计规范，弄虚作假，甚至利用职务之便，通过不法手段为违纪违法行为出谋划策谋取私利，因而会计法律规范会计职业道德的最低要求。会计法律规范只能对会计人员不得违法的行为做出规定，不宜对会计人员怎样爱岗敬业、提高技能、强化服务等提出明确具体的要求；如果会计人员没有爱岗敬业的态度和热情，没有必要的会计职业技能和服务能力，也难以保证会计信息达到客观、完整、有用的法定目标。因此，会计职业道德对会计法律规范具有重要的辅助和补充作用，会计职业道德的作用也是其他会计法律制度不可能替代的。

2. 会计职业道德是规范会计行为的必要基础

会计职业道德对会计的行为动机提出了相应的要求，如诚实守信、客观公正等，引导、规劝、约束会计人员树立正确的职业观念，遵循职业道德要求，从而达到规范会计行为的目的。一些会计活动行为是由会计人员的内心信念来改变的，个人观念的善良与邪恶将可能直接导致会计活动的行为方向。会计职业道德对规范会计人员的行为动机提出了必要的要求，如诚实守信、廉洁自律、客观公正等，约束和引导会计人员确立正确的职业价值观念，遵循会计职业道德要求，从而做到规范会计活动行为。会计职业道德既是会计工作要遵守的行为规范和行为准则，也是衡量一个会计工作者工作好坏的标准。

3. 会计职业道德是确保会计目标实现的重要规范

会计目标就是为会计职业活动关系中的各个服务对象提供决策有用的会计信息。会计活动能否为这些服务对象及时提供可靠的、完整的、相关的会计信息，取决于会计人员能否严格遵守会计职业道德、履行会计职业行为的职能。因而，会计职业道德规范需要约束会计人员的职业行为和职业过程，是实现会计活动目标的重要保证。如果会计人员故意或非故意地提供了不完整、不可靠的会计信息，会严重背离会计目标，造成会计信息严重失真，误导会计信息使用者的决策，甚至会造成社会经济秩序的失常。

4. 会计职业道德是会计人员素质提高的内在要求

政府和社会倡导会计职业道德，重视加强会计职业道德教育，并结合会计职业活动，积极引导会计人员进一步提高自我道德修养，提高会计专业技术能力，有利于促进会计人员整体素质的不断提高。随着社会经济的不断发展，对会计人员的职业素质要求也越来越高，会计职业道德是会计人员素质的内在要求。一个高素质的会计人员应当自觉做到爱岗敬业、诚实守信、廉洁自律、提高专业胜任能力，这些不仅是会计职业道德的主要内容，也是会计人员遵循会计职业道德的基本要求和保证。

三、会计职业道德规范体系与内容

（一）会计职业道德规范的体系

为了强化我国会计职业道德建设，会计职业道德中的许多内容都直接纳入了会计法律制度。例如，我国现行《会计法》和《会计基础工作规范》等法律法规，都规定了会计职业道德的内容和基本要求。会计职业道德还包含许多非强制性内容，也可以发挥积极作用，如会计职业道德中的提高专业技能、强化服务、参与管理、奉献社会等内容，虽然不属于强制性要求，但直接影响到会计人员的专业胜任能力、会计信息的质量、会计职业的社会声誉等，因此也要求会计人员持续地、认真地履行。

我国会计职业道德的规范对象，包括会计人员和注册会计师，因为两者都是以会计信息为载体从事工作的，从广义上说，都是会计人员的一部分。单位会计人员依据我国现行会计准则等会计法律、法规和规章制度，生成会计信息；注册会计师运用独立审计准则等，对单位会计信息的合法性、完整性、可靠性进行审计。会计职业道德的层次结构包括会计职业道德基本规范、道德评价和惩戒规范等，会计职业道德的内容具有广泛性，会计职业道德的实施途径具有综合性。

（二）会计人员职业道德规范

为贯彻落实党中央、国务院关于加强社会信用体系建设的决策部署，推进会计诚信体系建设，提高会计人员职业道德水平，根据《中华人民共和国会计法》、《会计基础工作规范》，2023 年 1 月，财政部制定印发了《会计人员职业道德规范》。这是我国首次制定全国性的会计人员职业道德规范，将新时代会计人员职业道德要求总结提炼为“三坚三守”核心表述。

① 持诚信，守法奉公。牢固树立诚信理念，以诚立身、以信立业，严于律己、心存敬畏。学法知法守法，公私分明、克己奉公，树立良好职业形象，维护会计行业声誉。

② 坚持准则，守责敬业。严格执行准则制度，保证会计信息真实完整。勤勉尽责、爱岗敬业，忠于职守、敢于斗争，自觉抵制会计造假行为，维护国家财经纪律和经济秩序。

③ 坚持学习，守正创新。始终秉持专业精神，勤于学习、锐意进取，持续提升会计专业能力。不断适应新形势新要求，与时俱进、开拓创新，努力推动会计事业高质量发展。

会计人员职业道德规范三条要求逻辑清晰、层层递进。第一条“坚持诚信，守法奉公”是对会计人员的自律要求；第二条“坚持准则，守责敬业”是对会计人员的履职要求；第三条“坚持学习，守正创新”是对会计人员的发展要求。“三坚三守”强调会计人员‘坚’和‘守’的职业特性和价值追求，是对会计人员职业道德要求的集中表达。

第三节　会计档案管理

会计档案是国家档案的重要组成部分。会计档案是指单位的会计凭证、会计账簿和财务会计报告等会计核算的专业资料。会计档案具有严格的数据平衡性、序时性和规范性。会计档案存有大量有价值的信息，是记录、反映和监督单位经济业务的重要史料和证据，是进行经济预测和决策所需要的重要参考资料。任何单位都应加强对会计档案管理工作的领导，规范建立和健全会计档案的定期整理、立卷归档、按期保管、调阅和销毁等管理制度，管好用好会计档案。

一、会计档案的定期立卷和归档保管

根据财政部和国家档案局联合发布的《会计档案管理办法》，各单位每年形成的会计凭证、会计账簿、财务会计报告及其他会计档案，定期由财务会计部门按照归档保管的要求，负责整理立卷或装订成册。使用会计核算系统软件的上机日志，打印输出的会计凭证、账册、会计报表等，应定期按规定整理立卷，先经会计主管签章，然后移交存档保管。电算化会计档案是存储在磁性介质或光盘上的，存档时应将数据进行双备份。单位使用的计算机操作系统、各类会计核算系统软件、软件的备份磁盘，也应当加强安全保管。

一个会计期间（通常指一年）形成的会计档案在会计年度终了，为了便于分析对比，可暂由本单位财务会计部门保管一年。期满之后，移交本单位的档案部门保管时，原则上应由财务会计部门编造清册；单位未设立档案部门的，可以在财务会计部门内部由专门人员保管。本单位的档案部门接收保管后的会计档案，原则上应当保持原立卷的封装，如果需要拆封重新整理的，为了便于明确责任。需要会同财务会计部门和经办人共同拆封整理和

重新立卷，

单位应当建立和健全会计档案管理制度，科学管理会计档案资料，做到妥善保管、存放有序、查找方便；不得随意堆放，严防毁损和散失。同时，严格保障会计档案安全和保守保密。对采用磁性介质保存的会计档案，备份软盘必须贴上保护标签，装入盘套，放进硬盒，存放在安全、防热、防潮、防磁的场所，还应定期进行检查，定期进行复制。

二、会计档案的查阅利用和复制手续

单位应当建立健全会计档案的查阅利用、复制登记制度。各单位保存的会计档案不得借出。如有特殊需要，各类会计档案的查阅利用必须办理有关登记手续，经本单位负责人批准，可以提供查阅或者复制。会计档案原件不得外借，查阅利用过程中，档案管理人员不得离开现场，调阅人员不得在案卷中勾、划、涂、抹、拆封和抽换。如有特殊需要的情况，必须带出室外复制时，需经财务部门负责人批准，按照档案管理的有关规定登记填写会计档案调阅登记簿，限期归还保管人员。

三、会计档案保管期限的具体规定

2015 年 12 月 11 日，《会计档案管理办法》经财政部部务会议、国家档案局局务会议通过修订，从 2016 年 1 月 1 日起施行。国家机关、社会团体、企业、事业单位和其他组织（以下统称单位）管理会计档案都适用《会计档案管理办法》。

会计档案是指单位在进行会计核算等过程中接收或形成的，记录和反映单位经济业务事项的，具有保存价值的文字、图表等各种形式的会计资料，包括通过计算机等电子设备形成、传输和存储的电子会计档案。会计档案的类型和内容有很多，由于重要程度和特点的不同，其保管期限也应不同。根据会计档案的重要程度和特点，各种会计档案的保管期限分为永久和定期两类。定期保管期限由原来的五种期限，3 年、5 年、10 年、15 年、25 年，修改为 10 年和 30 年两种期限。会计档案的保管期限从会计年度终了后的第一天算起。

我国《会计档案管理办法》中，具体规定了我国企业和行政事业预算单位的会计档案的保管期限，详细如表 11-1、表 11-2 所示。

表 11-1　企业和其他组织会计档案保管期限表

档案名称	保管期限	备注
一、会计凭证		
原始凭证	30 年	
记账凭证	30 年	
二、会计账簿		
总账	30 年	
明细账	30 年	
日记账	30 年	
固定资产卡片		固定资产报废清理后保管 5 年
其他辅助性账簿	30 年	

表 11-1(续)

档案名称	保管期限	备注
三、财务会计报告		
月度、季度、半年度财务会计报告	10年	
年度财务会计报告	永久	
四、其他会计资料		
银行存款余额调节表	10年	
银行对账单	10年	
纳税申报表	10年	
会计档案移交清册	30年	
会计档案保管清册	永久	
会计档案销毁清册	永久	
会计档案鉴定意见书	永久	

表 11-2 财政总预算、行政单位、事业单位和税收会计档案保管期限表

档案名称	保管期限			备注
	财政总预算	行政单位事业单位	税收会计	
一、会计凭证				
国家金库编送的各种报表及缴库退库凭证	10年		10年	
各收入机关编送的报表	10年			
行政单位和事业单位的各种会计凭证		30年		包括:原始凭证、记账凭证和传票汇总表
财政总预算拨款凭证和其他会计凭证	30年			包括:拨款凭证和其他会计凭证
二、会计账簿				
日记账		30年	30年	
总账	30年	30年	30年	
税收日记账(总账)			30年	
明细分类、分户账或登记簿	30年	30年	30年	
行政单位和事业单位固定资产卡片				固定资产报废清理后保管5年
三、财务会计报告				
政府综合财务报告	永久			下级财政、本级部门和单位报送的保管2年
部门财务报告		永久		所属单位报送的保管2年
财政总决算	永久			下级财政、本级部门和单位报送的保管2年
部门决算		永久		所属单位报送的保管2年
税收年报(决算)			永久	

表 11-2(续)

档案名称	保管期限			备注
	财政总预算	行政单位事业单位	税收会计	
国家金库年报(决算)	10 年			
基本建设拨、贷款年报(决算)	10 年			
行政单位和事业单位会计月、季度报表		10 年		所属单位报送的保管 2 年
税收会计报表			10 年	所属税务机关报送的保管 2 年
四、其他会计资料				
银行存款余额调节表	10 年	10 年		
银行对账单	10 年	10 年	10 年	
会计档案移交清册	30 年	30 年	30 年	
会计档案保管清册	永久	永久	永久	
会计档案销毁清册	永久	永久	永久	
会计档案鉴定意见书	永久	永久	永久	

四、会计档案的销毁手续

会计档案保管期限分为永久和定期两类，各种会计档案的保管期限应当按规定执行。会计档案保管期满时，不得随意销毁，要按照规定由本单位档案部门提出销毁意见，会同财务会计部门共同鉴定，严格审查，编造会计档案销毁清册。对其中未了结的债权、债务以及涉及其他未了事项的原始凭证应抽出另立卷，不得销毁，保管到确无保管意义时再进行销毁。单独抽出立卷的会计档案，应当在会计档案销毁清册和会计档案保管清册中列明。

确定销毁的档案，由档案保管人员编制会计档案销毁清册。会计档案销毁清册是销毁会计档案的记录和报批文件，列明应当销毁的档案名称、编号、数量、起止年度、应保管期限、已保管期限、销毁日期等内容，单位负责人要在会计档案销毁清册上签署意见，报上级主管单位批准。销毁清册一式三份，分别由档案、财会、上级主管单位保留。各单位按规定销毁会计档案时，由财会部门和档案部门共同派员监销。在销毁档案之前，监销人员应进行清点核对，要求在销毁清册上签名盖章，并将监销情况报告本单位负责人。各级财政部门销毁会计档案时，由同级审计机关派员监销。国家机关按规定销毁会计档案时，应由同级财政部门、审计部门派员监销。

本章小结

本章主要阐述会计规范与会计管理问题。会计规范体系是指国家权力机关或其他授权机构制定的，用于规范会计核算实务和会计基础工作、规定会计主体和相关人员会计责任等的规范性文件总称。目前，我国会计规范体系主要包括三个层次：一是会计法律规范；二是会计准则和制度规范；三是会计职业道德规范。会计规范体系是会计工作经验和会计理论研究成果的概括和总结。从会计准则体系的法律定位看，我国企业会计准则属于法规体系的一个组成部分。我国企业会计准则体系，从1项基本准则和42项具体准则，到企业会计准则解释和企业会计准则应用指南，共包括四个层次，其核心内容是对会计确认、计量和报告加以规范，并在内容上充分涵盖了各类企业（小企业除外）的全部经济业务。

会计职业道德是指在会计职业活动中，应遵循的、体现会计职业特征的、调整会计职业关系的职业行为准则和行为规范的总和。会计职业道德概念中包括以下三个要点内容：第一，会计职业道德是调整会计职业活动中各种利益关系的准则和规范；第二，会计职业道德具有相对稳定性；第三，会计职业道德具有社会性和国际性。我国现行《会计法》和《会计基础工作规范》等法律法规，都规定了会计职业道德的内容和基本要求。

会计档案是指会计凭证、会计账簿和会计报表等会计核算专业资料，它是记录和反映单位经济业务事项的重要资料。各单位必须加强对会计档案管理的领导，建立和健全会计档案的立卷、归档、保管、调阅和销毁等管理制度，对本单位的各种会计凭证、会计账簿、会计报表、单位预算和重要经济合同等会计资料，定期审查核对，整理立卷和归档保管，会计档案如需查阅利用和复制要按规定办理手续，会计档案的保管期限分为永久和定期两类。定期保管期限共两种，包括10年和30年。

【案例讨论】

2018年5月17日，苏州市某人民法院发布刑事判决书，2015年4月至12月期间，苏州某新型材料有限公司在无实际货物交易的情况下，由公司实际负责人余某某联系谈好支付开票费收取比例后，公司会计李某某具体联系开票金额、实施走账等操作事宜，虚开增值税普通发票45份，金额合计人民币7 179 750.68元。其行为均已构成虚开发票罪，余某某判处有期徒刑1年3个月，缓刑1年6个月，并处罚金人民币5万元，李某某犯虚开发票罪，判处有期徒刑9个月，缓刑1年，并处罚金人民币2万元。

2019年4月16日，厦门税务微信公众号发布一篇文章《以案说税：90后财务协助虚开发票　获刑7年追悔莫及》。黄某和陈某受雇于付某成立的“厦门某有限公司”做财务，2013年11月至2016年7月间，在明知厦门某有限公司等23家公司没有实际货物交易的情况下，协助主犯付某博记录“内账”、虚构合同、资金走账、开具增值税专用发票等事务，税额合计2.57亿元。尽管系从犯，但鉴于其犯罪事实及后果，两人最终被法院判决：犯虚开增值税专用发票罪，分别判处有期徒刑7年并处罚金15万元。两个刚毕业涉世未深的年轻人接到判决书后，哭成泪人，追悔莫及。

2019年，北京某中级人民法院一份刑事裁定书显示，北京某俱乐部在被查的情况下，财务总监接到老板的指示要将财务资料销毁，然后马上安排经理、客户主管、员工等人帮助进行销毁。参与的人员均构成毁灭证据罪，财务总监被判处有期徒刑2年4个月，经理被判处有期徒刑2年2个月，副总经理被判处有期徒刑2年1个月，收银副主管和会计等4人分别被判处有期徒刑2年。

请查阅相关法律法规后，思考回答：

1. 被迫财务造假，财务人员可以从轻处罚吗？

2. 如果工作后，公司老板要求你做假账，你应该怎么办？

思考与练习

一、单项选择题

1.《会计档案管理办法》规定，企业年度会计报表的保存期限是（　　）。

A. 15 年　　B. 10 年

C. 永久　　D. 30 年

2. 下列各项中，用于规范会计科目核算内容的是（　　）。

A. 企业会计准则——基本准则　　B. 企业会计准则——具体准则

C. 企业会计准则应用指南　　D. 会计法

3. 当年的会计档案在会计年度终了后，可由财务部门保管的期限是（　　）。

A. 3 年　　B. 1 年

C. 15 年　　D. 5 年

4. 会计职业道德是指会计职业活动中应遵循的、体现会计职业特征的、调整会计职业关系的（　　）。

A. 工作制度和纪律　　B. 职业行为准则和规范

C. 法律和法规　　D. 核算工作规范

5. "理万金分文不沾""常在河边走就是不湿鞋"体现的会计职业道德是（　　）。

A. 参与管理　　B. 廉洁自律

C. 提高技能　　D. 强化服务

二、多项选择题

1. 下列各项中，体现会计职业道德"爱岗敬业"要求的有（　　）。

A. 工作一丝不苟　　B. 工作尽职尽责

C. 说老实话，办老实事　　D. 保守秘密

2. 会计职业道德中的"提高技能"，其主要内容包括（　　）。

A. 会计及相关专业理论水平　　B. 会计实务操作能力

C. 沟通交流能力　　D. 职业判断能力

3. 下列各项中，包括在会计法规定的会计监督体系中的有（　　）。

A. 单位内部监督　　B. 注册会计师的社会监督

C. 以单位负责人为主的内部监督　　D. 以财政部门为主的国家监督

4. 下列会计人员的行为中，属于违反《会计法》的是（　　）。

A. 伪造变造会计凭证　　B. 不依法设置会计账簿

C. 随意变更会计处理方法　　D. 故意销毁应依法保存的会计档案

5. 下列会计档案中，属于会计档案管理办法规定的应永久保存的有（　　）。

A. 会计移交清册　　B. 会计档案保管清册

C. 涉外事务的会计账簿　　D. 会计档案销毁清册

参考文献

[1] 财政部会计财务评价中心. 初级会计实务[M]. 北京:经济科学出版社,2023.

[2] 董必荣. 会计学[M]. 2版. 北京:高等教育出版社,2023.

[3] 法律出版社法规中心. 中华人民共和国会计法注释本[M]. 3版. 北京:法律出版社,2021.

[4] 郭道扬. 会计史研究:历史·现时·未来(第三卷)[M]. 北京:中国财政经济出版社,2008.

[5] 韩沚清,赵丽萍. 基础会计学[M]. 2版. 徐州:中国矿业大学出版社,2018.

[6] 胡玉明. 会计学(非专业用)[M]. 2版. 北京:中国人民大学出版社,2016.

[7] 荆新,宋建波. 会计学[M]. 北京:中国人民大学出版社,2020.

[8] 李闻一. 会计学[M]. 北京:高等教育出版社,2021.

[9] 李占国. 基础会计学 [M]. 4版. 北京:高等教育出版社,2020.

[10] 企业会计准则编审委员会. 企业会计准则原文、应用指南案例详解:准则原文+应用指南+典型案例(2023年版)[M]. 北京:人民邮电出版社,2023.

[11] 王化成,佟岩. 财务管理:立体化数字教材版[M]. 6版. 北京:中国人民大学出版社,2020.

[12] 中国注册会计师协会. 会计[M]. 北京:中国财政经济出版社,2023.

[13] 中华人民共和国财政部. 企业会计准则(2023年版)[M]. 上海:立信会计出版社,2022.

[14] 中华人民共和国财政部. 企业会计准则应用指南(2023年版)[M]. 上海:立信会计出版社,2022.

[15] 朱小平,周华,秦玉熙. 初级会计学[M]. 10版. 北京:中国人民大学出版社,2019.